政府质量、公司治理与企业资本配置效率

Government Quality,
Corporate Governance and
the Efficiency of Capital Allocation

陈德球 著

北京大学出版社
PEKING UNIVERSITY PRESS

图书在版编目(CIP)数据

政府质量、公司治理与企业资本配置效率/陈德球著. —北京:北京大学出版社,2014.10

ISBN 978-7-301-24972-7

Ⅰ. ①政… Ⅱ. ①陈… Ⅲ. ①地方政府—影响—企业管理—资本经营—研究—中国 Ⅳ. ①D625 ②F279.23

中国版本图书馆 CIP 数据核字(2014)第 233949 号

书　　　　名：	政府质量、公司治理与企业资本配置效率
著作责任者：	陈德球　著
策 划 编 辑：	叶　楠
责 任 编 辑：	兰　慧
标 准 书 号：	ISBN 978-7-301-24972-7/F·4070
出 版 发 行：	北京大学出版社
地　　　　址：	北京市海淀区成府路 205 号　100871
网　　　　址：	http://www.pup.cn
电 子 信 箱：	em@pup.cn　　QQ:552063295
新 浪 微 博：	@北京大学出版社　@北京大学出版社经管图书
电　　　　话：	邮购部 62752015　发行部 62750672　编辑部 62752926　出版部 62754962
印 刷 者：	北京大学印刷厂
经 销 者：	新华书店
	730 毫米×1020 毫米　16 开本　13.5 印张　220 千字
	2014 年 10 月第 1 版　2014 年 10 月第 1 次印刷
定　　　　价：	36.00 元

未经许可,不得以任何方式复制或抄袭本书之部分或全部内容。
版权所有,侵权必究
举报电话:010-62752024　电子信箱:fd@pup.pku.edu.cn

本专著得到国家自然科学基金项目(71372060、71102076),教育部人文社会科学研究基金项目(10YJC630019),中国博士后科学基金特别资助项目(2013T60006)、面上一等资助项目(2012M520001),北京高等学校"青年英才计划"项目和对外经济贸易大学优秀青年学者培育计划项目(2013YQ03)等资助。

序 一

　　中国地方政府在中国经济近三十年的高速增长中扮演了一个非常重要的角色,其决策与行为直接和间接地影响着地区经济资源的配置及效果。理解地方政府的治理行为将为理解中国经济增长奇迹和独特问题提供一个重要的理论视角。同时,中国经济的高速发展和企业制度创新的不断深化,给公司治理研究提供了丰富素材。尤其是进入21世纪以来,中国公司治理实践环境发生了许多重大变化,企业治理结构面临深刻调整与变革。转型经济国家以及新兴市场中的企业组织结构和治理结构是如何形成的,其对公司治理和企业绩效具有什么样的影响,当地的制度环境在其中扮演了什么样的角色,地方政府和公司治理如何影响公司经营行为等问题,都缺乏深入研究。这些问题的解决迫切需要构建起与国际接轨而又适合中国国情的企业治理平台。基于上述理论与现实需要,陈德球博士所著的《政府质量、公司治理与企业资本配置效率》以中国转轨阶段的基本特征事实为研究起点,对地方政府质量、公司治理与企业成长的关系进行了理论分析,在制度、组织与治理的分析框架中构建了地方政府质量影响微观企业财务决策的理论分析框架,并采用上市公司数据进行了实证研究,得出了有价值的结论,从理论上和实践上探索转轨经济阶段中国企业治理行为与财务决策的动因与后果,具有很强的理论意义和现实价值。

　　读完全书,感觉几个特点让我印象深刻。一是紧扣转轨经济阶段中国经济增长特征和上市公司治理实践展开论述,接"地气"。全书紧密围绕经济发展过程中出现的地方政府与公司的焦点问题展开,包括基础性问题,基于宏观层面分析的治理的整体问题、重大现实性问题,基于微观层面的治理的具体问题。二是研究视角新颖,由于在现有研究中,存在将宏观经济环境与微观企业行为研究相割裂的倾向,这使得宏观经济发展和微观企业发展之间的互动关系在研究中被普遍忽视,这在一定程度上限制了我们对中国经济发展及其发展方式的成因与后果的理解,本书基于国家代理与公司代理的双重代理分析框架,在厘清宏观经济环境对微观企业行为影响传导路径的基础上,理解中国经济发展模式的微观基础。

陈德球博士是我校商学院引进的青年骨干教师,2009年6月毕业于南开大学公司治理研究中心,后在香港中文大学工商管理学院/经济与金融研究所从事博士后研究工作,师从国际公司治理领域的著名学者范博宏教授(Joseph. P. H, Fan)。陈德球博士受过严格的现代研究方法的训练,具备良好的学术素养和国际研究视野。该同志长期以来致力于在中国转轨经济背景下,研究制度环境(非正式制度)和地方政府行为与公司的会计、财务和治理行为的互动机理,这在该研究领域具有很强的学术前景,无论是在国际还是在国内都具有一定的重要性、创新性和前沿性。其研究成果相继发表在 Journal of Corporate Finance,《经济研究》《管理世界》《世界经济》《金融研究》等学术期刊上,该研究为我校会计学科建设提供了新的支撑点,特别是以公司治理为主线的跨学科研究方面。同时,他为我校会计学科的国际学术交流、博士生培养和会计专业本科生创新人才培养做出了积极的贡献。因此,当陈德球博士邀请我为本书作序时,我欣然应允。希望陈德球博士继续不懈地耕耘,以取得更大的收获并奉献给读者。

张新民

对外经济贸易大学副校长

对外经济贸易大学国际财务与会计研究中心主任

财政部"会计名家培养工程"入选人员

2014年8月于北京

序 二

在"新兴"与"转轨"双重背景下的中国,政府与企业的关系历来是一个重要话题。政府、企业和市场之间的关系也是公司治理研究的重要内容。中国证券市场从建立到发展,都深受政府行为及其政策的影响,如何看待政府在中国这一转型经济国家中所起的独特作用,如何正确界定和处理好政府与企业的边界,促进中国市场经济的健康发展是理论界和实务界亟需研讨的一个问题。

1978年开始的市场经济改革极大地改变了中国的经济面貌。在过去三十多年中,中国以高于9%的年均增长率成功地从中央计划经济转型为新兴市场经济。学术界对中国转轨进程中的高速经济增长形成的一个基本共识是,地方政府在经济发展过程中起到了非常重要的作用。地方政府在进行基础设施建设、扶持本地企业发展、吸引外来投资,甚至在改革早期阶段直接参与企业投资和管理等方面都发挥了不可或缺的作用。考虑到过去三十多年中国经济转轨过程的不同阶段,无论是中央-地方关系还是政企关系都发生了巨大变化,一个值得从学术上进一步讨论的问题是,这些关系及其变化如何影响微观层面企业的行为?

对商业活动进行过多的政府干预是新兴市场的共同特征。政府通过税收、法规和国家所有权来影响与控制商业活动的各个方面,例如,从产出、生产过程到投入劳动力、土地、矿产、能源、基础设施以及资金等。如果政府过多地参与经营,地方政府质量会影响新兴市场中企业商业活动的效率。政府质量是指政府官员及政治家的决策有利于他们所服务的公民的程度,以及这些决策在制定和执行中是否是以法律上与社会上可接受的方式进行。当然,政府的质量还依赖于其他制度性约束,如宪法、其他法律和政治体制。但是,我们观察到,传统的行政权力限制对于新兴市场的政治领导的影响通常是比较弱的。因此,对新兴市场的地方政府质量研究有其特殊性。经济发展及其方式的选择会具体体现于微观主体企业的行为以及各项财务指标之中,因此,要理解转型经济中经济发展的原因和后果,对于地方政府质量与微观企业之间这种传导机制的考察具有十分

政府质量、公司治理与企业资本配置效率

重要的现实意义和理论价值。

陈德球博士所著的《政府质量、公司治理与企业资本配置效率》的基本逻辑是在制度、组织、治理的分析框架中,基于政府层面和公司层面的双重代理理论分析体系,考察地方政府质量对公司治理和企业财务决策的影响,并进一步考察了地方政府质量和公司治理对企业微观财务行为的替代或互补效应。该专著所研究的主要问题及其研究结论不仅对于理解中国上市公司的财务行为及其后果有重要意义,而且对理解地方政府在新兴市场和转轨经济中的复杂作用提供了一些新的思路。

纵观全书,我认为该专著的研究特色和贡献,主要有以下两点:

第一,通过考察地方政府质量对企业资本配置效率的影响,为理解政府干预的经济后果提供了一个全新的重要视角。企业资本配置和效率的高低需要依赖于完善的法律、中介组织和金融等制度基础和市场竞争。在中国,这些制度基础处于发展的初级阶段和国家的控制之中,同时,产品市场和要素市场仍然受政府的干预,在缺乏制度基础和市场竞争的情况下,如何提高企业资本配置效率的绩效是政策制定者和理论研究者面临的一个重大课题。该专著从地方政府质量的视角来探讨解决企业资本配置效率的高低的影响因素,具有新意。

第二,关于中国地方政府质量的度量指标在现有文献中还不多见。世界银行《政府治理、投资环境及和谐社会——中国 120 个城市竞争力的提升》的报告在对中国 120 个城市的 12 400 个公司的调查数据中提供了关于不同城市的城市特点、政府有效性及和谐化社会的进程方面的细节数据。陈德球博士从调研数据中选取了产权保护水平、当地企业对法庭的信心、企业娱乐开支和企业跟政府打交道的时间四个维度来测度地方政府质量。该度量指标的研究成果发表在英文期刊 *Journal of Corporate Finance* 上,为这一领域的研究提供了理论分析体系和实证研究的经验证据。该专著从微观视角采用综合政府质量指数,考察政府治理质量对企业层面资本配置效率的影响,提供了解释政府推动型经济增长方式对改革进程影响的微观证据,对理解中国经济增长中存在的诸多问题提供了新认识。

陈德球博士是我指导的博士后,他从南开大学商学院博士毕业后,来香港中文大学从事博士后研究工作,在香港中文大学期间,他对中国的政府治理与公司治理这一领域的研究具有很强的兴趣,也阅读了大量这方面的文献,他思维活跃,并能结合理论文献和中国制度背景进行思考,有自己的研究思路和研究计划。在出站后,他到对外经济贸易大学从事教学和科研工作,继续从事这一领域的相关研究,借鉴西方的理论研究成果,研究中国的特殊国情,为理解政府行为和公司行为提供了更多的理论解释和经验证据。其研究成果相继发表在国内的《经济研究》《管理世界》和英文期刊 *Journal of Corporate Finance* 上,并先后获得国家自然科学基金青年项目和面上项目资助,研究成果具有一定的继承性,研究领域聚焦。在该专著出版之际,我为他取得的成绩感到高兴,也希望他在未来的学术道路上能够坚定不移地走下去。

范博宏
香港中文大学商学院会计学与金融学教授
香港中文大学经济与金融研究所主任
2014 年 8 月于香港

第一章　引言　/1
第一节　研究背景与问题的提出　/1
第二节　研究的基本内容　/5

第二章　制度、治理与增长：探索性分析体系　/8
第一节　制度与公司治理　/8
第二节　制度、组织与治理　/14
第三节　政府质量、公司治理与企业增长　/22

第三章　政府质量、公司治理与企业资本配置：理论分析框架　/26
第一节　经济转型中的政府行为　/26
第二节　公司治理的政治经济学　/33
第三节　地方经济分权、政府质量与企业成长　/41
第四节　地方政府质量、公司治理与企业行为：双重代理分析视角　/46

第四章　地方政府、企业制度变迁与公司治理实践　/51
第一节　制度变迁与公司治理　/51
第二节　政府干预、公司治理与国企改革　/54
第三节　市场化改革、公司治理与民营家族企业转型　/56
第四节　政府管制、公司治理与证券市场　/59

第五章　政府质量、投资与资本配置效率　/76
第一节　问题的提出　/76
第二节　假设理论分析与研究假设　/79
第三节　研究设计　/82

第四节 实证结果与分析 /86
  第五节 本章小结 /97

第六章 政府质量、终极产权与公司现金持有 /99
  第一节 问题的提出 /99
  第二节 假设理论分析与研究假设 /103
  第三节 研究设计 /109
  第四节 实证检验结果及分析 /111
  第五节 本章小结 /125

第七章 政府质量、最终控制人性质与盈余质量 /127
  第一节 问题的提出 /127
  第二节 制度背景、理论分析与研究假设 /130
  第三节 研究设计 /134
  第四节 实证检验结果与分析 /138
  第五节 本章小结 /149

第八章 社会资本、政府质量与金字塔结构内生决定 /150
  第一节 引言 /150
  第二节 制度背景、理论分析与研究假设 /153
  第三节 研究设计 /157
  第四节 实证结果与分析 /161
  第五节 本章小结 /171

第九章 研究结论 /174
  第一节 研究结论与启示 /174
  第二节 研究贡献与局限 /176
  第三节 未来研究方向 /177

参考文献 /179

后记 /200

第一章 引　　言

第一节　研究背景与问题的提出

　　1978年开始的市场经济改革极大地改变了中国的经济面貌。过去三十多年，中国以高于9%的年均增长率从中央计划经济转型为新兴市场经济。学术界对中国转轨进程中的高速经济增长形成的一个基本共识是，地方政府在经济发展过程中起到了非常重要的作用（陶然等，2009）。地方政府在进行基础设施建设、扶持本地企业发展、吸引外来投资，甚至在改革早期阶段直接参与企业投资和管理等方面都发挥了不可或缺的作用。考虑到过去三十多年中国经济转轨过程的不同阶段，无论是中央-地方关系还是政企关系都发生了巨大变化。一个值得从学术上进一步讨论的问题是，这些关系及其变化如何塑造了中国地方政府的行为，并使其在不同时期保持了发展本地经济的强大动力。

　　中国经济自改革开放以来保持了三十多年的高速增长，被誉为"增长奇迹"。在这三十多年的经济增长进程中，中国地方政府在地区的经济增长中扮演了一个非常重要的角色，地方政府之间的竞争体制是中国经济增长奇迹的一个重要制度安排（Lin and Liu，2000；Jin et al.，2005）。地方政府在最大化本地财政收入的激励下会进行保护市场的改革（Qian and Roland，1998），对经济发展施以援助之手，甚至会主动为外来投资提供各种优惠政策。除财政激励之外，地方官员还面临政治晋升的激励，以GDP增长为主的官员政绩考核方式强化了地方政府为经济增长而竞争（Li and Zhou，2005；张军和周黎安，2008）。它们那种寻求一切可能的投资以推动地方经济发展的热情在世界范围内也是罕见的。近年来，理论界常常出现"中国模式"这一提法并引起热议。张五常（2010）提出县级竞争是目前为止最好的制度，将政府主导的、地方政府间互相竞争的经济发展模式视为中国增长奇迹的主要原因。英国 *Economist* 杂志将中国发展模式归结为以政府为主导的国家资本主义。世界银行《2030 年的中国》的报告则对国企垄断等政府主导经济的行为提出了质疑。在经济转轨过程中,政府所扮演的角色受到经济学家的普遍关注。Fan et al. (2011)指出,地方政府对于企业活动的严重干预是新兴市场的共同特征。政府通过税收、监管和政府所有权等方式影响和控制企业从劳动力、土地、能源、基础设施、矿产和融资等各项投入到产出的诸多方面。在这种情况下,政府(官员)的质量就成为新兴市场中影响企业决策的一个关键因素。

Frye and Shelifer(1997)提出政府的"掠夺之手"与"扶持之手"的观点,认为政府既可以做坏事,也可以做好事。政府的职责具有多维度、多任务的特征且不可量化,政府目标需要考虑诸如消费者剩余、生产者利润、社会公正、环境污染等问题,这些都不免让政府对有政治关系的企业提出要求。在转轨经济与新兴市场下,中国的市场化发展程度,比如法律、法规等正式制度的设立与执行,不仅整体上未达完善,而且各地区之间也存在很大的差异。政府作为国家权力的垄断者和终极实施者,政府组织的质量高低不仅能够解释过去 1 000 年里欧洲各国的兴衰(North, 1981),而且能够解释过去几十年中世界各国经济增长的差异(Knack and Keefer, 1995)。因而,如何提升政府组织的质量是经济学界和政策部门重点关注的问题。

中国改革中的一个极其显著的特征是各级地方政府深入地参与改革与经济发展。不同于联邦制,中国地方分权的最重要特征是地方政府控制着中国大部分经济资源。中国经济资源的控制权是在地方政府手中,而非中央政府手中(许成刚,2010)。地方政府全权负责本地区的经济改革,对地方经济发展负责,在其所在地区提供影响企业行为的立法与执法等公共政策工作。如何应对政府环境、处理与政府的关系,也就构成了企业战略决策和经营行为的重要方面(张建君和张志学,2005)。中国特色的财政联邦主义理论聚焦于地方政府行为背后的激励结构以及政府质量对经济发展的影响。在这个背景下,人们普遍关注中国地方政府质量与中国经济高速增长的可持续性的关联问题。

因此,要理解地方政府质量对经济增长的全面效果、为有关中国模式的讨论提供证据,不能跳过其中的行为主体——企业。从微观层面而言,长期经济增长是由企业进行研发投资、平均生产率提高,以及投入要素在企业之间的优化配置来实现的(Hsieh and Klenow, 2010; Jones, 2011)。如果地方政府质量促进了经济增长,那么必定是企业经营行为受到了地方政府提供的公共治理行为的影响。因此,理解地方政府质量对企业资本配置效率产生影响的微观机制,是深入讨论中国模式的基础。

在理论层面,近年来,集中在法律能够提供投资者保护、阻止内部人侵占股东权益、降低公司代理成本的法与金融的研究,虽然取得了很多成果,但这一研究主要强调传统的代理问题,即股权分散下所有者与经理人之间的委托代理问题(Jensen and Meckling,1976)和股权集中下的大股东与小股东之间的利益冲突问题(Shleifer and Vishny,1986),而忽略了公司层面与地方政府之间的代理问题。政府治理如何与公司内部人互动来影响公司财务行为的研究,在现有文献中没有受到足够重视(Durnev and Fauver,2008)。Stulz(2005)结合转型经济国家的制度特征,开创性地提出上市公司内部人(控制性股东)、政府(官员)与投资者间存在双重代理问题(Twin Agency Problems)。他构建了一个由政治家、公司内部人和小股东三人参与的模型,认为中小投资者作为外部投资者面临控制公司的内部人(对于股权高度集中的公司也即控股股东)的剥削,作为全部投资者,他们共同受到政府侵占或者帮助的影响,由此产生"双重代理问题"。第一重代理问题就是内部人利用公司资源牟取个人私利。由于政府官员会利用他们所掌握的政治权力通过财产征收、推动有利于自身的立法保护、禁止某类活动、索贿以及税收再分配等手段来侵占公司利益或者利用"扶持之手"来帮助企业。因此,公司存在政府(官员)和公司所有投资者之间的第二重代理问题,即政府控制下的自由支配公司资源(Stulz,2005)。当公司面对政府侵占或者帮助时,内部人可能会采取行动应对这种侵占风险或者帮助机会,这会影响到公司的治理结构和财务行为,因此,公司的财务决策镶嵌于公司的双重代理分析框架中。结合中国的制度背景,在转轨时期,中国上市公司所处的体制背景突出表现为,地方政府对企业行为存在或大或小的影响。因此,要理解中国公司的发展,有必要从国家代理问题的角度,结合地方政府的因素来分析。

在双重代理问题视角下,上市公司首先面临的是内部人(控制性股东)与投资者间的第一重代理问题。中国作为转型经济国家,政府行为和制度环境还处于不断规范的过程中,在第二重代理问题中,地方政府行为影响内部人的治理动机和财务决策。李稻葵(2002)认为影响经济发展的一个根本因素是这个国家官僚体制的效率与质量。而政府治理水平主要体现在政府官员和政治家的决策

政府质量、公司治理与企业资本配置效率

在多大程度上有利于其服务的公民,并且这些决策是否以合法的和社会可接受的范式来执行(Fan et al.,2011)。政府通过征税、监管或许可审批等方式干预企业经营决策,特别在新兴市场中,政府通过对自然资源、人力资本和金融资本的控制显著影响企业资源配置(Shleifer and Vishny,1994;La Porta et al.,1999;Fan et al.,2011),从而使企业行为内生于地方政府质量水平。

公司治理作为解决现代公司所有权与控制权分离问题的制度安排,最近十几年来在全球范围内受到了理论界和实务界前所未有的关注。公司治理在很大程度上决定着公司的效率[1],也是现代市场经济的微观基础,对一国资本市场乃至整个经济的发展具有重要影响[2]。

正当经济全球一体化的浪潮引领人们迈入一个崭新的千年之际,正当跨国公司以自己雄厚的经济实力和先进的管理制度谱写着"无国界"的乐章之时,一批又一批光彩夺目的企业巨星却在瞬间陨落,致使公司治理问题再度成为难解之谜。公司治理改革已成为一个被普遍关注的焦点问题。这一改革不限于某个特定地区或某些国家,而是一个全球性现象。在亚洲,不良的公司治理是导致1997年金融危机及其严重后果的一个重要因素;那些经受了危机影响的国家,迫切需要通过改革治理以重建市场信心,吸引外国投资者,并处理结构缺陷。在苏联及东欧国家的转轨经济体制中,公司治理欠佳被认为是私有化之后公司未能进行结构重组的重要原因。在这些国家,改革的重点是明晰产权、引入监督和制衡机制以制约公司内部人,并建立起合适的管理和制度框架(Tenev and Zhang,2002)。在成熟的市场经济中,各种公司治理丑闻的出现也形成了一定的压力,要求善待小投资者、增加透明度,以及更充分地披露信息。

尽管各国进行公司治理改革的原因不尽相同,但对公司治理问题的全球性的关注却反映了这样一个不断增强的共识,即作为在全球市场上的一种竞争优势,作为可持续增长和发展的一个重要组成部分,良好的公司治理对于保证市场秩序的完整性具有十分重要的作用。

20世纪90年代以来,经济全球化,尤其是资本流动的全球化,以及随之而

---

① La Porta, Rafael, FlorencioLopez de Silanes, Andrei Shleifer, Robert Vishny, "Investor Protection and Corporate Valuation", *Journal of Finance*, 2002,57:1147—1170.

② Berkowitz, D., K. Pistor, Jean-Francois Richard, William Davidson, Economic Development, "Legality and the Transplant Effect", Working Paper, 2001, No.410.

来的资本竞争的加剧,使高质量的公司治理成了企业赖以生存和发展的关键因素。公司治理是公司潜在价值的源泉,而投资者愿意为治理质量好的公司支付更高价格的原因,就在于公司治理对公司价值具有决定性的作用。上市公司为了改善治理质量和提升公司绩效,积极践行公司治理改革,探索公司治理的优化路径,提高治理效率。Bruno and Classens(2006)认为,有关公司治理改革路径的理论和经验研究,主要是从国家层面的法律制度和公司层面的治理实践两个维度展开。各国在保护投资者、加强资本市场监管等方面逐渐达成了共识,具体表现为对公司法、证券法等法律的修订,从而为公司治理优化奠定了制度基础。但是,新千年伊始,美国安然、世通、施乐等公司粉饰业绩,日本雪印食品公司骗取政府信用以及中国上市公司中名目繁多的关联交易、"掏空"等案件相继曝光,再一次引发了人们对公司治理问题的反思。

然而,传统上,公司治理研究主要关注治理结构与公司绩效之间的关系。虽然取得了很多成果,但这一研究思路忽略了治理结构背后更重要、更基本的因素,即公司所处的制度环境。由于公司总是处于特定的制度环境中,并且其行为倾向于趋利避害,适应所处环境,因此,公司治理结构在很大程度上内生于公司所处的制度环境。了解制度环境如何影响治理结构,应当是公司治理研究的基础(Williamson,2000;陈信元等,2004;夏立军和方轶强,2005)。

基于上述理论研究和现实制度背景需求,本书从微观层面企业资本配置效率的视角,运用经验研究的方法,重点分析和检验政府质量、公司治理与企业资本配置三者之间的逻辑关系,以作为政府部门制定政策的参考,具有较强的理论意义和现实价值。

第二节 研究的基本内容

转型经济中的中国企业经营行为面临地方政府质量和公司治理的双重代理分析框架。企业的资本配置效率在一定程度上要受到公司所处地区的政府质量和公司治理机制的影响。基于国内外研究现状和中国制度背景的详细分析和考察,本书分析了地方政府质量对企业资本配置效率的影响。

首先，本书第一章阐述了研究背景和研究意义。

第二章构建了制度、治理与增长的探索性分析体系，从制度、组织与公司治理等维度阐述了解释经济增长的制度因素以及微观层面的公司治理因素，分析了政府质量、公司治理与企业增长之间的内在逻辑与制度基础。

第三章在对现有地区经济增长和公司治理的政治经济学文献分析的基础上，从地方经济分权、政府激励与企业资本配置的视角构建起地方政府质量、公司治理与企业行为的一个双重代理分析框架。在该理论分析框架内，中小投资者作为外部投资者面临控制公司的控制股东（或称内部人）的剥削，作为全部投资者，他们共同受到政府的侵占影响，由此产生双重代理问题。第一重代理问题是内部人控制下的自由支配公司资源。第二重代理问题是政府控制下的自由支配公司资源。当公司面对地方政府侵占时，内部人可能会采取行动规避这种侵占风险，这会影响到公司的资本配置行为。

第四章从制度变迁与公司治理，政府干预、公司治理与国企改革，市场化改革、公司治理与民营家族企业转型，政府管制、公司治理与证券市场等视角介绍了转轨经济阶段中地方政府、企业制度变迁与公司治理实践的制度背景。

第五章为政府质量、投资与资本配置效率，该章以2005—2007年上市公司为样本，从事前和事后两个维度考察地方政府质量影响企业投资和资本配置效率的机理。该章分别用投资对托宾Q和对现金流的敏感性度量投资效率与融资约束，结果显示，政府质量与投资和Q值敏感度正相关，与投资和现金流敏感度负相关。相对国有企业，政府质量改善资本配置效率的功能在民营企业中更显著，相对于中央国有企业，政府质量改善资本配置效率的功能在地方国企中更显著。事后业绩增长的考察表明，在较高的投资与Q值敏感度和较低的投资与现金流敏感度地区，投资能显著促进企业业绩的增长。该章进一步分析了地方政府提升资源配置效率的途径，发现地方政府通过提供良好的公共治理，可以降低企业内部的代理成本，同时通过扩展企业的融资途径来缓解融资约束。

第六章检验了地方政府质量对企业现金持有行为的影响。该章对政府和公司层面双重代理问题中的企业现金持有动机进行研究，从而检验中国上市公司现金持有的双重代理假设。通过对2005—2007年上市公司的样本研究发现：在政府质量越高的地区，公司现金持有量越低；政府质量对国有企业现金持有的影响随着实际控制人的行政级别提高而降低；对于中国上市公司来说，政府层面的第二重代理成本显著高于内部人的第一重代理成本。进一步的研究发现,政府质量对企业现金持有的作用机理是通过增加银行贷款、应付票据及外商直接投资来降低企业的外部融资约束而起作用的。上述结果在考虑了内生性问题以及一系列稳健性检验后仍成立。结论表明,地方政府质量通过当地企业的融资约束条件对公司现金持有动机产生重要的影响,并且影响公司层面的代理成本。公司现金持有决策是政府和公司内部人代理问题共同作用的产物,也是内部人对政府和公司代理成本两方面权衡的结果。

第七章实证分析了镶嵌于政府和公司双重代理问题下的公司会计行为的决定因素,提出解释我国上市公司盈余质量的双重代理假设。结果表明,较高的地方政府质量会提高上市公司的盈余质量;相对于国有企业,地方政府质量对民营企业盈余质量的影响更为显著;不同行政级别政府之间的利益博弈导致其所控制的国有企业对地方政府的质量的反应存在差异。终极控股股东所有权与控制权分离度所导致的第一重代理问题随着政府层面第二重代理问题的增加而减少。基于上述证据和中国的制度背景,本章研究结论认为,考察中国上市公司会计行为时,不仅要关注公司内部人的代理风险问题,还要关注政府代理风险对公司行为的影响,地方政府质量是影响企业会计行为的一个重要因素。

第八章基于对金字塔结构融资优势理论的分析,以金字塔结构内生决定为研究对象,从微观视角实证研究了我国地方政府质量和社会资本水平差异对家族上市公司金字塔结构形成机制的影响,进而深入探讨了政府质量与社会资本这两种外部制度安排在影响家族企业控制权结构选择过程中的相互替代作用。结果发现:在政府质量和社会资本水平较高的地区,家族企业的金字塔结构层次较低,镶嵌于金字塔结构的终极控制权与现金流权分离度较低,而且社会资本与政府质量在家族企业金字塔结构选择决策中所起的作用是替代的,即在我国政府质量较低的地区,社会资本对家族企业金字塔结构的作用更加显著;反之亦然。研究结论表明,转型经济中的家族企业发展,除了继续完善地方政府质量、提高公共治理水平之外,构建地区之间以信任为基础的和谐社会氛围同样重要。本章的研究不仅拓展了金字塔结构的研究领域,而且丰富了社会资本与政府质量替代作用的研究。

第九章为全文总结,包括研究结论和启示、研究贡献和局限以及未来研究方向三部分。

第二章 制度、治理与增长：探索性分析体系

第一节 制度与公司治理

公司治理作为一种制度安排,对企业的经营效率尤其是对相关各方利益的保护具有重要影响,进而影响到企业的融资成本乃至国家的竞争力。20世纪80年代以来,各国纷纷进行改革,以完善其公司治理,提高企业效率,从而在世界范围内出现了公司治理改革运动。

2008年,一场突如其来的金融海啸导致了全球经济的衰退,在这场危机背后,深层次的原因是金融机构治理风险的引爆和释放,正是缺乏治理保障的金融创新,最终导致了空前的灾难。[①] 以美国大型投资银行为代表的许多金融机构在公司治理和风险管理方面存在严重缺陷。这些机构漠视风险控制,追求短期利益,缺乏制衡机制,为危机的爆发埋下了隐患。然而,在这次金融危机中,苏黎世保险受到的影响不大,其董事会机构独立决策的公司治理创新机制成为苏黎世保险未受"海啸"冲击的重要原因。[②]

就公司治理改革运动而言,首要的是外部法律上的强制规范,即"合规",公司的各个层面都必须遵守;其次就是公司治理需要在"合规"基础上着眼于业绩的公司治理改进,而不仅是被动地应付监管部门推动的规范标准,股东、董事和经理都有发挥自身能动性的空间,也更多地需要公司自主性的治理创新,使公司

---

① 李维安,"金融危机凸显金融机构治理风险",《资本市场》,2009年第3期,第110—113页。
② 苏黎世保险所代表的瑞士公司治理结构的最大特点就是董事会成员与管理层完全分开,没有任何交集。董事会成员在决策前与管理层成员充分沟通,但独立决策。其董事会认为金融衍生品风险太大,决策不参与相关业务,躲过了灾难。

治理创新成为公司发展和走向卓越的一股重要驱动力。

公司治理(Corporate Governance)所要研究和解决的问题是如何使资金的提供者(包括股东和债权人)按时收回投资并获得合理的回报。它是受到资源的限制、无法仅仅依靠自己的力量从事生产经营、建立在高度专业化分工基础上的现代公司制度运行的前提。公司治理问题的提出最早可追溯到亚当·斯密,他在1776年出版的《国民财富的性质和原因的研究》(简称《国富论》)一书中指出,"作为其他人所有资金的经营者,不要期望他会像对自己所有的资金一样加以精心照顾"[1]。到1932年,律师Berle和记者Means在现代公司制度背景下把斯密所观察到的现象概括为"所有权与控制权的分离"。他们认为,现代公司分散的所有权,由于股权可自由转让的性质和股东之间的免费搭车问题,使股东对经理人实施有效的监督十分困难。他们甚至表示,所有权与控制权分离是"对过去三个世纪赖以生存的经济次序构成的威胁"[2]。

然而,20世纪人类社会的发展历史真实地告诉我们,Berle和Means担心的情况并没有发生。如果投资的资金无法按期收回,资金的提供者就会丧失进行新的投资的激励。如果所有的资金提供者停止对其他人的项目进行资金投入,即使社会中存在先进技术和理念,依靠技术拥有人有限的资金,所取得的社会进步必将十分有限(郑志刚,2005)。对上述事实的一个可能的解释是,来自产品市场的竞争将迫使企业降低成本,作为降低成本的一个方面,企业自主地接受了实际经济生活中存在各种行之有效的公司治理机制(Shleifer and Vishny,1997)。

公司治理作为现代企业制度的核心,已成为市场经济运行的基础。在经济全球化、专业化分工和资源的互补及共享已变得日益重要的今天,良好的公司治理同时成为一个企业在全球市场上的一种竞争优势和可持续发展的一个重要组成部分,它对于保证市场次序的完整性具有十分重要的作用。如何形成有效的公司治理越来越多地引起实务界和理论界的关注,对公司治理的研究已经成为全球性的重大课题。

在公司治理运行体系中,制度基础是公司治理的根本因素。新制度经济学

---

[1] 亚当·斯密著,唐日松等译:《国富论》(中文版),北京:华夏出版社,2005年版,第64页。
[2] Berle, Adolf A., Means, Gardiner C. *The Modern Corporation and Private Property*, London: The Macmillan Company, 1932,42.

认为:(1)制度是重要的;(2)制度是可以进行分析的,恰当的制度安排有助于降低复杂系统中的协调成本,限制并可能消除人们之间的冲突(柯武刚和史漫飞,2000)。所谓制度,无非是存在于某一共同体内,旨在抑制人类交往过程中可能出现的机会行为以及众所周知的各种规则。这些规则包括:人们在社会实践中逐渐形成的协调各方利益的习俗、传统、礼貌、道德、文化、商业惯例等内在制度;通过政治设计出来并由政府机构贯彻实施的法律法规,即外在制度或正式制度。无论是外在制度还是内在制度,其最终目标都是确保人们能做出承诺,并切实履行。这些制度安排有助于人们之间形成相互信任的氛围,培养互利合作的习惯,增加行为的可预见性,减少信息搜寻成本和协调成本,并抑制机会主义倾向。在复杂的社会系统中,大量的社会生活和经济生活是由内在制度规范的,但适当的外在制度可以更好地实现内在制度的目标,并有助于推动其向与外部政治经济环境更为协调的方向演进。

传统的增长理论均忽略了制度因素或隐含地假定制度是给定的,从而无法说明制度对技术条件和经济增长的影响。North and Thomas(1973)认为,技术创新、规模经济和资本积累并非经济增长的根本原因,它们仍是增长,是经济制度提供刺激的结果。历史上的经济增长也并不是由技术革命导致的,技术革命只不过是伴随经济增长的一个现象或一个结果。制度的变迁为技术革命铺平了道路,因此是经济增长的决定因素。Acemoglu et al.(2005)提出,如果资本和技术对于增长很重要,为什么一些国家没有为获得这些资本和技术提供激励? 一定有更深层次的原因。将技术创新应用于生产需要动力,这种动力来源于一整套鼓励创新、保护产权的激励机制和推行这套机制的国家政权。技术只是给定制度的函数,它是人们对制度进行选择的结果。支撑技术变革的制度对西欧工业革命和经济起飞的意义要比技术变革本身的意义更为深远。与此同时,越来越多的研究认为,制度是决定增长的更加根本的因素(Olson,1982;Hall and Jones,1999)。Efendic et al.(2009)研究认为,制度对增长的促进作用在五年内即可显现出来。North(1981)认为制度的功能是为经济提供一种激励结构,并随着这种结构的演变,决定经济是趋向于增长、停滞还是下滑。North(1991)进一步指出,制度框架由三部分组成:政治结构,界定人们建立和加总政治选择的方式;产权结构,确定正式的经济激励;社会结构,确定经济中的非正式激励。青木昌彦(2001)认为一个完整的制度体系由制度环境和具体的制度安排构成,制度环境是指用来建立生产、交换与分配基础的政治、社会和法律基础规则；其他制度如公司制度、市场交易制度、合同制度等是一定制度环境下的具体制度安排。Shirley(2005)认为支持市场经济需要两类制度：一是能降低交易成本、鼓励信任的交换制度；二是保护而非掠夺和控制私有产权的制度。

Keefe and Knack(1995)研究认为，治理和制度的质量可以解释投资效率的差异，治理促进经济繁荣的一条渠道是改善资本市场和投资环境。Olson et al. (2000)分析认为，制度和政策的质量可以很好地解释跨国增长差异，一个经济中个体所面临的激励结构对经济表现至关重要，治理良好的国家将表现出更高的生产率。世界银行的系列研究(Kanfmann et al. ,1999; Kaufmann and Kraay, 2002; Kaufmann et al. ,2009)从六个方面衡量治理，分别是言论自由和问责性、政治稳定性、政府行政效率、监管质量、法治情况和对腐败的控制。该研究认为，好的治理能明显地引致更高的人均收入，其反向关系甚为微弱，甚至负相关，说明好的治理有利于经济增长。Dima et al. (2010)运用世界银行的治理指数(Kaufmann et al. ,1999)，对2002—2009年145个国家和地区的数据进行检验，发现治理质量与经济增长之间存在显著的正相关关系。

近年来新制度经济学正尝试将制度变量纳入新古典增长模型，但它们的分析主要集中于腐败、民主、文化、产权保护和合约履行(Mauro,1995; Acemoglu and Daron,2009)等宏观层面，很少将微观制度考虑进去。同时，宏观经济学在凯恩斯之后与微观经济学分道扬镳，自成体系，近年来成为宏观经济学寻找微观基础一个重要的研究主题，但大多侧重于消费、投资、贸易与汇率、政府收支和货币制度等(Hall and Papell,2008)，很少从企业制度尤其是公司治理的角度进行讨论。

公司治理曾长时间内不受重视，但历史上爆发的一次又一次公司丑闻以及公司破产对宏观经济的冲击效应，让人们逐渐认识到公司治理的重要性。从最早的18世纪英国南海泡沫，到2001年美国安然事件，再到2007—2008年美国金融危机，因治理问题而垮台的公司不计其数。公司垮台不仅给直接利益相关者带来重大损失，也对外部经济产生负面影响。众多研究认为公司治理缺陷是1997年亚洲金融危机和2007—2008年美国金融危机的深层根源(Johnson et al. ,2000;Kirkparriek and Grant,2009)，其基本逻辑是，激励制度、董事会问责制和股东参与渠道等公司治理方面的缺陷长期得不到解决，使风险不断积聚，最终大范围地爆发导致严重的危机。O'Sullivan(2003)也认为,不同国家的经济表现在一定程度上是受其公司治理体系决定的。外在制度对公司治理的约束主要体现在对公司治理结构的制度安排上。在不同的外在制度背景下会有与之相适应的不同的治理模式(刘汉民,2002),因而,公司治理结构并不存在一个最佳模式。盎格鲁-撒克逊经济中高效率的治理模式在日德模式中就不一定依然灵验;反之亦然。因为即使经济主体是有限理性的,它们也不可能对不同的法律法规做出完全相同的反应。例如,相关法律、法规中对少数股东权益的保护程度会影响到股权结构的集中度,进而影响股票市场的流动性。Shleifer and Vishny(1997)的研究发现,那些少数股东权益保护程度高的国家(如英国和美国),公司股权会倾向于分散,股票市场的流动性也会增强,此时活跃的公司接管、购并市场或公司控制权市场成为提高公司治理效率的主要手段;反之,对少数股东权益保护度较低的发展中国家,股权集中度就会提高,因而股票市场会呈现低流动性。La Porta et al. (1998)对49个国家的实证研究也证明了公司法律质量与股权分散度、股票市场流动性高度正相关。在缺乏稳定、可信的外在制度背景下,投资者必然希望通过掌握公司的控制权来降低不确定制度环境带来的风险。因而,控制导向型(Control-oriented)的投资者对受资公司采取干预型治理就是自然而然的事情了(Berglof,1995)。因此,日德模式和英美模式经过几十年的反复较量,现在依然难以分辨出孰优孰劣。

  企业的内在制度通常表现为非正式的隐性制度,它没有外在制度的权威性,也不存在由权威机关强制执行的游戏规则,然而,这种软环境对公司治理的影响却是不容忽视的。因为公司治理结构的设计,除了要服从法律、法规,还必须融合公司管理者的经营风格、工作习惯、敬业精神、员工的合作传统、价值观念,以及投资者的投资理念、商业惯例等内在制度因素。没有各经济主体主动、自愿的行为配合,再完善的法律制度也无法造就高效率的企业。因为法律毕竟是粗线条,它不可能对人们的每一个动作都做出具体的硬性规定。如果没有内在制度的约束,法律留下的空间会使机会主义泛滥。阳奉阴违、疏忽大意、偷懒怠工等不良行为对公司治理效率产生的负面影响无疑是巨大的,这种影响会演变成制约企业发展的顽症。另外,当企业的内在制度不能与外在制度兼容时,如转轨国家在市场经济初期,内部人不尊重外部所有者的权益、漠视债权人权益等,公司治理的成本将大大增加。不过,外在制度向各个经济主体提供的信息导向,以及附着在其上的强制性惩罚机制会引导企业的内在制度逐渐演化。内在制度拥有的自我学习和改进机制,使企业的内部制度环境在互动或重复博弈中不断调整,并将外在制度中的部分成分内在化(青木昌彦,2001)。

Morck et al.(2005)对全球范围内的公司治理研究文献进行了考察。他们指出,除英国、美国以外的其他国家,大部分公司都由家族或国家控制。其中,金字塔形结构、交叉持股以及双重股票等控制工具的运用导致控股股东控制的资源远远大于他们的自身财富,即这些公司的控制权与所有权在不同程度上都是相互分离的。他们对控制权的配置状态与影响经济发展的制度之间的关系进行了分析,指出在一国内部,由于控制经济资源的富有家族通常会反对建立良好的司法体系以及其他的制度安排,以防止竞争,维护其既得利益,因此一国经济的发展水平从根本上依赖于资源控制权的初始配置状态。莫克(Morck)等特别强调,关于公共政策如产权、金融市场及相关制度的发展、经济的开放程度的内生化研究会有助于我们加深对现实世界的了解,是未来研究公司治理与经济发展等问题的有效范式。Bushman et al.(2006)认为资本市场的五大功能即便利交易和联营风险、配置资源、监督经理、流动储蓄、便利商品和服务交易。而这些功能的效率取决于该国的制度架构。这些制度架构包括财务报告、法律体系和政治体系等。然后,他们对财务报告在资本市场中的作用进行了考察,特别强调了其他的制度安排对财务报告特征的影响。

法律体系在公司治理中的作用在于,完善的法律体系可以保证外部投资者的权利得以实施。无论是 Jensen and Meckling(1976)还是 Hart(1995)都指出,投资者的权利实施依赖于法律体系的完善程度。只有当法律对外部投资者的权利(例如股东的投票权以及债权人的重组或清算权)进行了很好的规定,并且法院也可以保证其被有效执行时,投资者才会将资金投入企业。这是因为,在法律对投资者保护非常薄弱的情况下,内部人(包括经理和控股股东)可以轻易采取各种方式侵占外部投资者的利益,随着法律体系对投资者保护程度的提高,内部人对外部投资者的利益的侵占成本也随之上升;当法律体系对投资者的保护程度足够高时,内部人对外部投资者的利益的侵占成本将超过侵占收益,从而侵占不再发生。Dyck and Zingales(2004)研究证实了上述推论,他们发现控制权的溢价水平与法律体系对投资者的保护程度显著负相关。法律体系对投资者的保护越好,控制权的溢价水平越低,从而说明,法律体系对投资者的保护越好,内部经理或控股股东对投资者利益的侵占越少。North(1991)指出,经济表现最重要的决定因素是,协议在多大程度上得到落实。

因此,公司治理机制既是规范公司各利益主体经济行为的一种制度安排,也是强制性外在制度与自发性内在制度相结合的产物。换言之,公司治理机制就是在公司法、证券法、破产法、兼并收购法、反垄断法以及公司治理法等有关法律、法规的规范下,结合本企业的经营理念、商业惯例、企业文化等内在制度的特点,建章立制,设置权力机关,签订契约,保护在公司设立、运行中做出贡献的各相关经济主体的利益。因而,规范的公司治理机制犹如法律、法规和企业行为习惯的双向传感器,它有效融合了宏观制度规范和微观制度特点,从而确保企业经营能在合法、合理的轨道上正常运行。

第二节 制度、组织与治理

代理问题描述的是现代经济社会中这样一种普遍的事实或现象:基于分工效果与规模经济,人们总是寻求拥有专门知识的一方来代为行使某项活动。如诉讼人将诉讼事务委托给具有专业知识的律师,股东将企业的经营交给职业经理人等。上述行为中,当"一方(委托人)委托另一方(代理人)根据其利益从事活动,并相应地授予某些决策权时",双方之间的代理关系即形成了(Jensen and Meckling,1976)。代理关系中,由于自利的双方目标函数并不一致以及普遍存在的信息不对称,使得代理人并不能总按委托人预期的那样行动,代理问题因此产生。

古典企业中,所有者和经营者角色合一,所有权和控制权对称地集中分布于业主身上,不存在利益冲突和代理问题。伴随近代股份公司的发展,所有权和控制权分离下的代理问题初见端倪。早在1776年,亚当·斯密就在其经典著作《国富论》中指出"在钱财的处理上,股份公司的董事为他人尽力,而私人合伙的创始人,则纯为自己打算。所以,想要股份公司董事们视钱财用途,像私人合伙公司创始人那样用意周到,那是很难做到的。这样,疏忽和浪费,常为股份公司业务经营上难免的弊端。唯其如此,凡属从事国外贸易的公司,总是竞争不过私人的冒险者",从这里,斯密从直观的描述中切中了股份公司制度下代理问题的实质——受托经营者总不可能像维护自身利益一样去维护所有者利益。1932年,伯利(Berle)和米恩斯(Means)在其著作《现代公司与私有财产》中就现代公司制下股东与经营者之间的利益背离做了进一步的分析:"单个个人不再是作为所有者而有权获得这种利润,掌握着典型现代公司命运的人,只拥有公司微不足道的股份,以致公司盈利性经营所获得的报酬,只在极小的程度上使他们获益……"这一分析再度表明,由于所有权与控制权分离,没有(或只拥有少量)剩余分享权的经理很难按最大化股东利益原则行事。

从严格的理论论证来看,公司组织中这种控制权和索取权的不对称至多导致双方利益目标的不一致,并不是产生代理问题的充分条件。倘若股东与经理之间的信息是对称的,则股东完全可以像经理本人一样了解经理的努力水平,并以强制性合同要求经理按股东目标行动;或者即便关于努力水平的信息是不对称的,但状态环境是确定的,即产出和努力之间存在确定的联系,则股东仍然可以通过产出水平来判断经理的努力程度。这两种情形下,经理人的疏忽、懈怠,或其他背离股东利益的行为一般都不能得逞。然而,现实经济中,这两个条件往往都是无法满足的,于是我们更经常看到的是,现代股份公司在享受着两权分离所带来的迅速聚集资本和专业化决策分工的好处的同时,亦承受着经理人疏忽大意、奢侈浪费甚至是对股东财富的"掠夺"行为(Berle and Means,1932)。代理问题的存在是否就意味着股份公司制度的终结?事实证明并非如此,从伯利和米恩斯的著作于 20 世纪 30 年代初发表以后,至少在统计意义上,人们没有发现清楚的证据表明管理者占主导的公司,在诸如使用资产生产利润等企业行为方面与所有者占主导的公司有明显的不同。相反,对于大型企业来说,所有权与控制权分离成为普遍的现象。尽管代理问题在现代公司制度的演进中始终存在,但在比较成熟的市场经济中,各种在现实中得以生存的两权分离的公司形式,通常都创造出相应的比较有效的解决代理问题的制度安排(Stigler et al.,1983)。而对这一切制度安排,人们冠之以"公司治理结构"(Corporate Governance Structure)的名号。企业组织中的代理问题是现代公司制度演进的结果。

公司治理就是通过优化信息权配置,确保融资契约顺利实施的一项制度安排,经投资者、经理等参与人内生的策略互动而产生的自我实施机制。但公司治理要受到外部环境因素的制度约束,如法律的变更等治理环境的变化会系统地

政府质量、公司治理与企业资本配置效率

改变参与人关于策略互动模式的认知,并且相应地引起他们的实际决策变化超出临界规模(青木昌彦,2001),最终导致公司治理制度在信息权的配置过程中根据外生法律强制性博弈规则及公司领域参与人自主性行为作用程度而表现为强制性和自主性两种治理形态。因此,笔者认为,公司治理制度在投资者与经理人等参与人内生的自我实施机制和外生的法律监管制度相互博弈的冲突和协调过程中不断演进,并根据博弈双方在实施过程中的作用程度而表现为强制性治理和自主性治理。"强制性治理"是指外生的法律监管制度在与上市公司参与人内生的自我实施机制的相互博弈过程中占据主导地位,迫使上市公司被动满足外在法律对公司治理的最低监管要求;"自主性治理"则是指上市公司参与人内生的自我实施机制在与外生的法律监管制度相互博弈过程中占据主导地位,上市公司出于自身提高公司治理效率和创造公司价值的内在需求而在满足法律监管要求的基础上主动进行治理创新。

公司治理是确保投资者获取其投资回报的一项制度安排(Shleifer and Vishny,1997),而公司治理机制的有效运作和保护投资者权益,关键在于资本市场上充分透明的信息供给。在资本市场上,信息作为企业产出的替代变量,维系着企业作为一个人力资本和财务资本所有者缔结的契约的均衡,是衡量监督和激励是否相容、剩余索取权和剩余控制权是否相匹配的关键,在一定程度上影响着公司治理的效率。[1] 信息权的优化配置有助于提升投资者投资决策的效率,促使资本的趋利性流动和社会资源的优化配置。然而,信息权的优化配置不是自动生成的,而是伴随着公司治理制度的演进经过一个长期过程形成的。

公司作为一种以资本联合为核心的企业组织形式,初期的交易行为是单个上市公司与投资者之间在相互了解的基础上进行交易,通过个人的信任关系来保障契约的执行。公司契约主体之间相互熟悉和了解,信息流通顺畅,通过契约当事人之间的自律与互律来维系,保障契约经济利益的实现,这是一种人格化交易。[2] 为了解决公司与投资者之间的代理问题,公司组织域内投资者、员工和经理个体参与人从各自动机出发,在重复的囚徒困境博弈下演化出一种博弈的纳

---

[1] 杜兴强,"公司治理演进与会计信息披露监管——博弈分析与历史证据",《财经研究》,2004年第9期,第75—85页。

[2] North. D. Institutions, *Institutional Change and Economic Performance*. Cambridge: Cambridge University Press. 1990:27—46.

什均衡解,解决代理冲突。公司治理作为一种维护公司与投资者之间契约关系及其合作带来"准租金"的制度安排,是投资者、员工和经理个体参与人从各自动机出发进行相互重复博弈而形成的一种内生纳什均衡解,是上市公司自主实施的一项制度安排。如公司董事会制定行为标准、解决利益冲突和监督业绩、进行自我约束等行为。在传统的公司法中,董事会的结构和构成完全属于公司自治的范畴,国家不加干预,公司被看做是股东所有的。公司内部法人治理结构的安排、权力分配都属于公司财产所有者——股东自治的范畴,完全由公司章程规定。[①]

这种自主实施的公司治理制度引导着公司组织域内参与人的行为,从而对公司组织域内的博弈行为有一种近乎程式化的约束。但随着组织规模的扩大,信息传递效率的降低,交易成本、信息需求成本的上升,公司治理制度实施的成本较高。在公司组织域内的活动里,自发生成的制度不能排除所有的机会主义行为。资本市场发展的滞胀、投资者和上市公司的不成熟,博弈的参与人对于博弈结构只拥有个人的不完备观点导致传统的财产法和契约法的不完备性,不能够对组织域内其他参与环境状态做出完备的推断,无法为投资者提供有效的信息权配置,保护其自身权益,从而影响到资本市场健康有序的发展。如果市场不能提供有效的公司治理安排,就存在法律干预的必要性。政府拥有规范制度的权力,并且通过治理制度的演化最终以法律条文形式固定下来,从而节约因变异或错误带来的失衡成本。经过规范的正式制度会更加清晰,强化博弈规则的实施。国家层面上对公司治理制度的立法行为具有规模经济效应,可以避免较高的交易成本,同时具有强制性的信息权配置要求,约束契约当事人的机会主义行为。

由于制度的互补性特征,一个制度的演化需要其他相关制度的相互配合(青木昌彦,2001)。一个国家的公司治理制度并不能独立于其他制度(金融、政治)和社会传统而存在,相反它们之间具有战略互补性。尽管从理论上说,公司治理属于公司内部自治的问题,但各国为了维护资本市场的健康发展和保护投资者的利益,国家法律制度在公司治理制度的实施过程中表现出明显的强制性倾向。公司治理结构的明文规则、各种参与人被授予的法律权利及其法律程序

---

① 贺绍奇,《经济全球化背景下的公司治理与公司法改革》,北京:中国政法大学出版社,2006年版,第19—24页。

和影响参与人的信念及行动的政治域制度,是公司组织领域博弈的外生规则。这种博弈外生规则的变化将影响公司组织域内参与人的策略行为及其决策后果,导致新的均衡序列出现(青木昌彦,2001),从而对公司治理制度变迁过程施加作用,并且法律制度对公司治理制度的施加影响是强制性的。因此公司治理制度的外生性法律博弈规则影响着公司治理制度的自我实施程度,使上市公司被动地迎合外在法律监管的强制性要求,导致不同的国家在公司治理上存在差异化。以 La Porta et al. (2002)等为代表的学者开创性地把法律制度纳入公司治理的研究框架内,作为投资者权益保护的一种手段,并认为法律制度是决定一国公司治理模式的重要因素。公司治理从萌芽的自我实施的制度逐渐演化成国家层面的法律强制性制度安排。公司治理制度在投资者、经理、员工等参与人内生的自我实施机制与公司外生的博弈规则的冲突和协调中不断演进。

近年来,经济的发展尤其是全球化的推动,给公司提供了许多潜在的获利机会;对投资性资本的竞争日趋激烈,机构投资者的崛起和维权意识的不断增强,对上市公司的治理质量提出了更高的要求。这些外在环境不断发生的新变化和潜在获利机会的出现,使公司在现有法律强制实施的治理制度安排下提供的信息权配置无法降低参与人的预期不确定性,抑制了公司个体根据自身的特点进行公司治理创新动机和实现新利润的机会,导致公司治理制度危机的出现。La Porta et al. (2002)的公司治理模式法系决定论仍然有许多值得思考的问题,例如为什么在法律对投资者保护充分的国家还存在公司治理丑闻呢? Hart(1995)把有限理性的条件放宽到了契约双方以外的第三方,认为只要契约中有一部分内容对契约外的第三方(法庭)来说是不可描述或者是不可证实的,这些内容就无法通过法庭来认可和强制履行,从而契约是不完全的。法律作为一种强制性的外部履约方式,只是一种履约的手段,并不能保障投资者利益的完全实现和公司治理的不断优化。Jensen(1993)认为,由于经理人对投资者所负担的诚信责任在法律上可证实的困难,法律作为约束经理人员的挥霍行为并不是一件十分锋利的武器,因此其作为一种制度安排是不完善的。在相同的投资者法律制度保护水平下,为什么不同公司治理水平存在很大的差异?

法律制度作为一种配置信息权的契约执行机制,是一种强制性治理,如果违反就会产生相应的法律责任和法律制裁,然而法律只是作为公司的一个外部制度因素,并非全部因素,法律强调的是稳定和秩序,而现实社会经济生活则是一日千里、瞬息万变的(朱义坤,1998),同时法律在公司治理中的实际作用在很大程度上还要取决于公司对它们的实际接受程度,取决于公司的自我实施机制。在此阶段,公司与投资者之间的关系隐含在较为完善的投资者利益的法律监管制度之中,投资者利益保护局限在国家法律层面,投资者治理行为是被动的,上市公司的创新性活动受到了抑制。Coffee(1999)指出在缺乏投资者保护的法律框架的条件下,企业可以通过公司章程等个性化的契约执行机制向投资者提供比法律更完善的投资者保护的契约。公司治理结构就是治理参与人策略互动的自我实施机制(青木昌彦,2001)。因此,公司治理契约的主要特征不是强制性,而是自主性,这也是法律制度要不断适应社会经济生活变化与发展的必然选择。

在国家层面强制性治理的前提下,通过公司层面自主性治理或许能够解释这个问题。公司可以自主地通过公司章程和股东权力分配规则实施自主性治理、优化信息权配置、降低公司应对外部资本市场发展的不确定性,在保护投资者权益的基础上实现公司价值最大化。现有治理制度危机的出现和新的获利机会将产生新的潜在的制度需求及供给,导致公司治理制度再次变迁。公司治理作为一种制度,在法律这种强制性契约执行机制发挥作用的同时,又会随着社会环境的变化和参与主体通过内在的互动,不断产生新的自我履约机制,自主进行公司治理创新,补充和完善治理制度,促进资本市场的发展。公司治理制度从强制性治理向自主性治理演进。基于以上分析,笔者认为,公司治理制度是沿着应对外部市场带来的潜在获利机会和降低公司组织内参与人的不确定性预期,以优化信息权配置、提高治理效率为目标,从萌芽式的自发性治理到国家层面法律强制性治理再到公司层面自主性治理的螺旋式路径演进。

完善的公司治理有助于公司激发价值创造的活力,获得长期的合作伙伴和商业机会。但这里遗漏了一个重要的环节,即只有当外部人知晓公司的治理结构安排有利于价值创造时,他们才愿意成为公司新的出资人或者商业伙伴。这就给公司治理带来了一个新问题:那些在公司之外的利益主体如何知道公司关注他们的权益?在公司上市之后,这个问题更加复杂一些,因为不仅供应商、客户和债权人在公司之外,甚至一大部分股权持有人也在公司之外,他们怎样知道公司是否关心他们的权益?如果他们已经知晓公司具有完备的制度,确保他们的权益能够得到落实,那么,什么样的治理结构他们都是喜欢的。这使得很多上市公司在治理结构安排中,考虑主动用一些特定的手段去迎合外部人。融资方为了在资本市场持续获得投资,有足够的激励构建自己的声誉。Diamond(1991)论证了一个企业如何通过清偿短期债务,获得诚实信用的声誉,进而获得持续融资的机会。他发现良好的股利支付记录,可以确保一个公司拥有良好的声誉,从而在未来更方便地获得权益融资。这些文献尽管只说明公司在拓宽投资人基础方面构建声誉的热情,但得出的结论很容易推广到治理结构方面去:上市公司可以通过对外塑造一个良好的治理结构形象,来赢得投资人的好感。所有关心公司治理状况的外部人中,外部股权投资人关心的程度最高。麦肯锡(Mckinsey)公司在2002年做过一项全球调查,希望了解不同国家的投资人愿意为良好的公司治理支付的溢价幅度,结论是尽管不同国家的投资人愿意支付的溢价不同,但没有一个国家的投资人对治理结构无动于衷。

实践中的做法是富有创意的,欧美一些国家的公众公司开始自觉地引入独立董事,在公司章程中不需要法律强制,而是自行给自己今后可能出现的关联交易规定了更严格的决策程序,更多的公司在董事会建立了法律监察部;亚洲一些国家(如韩国等)的上市公司,在上市公司章程中强制性为自己规定了董事的专业水平,等等。简言之,一些原来由法律和行政法规强制的治理结构最低要求,现在逐渐变成了公司的自觉行为,从法律、法规要求的强制性治理向内生自主化的自主性治理演进。

在制度、组织与治理这一领域的研究特别强调制度性因素对企业组织结构和公司治理的影响,这些制度性因素涉及法律、政治、经济、社会、文化等多个方面。La Porta et al.(1998,1999,2000)的一系列研究首先发现,一国的法律体系对其公司治理结构具有重要影响。他们发现,普通法系国家的投资者法律保护程度最高,德国和斯堪的纳维亚大陆法系国家的投资者法律保护程度次之,法国大陆法系国家的投资者法律保护程度最低。并且,一国的投资者法律保护程度与其上市公司的股权集中度负相关,与其上市公司的股利支付比率正相关。随后的研究还发现,在投资者法律保护程度越高的国家,上市公司总经理在公司业绩下滑时被更换的可能性越高(DeFond and Hung,2004),应计制会计信息的有用性越高(Ali and Hwang,2000),国际四大会计师事务所相对于其他事务所的公司治理重要性越低(DeFond et al.,2005)。在法律因素以外,政府行为和政治制度也是影响企业组织和治理结构的重要因素。Roe(2006)认为,社会民主主义是造成欧洲上市公司股权高度集中的一个重要因素,其原因是,社会民主主义使得公司经理与股东的利益冲突增加,因而股东需要集中股权以监督经理。Fisman(2001)利用印度尼西亚前总统苏哈托任期最后几年中的健康传闻,检测了公司政治联系与公司价值的关系。研究发现,在一系列关于苏哈托健康状况的负面传闻中,公司政治依赖性越强,其股票收益率越低,并且负面传闻越严重,这种倾向越明显。Johnson and Mitton(2003)以马来西亚的上市公司为对象,考察了1997年亚洲金融危机及随后马来西亚实行的资本控制政策对公司价值的影响。他们发现,在金融危机发生后,具有政治联系的公司在价值损失中有9%左右源于市场对其失去政府补贴的预期;在资本控制政策实行后,与前总理马哈蒂尔具有紧密联系的公司其价值增长中有32%左右源于紧密的政治联系。Bushman et al.(2006)则发现,公司治理信息的透明度主要受其所处的法治环境影响,而公司会计信息的透明度主要受其所处的政治经济环境影响。Faccio(2006)考察了47个国家中上市公司的政治联系情况,研究发现,在腐败程度越高、限制对外投资越严重以及官员行为越不受制约的国家中,具有政治联系的公司更为普遍。Leuz and Oberholzer-Gee(2006)以印度尼西亚上市公司为研究对象,考察了公司政治联系与其融资策略以及长期绩效的关系,研究发现,具有政治联系的公司进行国外融资的可能性较小,并且当这些公司的政治保护人失去权力时,那些未能顺利地与新政府建立政治联系的公司业绩将会下滑,并由此导致其转而增加国外融资。

在以中国为背景的研究中,Fan et al.(2007)以中国上市公司为对象,考察了公司总经理的政府任职背景对公司治理和企业价值的影响,结果发现,公司总经理的政府任职背景对公司董事会职业化程度以及企业价值具有显著的负面影响。Fan et al.(2008)基于中国23个高官腐败案件,考察了上市公司管理层与腐败官员的密切联系对公司负债融资能力的影响。他们发现,在腐败官员被逮捕之后,相对于不具有政治联系的公司来说,具有政治联系的公司负债融资能力下降的程度更大。但这两项研究主要基于国有控股上市公司,而非民营上市公司。Fan et al.(2013)考察了中国上市公司建立金字塔组织结构的原因。他们发现,在财政赤字越少、失业率越低、政府越具有长期目标、市场化进程越快、法治水平越高的地区,地方政府控制的公司与其最终控制人之间的层级越多;最终控制人的个人财富越少,个人控制的公司与其最终控制人之间的层级越多。他们认为,前者源自法律对国有股权转让的限制,而后者源自企业家进行外部融资

政府质量、公司治理与企业资本配置效率

的困难。Chen et al.(2005)对中国民营上市公司建立政治联系的原因和后果进行了研究。他们发现,财政赤字和政府任意行为越严重的地区,私人控制的上市公司越倾向于建立政治联系;并且,具有政治联系的公司往往拥有集中式的股权结构和董事会结构。胡旭阳(2006)认为,在中国金融业准入受到政府管制的情况下,民营企业家的政治身份通过传递民营企业质量信号降低了民营企业进入金融业的壁垒,提高了民营企业的资本获得能力,促进了民营企业的发展。他以浙江省2004年民营百强企业为样本,通过研究民营企业创始人的政治身份与民营企业进入金融业可能性之间的关系,发现了支持上述理论假设的证据。

总体上,国际上关于制度、组织与治理关系的实证研究已取得了重要进展,这一领域的研究也逐渐呈现兴起之势。但这一领域的研究还需要继续开拓,尤其是关于公司组织和治理结构的形成原因,还非常缺乏相应的理论和证据。至于转型经济国家以及新兴市场中的企业组织结构和治理结构是如何形成的,其对公司治理和企业绩效具有什么样的影响,当地的制度环境在其中扮演了什么样的角色等问题,则更是缺乏深入研究。

第三节 政府质量、公司治理与企业增长

中国改革的相对成功,一个本质性的原因是中国改革开放以来政府行为的改变。制度特别是政治制度对经济增长起作用必然离不开政治组织在其中扮演的角色。政治组织中的参与者,也就是本章所说的官员的重要性也是不言而喻的。官员在制度、组织与治理绩效(如政策及经济增长结果)中起了连接桥梁的作用。官员遴选政策是在制度环境约束下进行的,关于官员的一系列决策产生一个新的官僚体制,接着影响治理的过程、内容和效率(包括决策制定过程和政府与经济的互动形式等)。虽然一个政治体制在每一刻都有选择其官僚体制政策的自主权,但它也受到现存官员群体的利益、偏好等限制。民众与官员间、上下级官员间的委托代理关系影响微观层面企业治理行为,进而影响企业的公司行为。

李稻葵(2002)认为影响经济发展的一个根本因素是这个国家官僚体制的

效率与质量,科尔奈(Kornai)在分析社会主义国家的经济发展时指出,社会主义国家的本质不是短缺,也不是软预算约束,而是官僚体制,他称之为官僚协调机制。他们所说的官僚体制应该也与"治理"背景下的官僚体制相吻合,强调体制的变革,远没有达到韦伯(Weber)设想的理想状态。

Fisher et al. (1996)认为转型经济中决定经济增长的因素可分为两大类:一类是决定转型过程的因素,如初始条件、宏观经济稳定性和结构改革等;另一类是增长的古典决定因素,如初始的人均收入、人口增长率、中学入学率、GDP中投资的比例等。转型初期,初始条件对增长具有重要意义,但随着时间的推移,初始条件对增长的重要性开始递减,而结构改革更为重要,宏观经济的稳定性也是转型期内增长的一个重要决定因素。但是,随着转型的不断深入,增长的古典决定因素愈来愈重要,公司治理被认为是经济增长的一个新的古典决定因素。

从微观到宏观的方向上,Gordon(2002)认为公司治理对宏观经济有两种效应——增长效应和稳定效应,即公司治理可以促进增长、减少波动。Castren and Takalo(2000)认为不完善的公司治理可以恶化经济基础,并可能带来货币金融危机。经济合作与发展组织公司治理原则指出,公司治理是提高经济效益、促进经济增长和提升投资者信心的一个关键因素,这主要表现在三个方面:第一,完善的公司治理可以提高投资决策效率,为增长提供基础。第二,完善的公司治理可以降低资本成本,使公司获得更多的融资来源,包括来自海外的资本。如果公司想从全球资本市场上吸引更多的潜在资本,公司治理必须令人信服、易于理解,并与国际上公认的原则相符。第三,公司治理普遍富有效率将为金融市场的良好运行提供支撑,为市场经济提供必要的信心。

华锦阳等(2002)将经济增长的因素概括为"技术内生论"和"制度决定论",前者以新古典增长理论和新增长理论为基础,后者以新制度经济学为基础。他们认为,技术发展带来的生产力的提高对社会发展和经济增长起着直接作用;而制度等其他因素通过作用于技术而间接作用于社会发展。从微观的企业来看,企业体制从根本上决定了企业的劳动生产率和技术创新水平,而公司治理决定企业的技术进步与创新,进一步决定企业的绩效与竞争力。相对而言,企业的技术水平对制度的反向影响不明显,而是接近于一种累积效应。因此可以说,制度以及公司治理对公司绩效具有根本性的决定作用。齐绍洲(2007)指出,20世纪90年代中东欧转型经济国家的经济增长不尽如人意,与这些国家的公司治理质量有关,这些国家公司治理不完善,导致资本市场不完善,从信用上制约了企业获取外部资本。作为微观层面的一个重要制度因素,不完善的公司治理导致融资效率低下,进而影响到宏观层面的经济增长。他认为,公司治理质量决定资本收益率,资本收益率决定融资效率,而融资效率决定资本积累和经济增长,由此建立起公司治理与经济增长的关系。Dorio and Tsenova(2006)研究认为,不良的公司治理使更多的劳动和资本配置到经理的私人收益上,只要劳动所创造的边际私人收益为正,经理人就会减少公司红利或利息,对公司股权融资或债权融资造成不利影响,从而降低融资效率,减少产出。因此,提高经理人市场和资本市场的竞争性,可以降低因公司治理不完善带来的资源效率损失,从而提高融资效率,促进经济增长。

关于公司治理影响经济增长的渠道,Lazonick and O'sullivan(2000)认为二者是通过技术创新联系在一起的。Goyer(2001)认为公司治理决定技术创新的过程主要体现在两个层面:一是公司治理决定资本配置效率,进而决定企业的竞争力;二是公司治理可以减轻代理问题。Claessens(2006)认为公司治理影响经济增长的渠道主要是增加企业外部融资的途径,降低企业融资成本,提高企业的市场价值、资本配置效率和管理效率。Goergen et al. (2007)认为一国宏观经济表现通常与企业层面的培训体系有关,而不同的培训体系是由公司治理决定的,即培训体系是一条影响渠道。

在政府质量、公司治理与企业增长的分析框架中,公司治理的主体应该有两个:一个是宏观治理主体,即政府;另一个是微观治理主体,即公司自身。公司治理中的政府角色也有两个方面的含义:一方面,政府代表国家履行出资人的职责,作为股东直接参与公司治理;另一方面,政府作用及其行为方式构成了公司治理外部环境(包括市场环境、法律环境等)不可缺少的一部分。无论是哪种角色,公司治理的绩效都因中央政府与地方政府的分工而迥异,这一点,在以中国为代表的转型国家中更为突出。地方政府质量的高低作为微观治理主体的外部制度环境,影响公司自身的内在激励动机和决策。中国的市场环境尚不成熟,很多市场规范还没有确立,市场法制也不够健全,这给上市公司的治理带来了一定的阻滞。公司治理的治理动因与经济后果离不开外部的大环境,包括市场环境、法律环境、制度环境、政策环境等。地方政府作为本地区行政职能的行使者,并非利用行政权力直接干预公司的治理,或者利用行政权力对公司进行一味的庇护,而是应该利用其行政职权为上市公司的治理创造一个良好的外部治理环境,包括培育良好的市场体系、完善市场规范、健全法律法规。只有以一个良好的外部治理环境为基础,上市公司的治理才有了顺利实施的条件。

随着国民经济的飞速发展,上市公司的治理问题已经被提上日程。公司治理是牵涉公司内外众多利益相关人甚至是关系到整个国民经济的问题。由于我国目前还缺乏完善的市场经济体制,因此地方政府在公司治理过程中发挥着不可替代的关键作用,政府能否妥当处理其在公司治理过程中的角色问题直接关系到中国上市公司治理的成效。

第三章 政府质量、公司治理与企业资本配置:理论分析框架

第一节 经济转型中的政府行为

一、公司治理与政府治理

从1976年詹森(Jensen)和梅克林(Meckling)创造性地将代理理论引入公司金融、开创真正现代意义上的公司治理研究开始,围绕股东大会、董事会和管理层的委托代理关系一直是学界孜孜不倦研究的核心热点。传统公司治理研究围绕外部股东与内部经理人间委托代理关系(Jensen and Meckling,1976;Fama and Jensen,1983)以及囊括大股东与中小股东利益冲突的双重委托代理难题(Shleifer and Vishny,1997;La Porta et al.,1999),剖析股东、董事会、经理层等公司内部治理结构的制度安排(Berle and Means,1932),讨论不同利益主体的控制地位和支配途径,进而剖析其对公司经营管理、财务决策直至整体利益的作用与影响。

然而,现实的公司治理除了外部股东与内部人间的利益博弈,作为公共政策产出供给方的政府,也以外部利益相关者的角色对公司治理产生不容忽视的影响。政企关系,实质是公共治理与公司治理的关系(陈冬华,2003)。公共治理是公司治理的基础,公司治理在一定程度上总是公共治理的衍生物。若公权比较节制,法人产权得到有效保护,公司治理问题等在一定程度上反映委托人与代理人之间的经济问题;但公权通常会本能地自我膨胀,法人产权会遭受公共权力的侵蚀,公司治理便成为除经济问题外还会涉及公共利益目标与公共权力代理的政治问题。因此,研究公司治理问题,必须从研究政府角色及其影响开始,从而推动新政治经济学研究范式逐渐发展成为国际上公司治理研究的前沿方向,

彰显新政治经济学在公司治理研究领域的重要拓展和应用,其核心是以公司治理的政治性决定因素为议题,运用系统思维把法律制度、文化习俗、关系网络等传统外部治理变量引入公司治理系统(李维安等,2010),讨论各利益集团政治权力争夺、公共政策制定者效用偏好以及政治体制价值取向的影响。

企业政治关系视角下的公司治理研究聚焦于治理转型或企业私有化时期不同治理层级管理者的政治背景或与政府的亲密关系,从而考察企业政治关系这种资源获取渠道与企业绩效、市场价值、投资融资、企业陷入财务困境后获得的政府补助等方面的互动影响(李维安等,2010)。政府作为公共政策供给者,是各团体经济利益的共同代理人,通过法律制定、政策实施等途径调和各利益集团的权力冲突,促进利益相关者间控制权的合理分配(Tirole,2001)。因此,为了从新政治经济学范式重新审视现代公司治理问题研究,我们有必要对宏观政治经济背景下的政府角色定位及行为质量加以系统梳理和认识。

在中国独特的政治经济制度——地方分权的权威主义制度背景下,政府作为独立于企业外部特殊的利益相关者,是国家权力的垄断者和终极实施者(陈刚,2013),同时也是辖区内经济重要的剩余索取者和控制者(王凤翔和陈柳钦,2006),其职责履行与公共政策供给对公司治理产生直接而深远的影响,"好政府",是企业预期长远稳定发展的可靠保证。

法经济学派创始人 La Porta et al. (1998)从狭义上定义"好政府",即能促进经济发展、资本市场繁荣的政府。世界银行则从更为宽泛的角度定义政府质量,即为国家权威实行的惯例和制度,包括政府被选举、监督和更替的程序,政府有效制定和执行正确政策的能力,公民的尊重程度,以及控制经济社会事务的制度状态。Fan et al. (2011)认为政府质量指政府决策收益程度、相关决策的制定和执行是否符合法律要求与社会规范。

关于"好政府"的度量变量,代表性文献普遍认同的指标包括一般度量指标、执政者权力约束和政府绩效记录(Fan et al.,2007)。其中,一般度量指标有:(1)政府官员私有财产保护意识程度,新兴国家普遍缺乏健全的法律体系保护投资者合法权利,导致融资成本较高,制约金融市场发展(Acemlglu et al.,2001)。(2)政府腐败程度,较高的腐败水平会增加政府的投资支出,同时降低公共基础设施的质量(Tanzi and Davoodi,1997)。(3)公共基础设施建设质量,中央及地方政府对于环境、教育、医疗等公共物品的供给支持力度(傅勇和张晏,2007)。执政者权力约束特别是针对政府首脑权力受约束的程度,政府首脑受约束程度越高,腐败行为越少,政策法规可预见性越强,政府质量越高(Acemoglu and Johnson,2005)。政府绩效记录指地方历史经济发展状况,经济增长速度越高表明政府行为对经济支持力度越好,政府质量越高,从而吸引更多的投资(Fan et al.,2007)。

政府通过保护私有财产、提供公共服务、营造稳定发展环境等途径支持促进社会经济发展,为了更好地理解各国政府绩效表现差异的原因,有必要对其度量因素加以明确。现存文献针对政府绩效的评价指标,主要集中在以下方面:

第一,政府干预。从斯密的《国富论》开始,关于政府在经济发展过程中的角色定位一直是学界关注的重点。自由经济学派认为政府只需营造管理企业竞争与盈利的市场环境,不应该直接干预企业决策或交易,否则会导致经济失败。他们认为政府官僚的自利行为(Niskanen,1971)、获取政治支持(Buchanan et al.,1980)、寻租行为(Shleifer and Vishny,1994)会损害企业利益;同时,直接干预也会导致企业利润导向与社会福利目标冲突(Sappington and Stiglitz,1987);最后,信息不对称和不确定性也限制政府直接干预企业行为的效率,且政府缺少必备的知识与专业技能(Hayek,1945),只有市场,通过价格机制(是唯一有效的沟通机制),可以协调相关要素,及时反映变化,推动市场经济发展。

然而随着20世纪30年代资本主义危机出现,关于政府对经济发展"扶持之手"的研究开始盛行。以凯恩斯为代表的政治社会学派认为政府参与有助于促进经济发展,政府有足够自治权关注长期发展目标。地方政府因为有渠道获得企业层面信息,有能力有效管理,因而显示"扶持之手"效应推动了地方乡镇企业发展(Walder,1995)。

第二,公共产品供给及效率。"好政府"有责任为社会公众及时提供公共产品及服务,控制入学率、婴儿出生率、文盲率及基础设施建设情况,促进教育、医疗和基础设施发展完善。在公共产品方面的高投入,是政府合理运转的重要表现(La Porta et al.,1999)。同时,政府在行为实施中应该富有效率,避免拖延、腐败或其他可能的扭曲行为(Rauch,2000;Mauro,1995)。一般来说,高干预频率引发低效率,政府官员利用法规与税收权力"租金"空间腐败自利(Shleifer and Vishny,1993)。

第三,民主政治权力。Hayek(1945)认为政治民主自由是"好政府"的重要元素,与经济自由开放良性互动、共同发展。尽管有关民主化程度与经济成功关联性研究的数据不易收集(Barro,1996),但从长期历史演化进程来看,有限政府相对有更领先的经济发展水平(DeLong and Shleifer,1993)。

第四,转移支付等政府支出。关于政府支出与政府绩效关系的研究,一种观点认为较高水平的政府支出反映了公民出于对政府行为的认同而自愿承担高税负,从而体现"好政府";另一种观点认为在转移支付、政府补助等方面的高水平实际体现政府对税收和再分配环节的高度干预,可能侵占公众利益(Barron,1991)

中国作为世界上规模最大的发展中国家,具有新兴市场共性的特征表现,即政府通过税收、法规、国家所有权、政府影响力及其他方面,如产出、生产过程、投入(包括劳动力、土地、矿产、能源、基础设施、融资)等途径对市场干预过重,由此导致以政策质量为表现的行政机构及决策者的质量对新兴市场企业发展有关键影响(Shleifer and Vishny,1994,1998;La Porta et al.,1999)。因此,提高政府质量对于推动国家主导下的转型经济奇迹持续高速发展具有十分重要的意义。

20世纪80年代,中国开始财政分权体制改革,刺激省市级政府支持市场经济发展。Qian and Roland(1998)的研究甚至认为中国的财政分权是引发"增长奇迹"的关键因素,给予地方政府培育市场和发展经济的激励,地方政府间的税收竞争也促使了"市场培育型"经济政策的深化完善。陈刚(2013)通过实证检验同样发现财政分权能显著提高地方政府质量,且主要源自政府效率和产权保护水平的提高。然而同时应该看到,财政分权塑造了地方官员发展辖区经济的激励动机,地方政府之间围绕GDP增长的相对排名存在"晋升锦标赛"竞争,在推动经济高增长的同时造成严重的地方保护、环境污染以及公共物品供给不足(傅勇和张晏,2007)等不利于长期经济增长和社会福利的问题(周黎安,2007)。而且由于各地区间在要素禀赋条件上存在巨大差异,可能导致要素禀赋落后地区的地方官员主动放弃和退出政治晋升竞争,转而通过腐败的"掠夺"方式实现自我补偿(陈刚等,2009)。

斯皮勒(Spiller)在1990年即提出以多重委托代理模型视角分析外部政治力量对企业经营行为的影响。实际上,政府作为企业外部地位特殊的利益相关者,对企业公司治理结构、战略政策调整等方面都具有广泛而深远的影响,具体表现在企业绩效、投融资决策、并购重组、多元化战略、盈余管理、公司治理、政治资源、政治捐赠、行政干预与权力腐败等领域。基于信息不对称理论和控股股东代理理论,政府行为主要表现为"扶持之手"和"掠夺之手"效应(潘洪波等,2008),因此企业家有动机通过控股股东、董事会、经理层等政治关系渠道,与政府建立关系,为企业获取重要竞争优势(Krueger,1974)。

政府试图主动通过干预企业经营管理、利用企业资源来达到某种公共目的或官员获取私人利益(Betrand et al.,2004)。行政官员可能利用所有权地位干预国有企业经营以支持当地经济建设,国有企业相对表现为较低的生产效率和经营绩效(Shleifer,1998),其组织结构和政策也受不同程度的政府制约(Alchian,1965)。而在国有企业私有化转型过程中,政府对企业的所有权和控制程度受政治体制及政府官员面临的政治约束影响。当政府官员受到更为严格的测评,私有化进程放缓,政府倾向于保留更高程度的所有权(Boubarkri et al.,2010)。

有别于传统公司治理基于委托代理关系的研究视角,基于新政治经济学研究范式的新兴公司治理研究,将外部特殊利益相关者——政府纳入治理结构分析框架,植根制度环境,强调在宏观政治经济环境下开展微观企业研究,重新审视政府行为对公司治理、经营决策、财务决策以及发展战略的作用与影响,为未来研究注入更多的生命与活力。同时由于其仍处于萌芽成长期,研究历程相对较短,相关理论有待进一步发展完善,为后续研究留下充分的探索空间。

首先,传统关于新政治经济学下的公司治理研究,虽将政府纳入外部机制研究主体,但实际上,由于中国特殊的地方分权的权威主义制度背景,特别是在财政分权改革后,地方政府在经济上拥有相当程度的自由度和控制力,将中央与地方政府层次加以细分,对于研究政府背景下的企业行为,将更具有指导意义。另外,新一届中央政府上任以来掀起的地方债审计风暴,以及十八届三中全会对政府职能的重新界定,让我们有必要重新审视地方政府地位,研究其政策动机、不确定性对地方企业经济行为(投融资决策、外部担保等)以及对资本市场中小投资者的影响,在此基础上剖析地方企业寻求政治关联具体途径的选择偏好。

其次,由于政府行为还受经济发展水平尤其是地区财政状况等现实因素制约,因此有必要将政府行为置于具体的宏观经济背景,研究其政策导向的动机和对微观企业的影响。特别是考虑到当今地方政府财政赤字严重、土地财政红利减弱,该制约是否影响地方政府控制企业行为表现,是否存在政府或明或暗的利益掏空行为,值得进一步加以关注。

再次,越来越多的中外研究将政府官员纳入分析框架,从动态或静态视角研究政治背景下官员行为的背后动机及其对地方政策及企业行为的影响。然而相关研究数量较少且涉及领域狭窄,值得后续研究进一步拓展。

最后,在中国特色社会主义国家体制下,基于政府与政党关系内涵,对执政党地位的研究同样值得关注。共产党支部作为非公有制企业的政治资源,可能为企业双向挖掘内向型与外向型政治资源,企业家通过加入共产党甚至成为党代表,就有可能参与到有关国家大政方针和经济政策的制定与实施上来,从而为企业争取到合意的政策和外部环境创造条件(张建军和张志学,2005)。然而,由于各级党组织的广泛存在和重大权限,它们作为政治参与的另一种渠道,对企业既无剩余索取权也无直接税收利益,其行为表现及其对企业业绩的影响有待研究。因此,在研究政治力量时,不仅要关注政府角色,对其他参政渠道加以关注同样具有很强的现实意义。

二、政治关系与经济寻租

研究基于由国有企业改革而兴起的中国证券市场,必然离不开对政府或政府官员的行为以及企业家与政府之间的关系分析。这不仅因为政府或政府官员是公司产权的决策者或监督者,而且因为政府是一个复杂的、兼具多元化目标的组织,政治关系的价值来自政府官员利用政治权力对经济的干预、扭曲甚至掠夺。

公司与政府的联系以及大股东控制是转型经济中公司的两个显著特征。在转型经济国家,正式的法律和产权保护制度相当欠缺,严重阻碍了企业的发展和经济增长。面临此制度约束,企业依赖于替代性的非正规机制支持企业的发展(McMillan and Woodruff,2002;Allen et al.,2005)。在中国金融发展较为落后、法制水平较低、市场发育不完善和产权保护较弱的制度条件下,公司为了避免自己的产权受到强权的侵害,或者为了进入壁垒高同时利润也高的管制行业,需要做很多"功课",这些"功课"中,政治关联可能是其中最重要的环节,是一种非常重要的替代性机制。已有的研究表明,在制度越落后的国家或地区,企业越有动机通过建立政治关系来克服制度的缺乏对企业发展的阻碍(余明桂和潘洪波,2008)。

具有政治关系的公司往往在寻租中处于有利地位,能够更为便捷地获得某些稀缺资源或受到政府部门"关照"。在中国28%的上市公司的首席执行官是前任或现任政府官员(Fan et al.,2007)。在此基础上,Faccio(2006)基于对47个国家的研究发现,许多公司控股股东或公司高管都与政府高官有着密切联系,这一现象在腐败程度越高、外资进入门槛越高以及透明度越高的国家尤为突出,而当国家制度对官员行为的约束更多时,公司与政府的政治关系会减少;此外,当公司宣告其新建立的政治关系时,公司价值会上升。Faccio et al.(2006)采用35个国家1997—2002年450个具有政治关系的上市公司为样本,分析了政府救助的可能性。研究发现,和不具有政治关系的公司相比,具有政治关系的上市公司获得政府救助的可能性明显更高。此外,当国际货币基金组织或世界银行对公司所在国提供金融援助时,具有政治关系的上市公司更可能被救助。这一证据表明,至少在某些国家,当具有政治关系的公司遭受经济压力时,政治关系通过金融援助机制影响了资本配置。Li et al.(2006)的研究表明,在金融发展越落后、政府管制越多、非正式税收负担越严重、法律体系越薄弱的地区,私有企业家越有可能参与政治。Faccio(2006)的研究进一步发现,具有政治关系的公司相对于没有政治关系的公司,其财务杠杆水平更高、税率更低,且具有更大的市场份额。但尽管存在上述利益,具有政治关系的公司其会计业绩仍较配对公司更差,并且当政治关系更强以及公司所在国家腐败程度更严重时,这一差距尤为突出。这表明,虽然具有政治关系能为企业寻租提供便利,但寻租带来的利益也在很大程度上会被寻租及由此导致的相关成本所抵消。

公司建立政治联系的目的,一方面是逃避政府的严厉监管,降低契约执行成本;另一方面是使公司在陷入财务困境时从政府那里获得财政支持,以比较优越的条件获得银行贷款。然而政治联系在降低公司契约执行成本的同时,会增加公司的政治风险和信息风险。一方面因为这种政商关系一旦破灭,公司的绩效以及价值将迅速下降;另一方面由于政治家自身要从政治联系中获取租金,为了掩饰其获取的政治租金,他们具有较强的粉饰财务报表的动机。Piotroski et al.(2011)以中国上市公司为样本的研究表明,地方政府控制的公司更容易压制坏消息,信息风险更高。廖义刚和王艳艳(2008)基于持续经营不确定性审计意见的视角,研究了大股东控制、政治联系与审计独立性之间的关系,发现政府控制的上市公司被出具持续经营不确定性审计意见的概率显著高于非政府控制的公司,地方政府控制的公司被出具持续经营不确定性审计意见的概率显著高于中央政府控制的公司和非政府控制的公司。面对公司中的政治关系带来的政治风险和信息风险,审计师会通过发表恰当的审计意见来保护自身的声誉。余明桂和潘洪波(2008)以中国1993—2005年在沪深交易所上市的民营企业为样本,以这些企业的董事长或总经理是否是现任或前任的政府官员、人大代表或政协委员来判断企业是否具有政治关系,研究了政治关系与银行贷款之间的关系。研究结果发现,有政治关系的企业比无政治关系的企业获得了更多的银行贷款和更长的贷款期限,而且,在金融发展越落后、法治水平越低和政府侵害产权越严重的地区,政治关系的这种贷款效应越显著。

寻租作为一种非生产性活动在很大程度上造成了社会福利损失(万华林和陈信元,2010),企业更热衷于从事建立和维护政治关系等非生产性活动,并导致企业家创新动力不足,寻租活动会替代生产性活动。处于转型经济时期的中国,产权、政府和寻租等制度因素都会影响到契约签订的交易成本,并进而影响到市场交易的成本与企业组织成本的对比关系,最终对企业的经营边界产生作用(陈信元和黄俊,2006)。在中国,不同企业可能面临不同的交易成本,这一成本可能和企业面临的政府掠夺和政府服务质量有关(Cai et al., 2005)。中国作为一个转型经济国家,行政权力配置社会资源的色彩尚未褪尽,企业的外部交易成本中,还蕴含着在政府管制条件下如何与政府及政府官员进行议价,以获取更多资源或以更为有利的价格获取资源这样一种重要交易成本,一些企业客观上具有寻租的需求。因而,如何有效遏制企业寻租活动,处理政治关系与公司治理之间的关系、优化资源配置、提高企业绩效,也是中国经济改革面临的一个重要问题。

第二节 公司治理的政治经济学

传统上,公司治理研究主要关注治理结构与公司绩效之间的关系。虽然取得了很多成果,但这一研究思路忽略了治理结构背后更重要、更基本的因素,即公司所处的制度环境。由于公司总是处于特定的制度环境中,并且其行为倾向于趋利避害,适应所处环境,因此,公司治理结构在很大程度上内生于公司所处的制度环境。了解制度环境如何影响治理结构,应当是公司治理研究的基础(Williamson,2000;夏立军和方轶强,2005)。近年来,随着研究积累及认识加深,公司治理研究已逐渐推进到分析制度环境与治理结构之间关系的层面。例如,La Porta et al. 的一系列研究发现,一国法律体系对其治理结构具有重要影响。他们发现,普通法系国家的投资者法律保护程度最高,德国和斯堪的纳维亚大陆法系国家的投资者法律保护程度次之,法国大陆法系国家的投资者法律保护程度最低。关于制度环境如何影响治理结构的研究已经取得不少进展,这些研究对于理解不同制度环境中公司治理结构的形成原因和后果具有重要意义。然而,对这一领域的研究尚处于起步阶段,相关的很多重要问题尚待深入研究(Roe,2006)。对公司治理制度环境决定因素研究中,一个重要的方面是政治因素。

政治因素下的公司治理有一个更加宽泛的角度,国家的政策法规和法律制度成为公司治理的内生影响因素,公司治理中的博弈者也不仅局限于曾经的股东和管理者,而是推广成为外部股东和整个内部人。以帕加诺(Pagano)和沃尔平(Volpin)等为代表的一大批学者借助政治经济学分析框架研究了公司治理中公司层面与政治层面的利益角逐如何影响政治均衡。

一、公司治理中的政治性决定因素

国家的政策法规及法律制度种类繁多,涉及社会民生的方方面面。其中与公司治理息息相关的主要是投资者保护方面,投资者保护越强,控股股东侵占少数股东利益的行为越能够得到约束,越多的人愿意把钱投入资本市场,公司越能够利用资金发展壮大,资本市场也会发展得越好。学者们也多是从投资者保护程度的角度来研究公司治理的政治性决定因素。La Porta et al. (1997,1998,1999)研究发现,各个国家投资者保护程度不同且与本国资本市场发展的程度以及公司的股权结构有关。这些研究都将投资者保护制度内生化了,法律是通过一些政治性的程序订立的,法律反过来也会影响各利益集团的经济利益。从这个角度来看,法律制度和经济效果是互相影响的,联结它们的纽带是政治政策。什么样的国家投资者保护程度高,什么样的国家投资者保护程度低,而又是什么因素影响了各个国家的法律制度和投资者保护程度?学者们从不同的角度进行了分析，主要有以下三种观点：

（一）法律体系的历史起源说

持该观点的学者认为各国间投资者保护制度的差别源于其法律体系不同。主要代表是 La Porta et al.(1998)认为投资者保护程度不同是因为各国的法律体系不同，而法律体系的特点和运行方式是几百年来沉淀所得。他们将世界的法律体系分为两类：英美普通法系和法国、德国、斯堪的纳维亚大陆法系，并提出英美普通法系相对于大陆法系而言，更注重对少数股东的保护。换句话说，英美普通法系的国家应该会更适合企业的发展和资本市场的发展。同样，Acemoglu and Johnson(2005)也强调了法律体系的历史起源说。他们认为欧洲殖民者面临的环境形成不同的产权机构，持续地影响着金融的发展和经济的增长。

但是也有证据证明，普通法系并不是一直比大陆法系更适合企业发展的需求。19世纪法国的商法典和法律实践相对于英美普通法系而言，为企业的发展提供了更加精细和灵活的解决方案。Rajan and Zingales(2003)也认为在20世纪初期，法国的资本市场比美国的资本市场发展得更好。

（二）意识形态理论

持意识形态理论观点的学者认为各国间投资者保护制度不同是各国意识形态差异造成的，主要代表性学者是卢(Roe)。Roe(2006)认为企业中的各利益集团会使用政治手段来抢夺企业的租金。政府的目标是减少这种政治冲突，以维持社会和平与稳定。维持社会和平与稳定的主要方法是控制"资本权威"，而每个国家控制资本权威的方式受政治意识形态的影响而各不相同。

Roe(2006)用平民主义与社会民主主义两种政治意识形态说明"控制资本"强权的力度与方式及其政治后果。美国的平民主义政治模式实现社会和平与稳定的途径就是通过保护少数股东的利益，削弱控股股东的权力。政治均衡是：（1）分散型、公众持股公司在资本市场上占主要部分；(2)法律制度方面投资者保护程度较强，美国拥有庞大的投资队伍和最强大的证券市场。欧洲国家和日本的社会民主主义政治模式解决冲突的方式是通过规章制度和劳工法令来限制资本的权威范围和力度，阻止企业快速裁员和变更工作岗位性质，创造集体归属感（如德国确保雇员在公司的董事会有属于自己的代表，法国则采取大的工业公司由政府运作管理等措施），要求企业在进行决策时更多地听取员工的意见。在欧洲的社会民主主义的政治背景下，投资者处于弱势地位，他们自己寻找保护自身权益的机制,如采取更集中的股权结构和使用代系传承的家族控制机制,所以大多数公司表现为股权结构的相对集中和家族控股股东通过金字塔结构控制上市公司与非上市公司。Allen(2005)指出日本社会非常重视社会责任感的理念。

(三)政治经济学理论

政治经济学理论认为各种利益相关者保护程度及由此形成的公司治理模式是一个经济与政治的均衡,这种均衡内生地受制于各利益集团政治权利争夺、公共政策制定者效用偏好以及政治体制价值取向的影响,主要代表者是帕加诺和沃尔平。Pagano and Volpin(2005a)指出政治均衡中的受益方也会使用各种手段捍卫政治均衡保持不变。这样的结果是,公共政策也许会导致社会效率低下,其长期的结果将违反"政治的科斯定理"。即在给定宪政框架下,给定政治权利如投票权、游说权等的初始分配,如果没有政治交易费用的话,将能够实现最优的制度结果,而这一结果并不依赖政治权利的初始配置。但是这样的结果并不影响金融变革的可能性,当遇到经济冲击和占主导地位的政治势力发生改变时,金融变革一样会发生。同时,Abiad and Mody(2005)也证明在面对足够大的冲击时,即使是长期不变的现状和尖锐的制度政策也会发生改变。政治经济学理论不仅能够解释为何投资者保护在全球范围内有差异,也可以解释投资者保护制度的发展变化。这是法律体系的历史起源说所做不到的。而且在投资者保护制度与其他政策法规共同决定政府现任者利益的情况下,政治经济学模型还可以预测它们之间如何结合。Pagano and Volpin(2005b)和 Perotti and von Thadden(2006)预计投资者保护程度较弱的国家员工保护程度一般较强。

二、公司治理中的利益集团与联盟

公司治理的政治经济学模型在本质上把股东和管理者之间的博弈发展成外部股东与整个内部人之间的博弈过程。参与博弈的行为人可分为:经理人(或拥有控制权的股东)、投资者(非控股股东)和员工等利益相关者,他们会根据自己的利益取向形成不同的利益集团。Pagano and Volpin(2005a)分别分析了经理人和员工在公司层面结成的联盟以及经理人、员工与投资者在政治层面结成的联盟。

（一）公司层面

根据以往的文献,劳动经济学家认为劳资关系(Industrial Relations)理论主要研究管理层和员工之间的冲突,财政经济学家认为公司治理是管理层和股东之间不同的利益取向作用的结果。事实上,这两种类型的冲突都发生在公司中,同时两者相互作用、相互影响。Pagano and Volpin(2005a)研究发现公司治理方面的冲突在某种程度上可以缓解劳资关系方面的冲突。经理人有动机付给员工较高的薪酬,同时并不严厉地监督他们,特别是对企业有绝对控制权但持有股权较少的经理人。这是因为不具有控制权的股东承担这种员工薪酬政策的大部分成本,而监督员工的成本承担者是经理人本人。越严厉地监督员工工作,就会为经理人自身增添越多的麻烦。同时理论上资本市场的行为可以对管理层这样的行为造成威胁以达到抑制的目的,比如收购。但现实生活中并不是这样的。现任的经理人一般通过宽松的员工雇佣政策(为员工提供较高的工资薪酬)来抵御收购。这主要是基于以下两个原因:第一,长期的员工雇佣合同能够有效地帮助员工成为驱鲨术(Shark Repellent);第二,如果员工没有长期的雇佣合同,他们通常会采用一些手段来反抗收购者,比如游行示威、投反对票(限于有股权的员工)。这些员工成为白衣绅士(White Squires)。Hellwig(2000)也提出了类似的看法,他认为在面对不具有控制权的股东(中小股东)和收购者时,现任的管理层和员工是天然的联盟。同时这种联盟不仅局限于经理人和员工,现任的管理者还会与政治集团、媒体、司法部门、大学等结成联盟。

Pagano and Volpin(2005a)建立的模型证明:第一,在现任经理人持股较少的公司,员工政策很有可能被用来阻止收购者。第二,在控制方持股较少的公司,员工的薪酬相对较高,监督动机也较弱。第三,只有当法律能够为员工提供足够的保护时,员工政策才能够成为对抗收购者有力的工具。但对于法律制度不完备的地区,员工也能通过以下办法达到对抗收购者的目的,比如现任管理层建立员工持股计划(Employee Share Ownership Plan, ESOP)和员工采取一些政治活动(Lobbying)。研究证明两者结合使用会更有效。

Pagano and Volpin(2005b)通过模型证明员工政策能够成为公司对抗收购者有力的工具。Cespa and Cestone(2002)也讨论了与供应商长期的合同以及对慈善组织和环保协会有长期的资金投入。

(二)政治层面

Pagano and Volpin(2005a)通过模型来研究国家的政治政策影响国家的投资者保护和员工保护的程度。模型中有三类成员:企业家(控股股东)、寻租者(少数股东、中小股东)和员工。当企业家创建公司后,党派性的投票能够改变法律。所以,在签订契约时,人们需要考虑选举结果可能带来的后果。特别是,外部投资者愿意提供的权益投资受他们能够得到公司法的保护程度的影响。在投票阶段,政治倾向是受个人的经济利益影响的。寻租者即少数股东需要强投资者保护来限制企业家以自己私人利益为重、掏空公司的行为。但对于企业家即控股股东而言,在创立公司初期,他们承担因为低程度投资者保护带来的代理成本,可这是沉没成本。在投票阶段,只要公司已通过外部融资,他们就有动机需要弱投资者保护以增加自己的私人收益。在企业中还有一群很重要的利益相关者——公司员工。员工人数很多,他们手中握有大量的投票权,所以政治辩论很有可能包括一些劳动力市场的问题,比如保护员工不被公司解雇。帕加诺和沃尔平认为企业家和员工有相似的政治偏好,比较偏好于某一个党派,这是因为利益相关者在公司层面上的利益一致性必然导致他们在政治层面上形成共同的政治偏好(Hellwig,2000)。而剩余的选民即寻租者,他们的个人偏好较为分散,没有明确地偏好于哪一个党派。

(三)政治均衡

政治经济学认为,公共产品供需均衡取决于全体社会成员偏好的总和,而公共产品的社会偏好是经过一个集中个人偏好的政治程序产生的,即在公共产品消费者(选民)与公共产品生产者(政府)之间插入一个技术媒介——投票规则。

1.选举体制影响政治均衡

目前世界各国主要使用的选举体制有两种:(1)比例代表选举体制(Proportional System)。它是指在全国范围内,政党赢得选票越多,越容易当选。(2)多数代表选举体制(Majoritarian System)。它是指在全国范围内,政党赢得选区数越多,越容易当选。Pagano and Volpin(2005b)的模型从选举体制差异上说明了各国公司治理的政治均衡以及由此决定世界各国的公司治理模式。他们认为比例代表选举体制下,政治均衡是弱投资者保护、强员工保护,有利于员工和企业家。在多数代表选举体制下,政治均衡是相反的,即强投资者保护、弱员工保护,有利于寻租者。比例代表选举体制让政党更加关注有共同政治偏好的选民团体,比如企业家和员工。政治偏好不稳定的选民团体变得无足轻重。而在多数代表选举体制下,赢得关键选区的选票对政党是非常重要的。关键选区的选民就是那些寻租者,因为他们没有明确的政治偏好,通常在两党之间摇摆不定。同时他们通过实证证明,选用比例代表选举体制的欧洲大陆国家和日本,公司治理的政治均衡是弱投资者保护、强员工保护。选用多数代表选举体制的盎格鲁-撒克逊国家(美国和英国)的政治均衡则相反。

2. 投资者保护和股市规模的双向互动模型

Pagano and Volpin(2005b)模型对 Pagano and Volpin(2005a)提出的公司层面和政治层面的联盟进行了深化。首先他们认为当员工持股较少时,企业家和员工的政治联盟会存在,因为员工没有动机要求投资者保护。但是当员工持股较多时,他们会和其他的外部投资者结成联盟要求较高的投资者保护。在这样的情况下,强投资者保护是各方博弈的均衡结果。同样,Perotti and von Thadden(2006)指出持有股票的员工偏好公司被银行等大型机构控制,因为大型金融机构会选择较为保守的投资决策。其次他们还提出投资者保护程度和股票市场发展之间的互动关系。在强投资者保护的环境下,投资者会为企业提供更加充裕的资金,企业也会更多地使用外部资本市场进行融资。而资本市场的活跃也会促进政府增强投资者保护的程度。这样循环的双向促进作用最终会形成多重平衡,投资者保护程度、市场参与度以及股票发行等都与这个均衡息息相关。而未来的调控制度是预期的自我实现。如果期望被过去的调控制度决定了,均衡的实现则是由历史决定的,随着时间的推移,在缺少足够大的冲击的情况下,给定的均衡长期存在。这和 Abiad and Mody(2005)的结论相同。然而即使没有外界的冲击,经济也可能实现从低层次平衡到高层次平衡的转变,例如企业可以通过与投资者保护较好地区的企业合并等方法退出国内立法。这些可以加快国家立法改革。最后他们预测当企业能够很容易地退出国家立法时,那么世界各国的投资者保护程度将向一个较高标准趋同。同时他们的推断也与47个国家1993—2002年间的面板数据吻合。

政治经济学分析框架下的公司治理的突出特点是,将公司治理的博弈者由管理层和股东扩大为企业"内部人"和"外部人"。在该框架下的公司治理问题能够综合考虑各利益相关者对公司的影响,同时因为政府等利益相关者的加入,模型能够把国家的政策、法律、法规等曾经在公司治理问题中外生的因素内生

化,为未来研究提供了一个更加宽泛的角度。但是该理论还可有以下改进:

(1) Pagano and Volpin(2005a)的模型中利益相关者着重考虑公司员工、公司控股股东以及少数股东。但是企业的利益相关者远不止这些,供应商、销售客户以及日常合作的各种机构都是公司的利益相关者,他们的利益偏好和行为都会对公司造成一定的影响。

(2) Pagano and Volpin(2005b)的模型中提出选举体制会对国家达到的政治均衡造成影响,主要考虑的参与者是公司员工、公司控股股东以及少数股东。但是模型中缺少对政府角色的考虑,政府也是一个利益集团,它的利益偏好也会左右它的行为,最终会影响政治均衡。特别对于转轨经济背景下的中国,地方政府竞争导致地方政府的偏好存在差异性特征,这对企业的影响很大,政府利益如何在员工利益、股东利益等各利益相关者的利益之间平衡,各利益是怎么影响最终的政治决策,对于研究政治经济框架下中国公司治理发展情况是非常重要的。

(3) 政治均衡的形成受多重因素的影响,如受到国家、国民的意识形态以及国民的利益驱动。政治经济学框架下主要研究各利益集团的经济目的是怎么影响政治均衡的,忽略了意识形态、国家文化渊源等的影响,而这些因素是很难从模型中剔除的。而现实生活中,国民的意识形态以及文化渊源的确会对国家(特别是一些宗教性国家)政治政策的制定产生影响,例如日本、印度等。

(4) 政治经济学框架下的公司治理模型减少了可以外生考虑的变量,因为它内生化了一直作为外生的制度特征,减少了模型的预测结果,这种情况在存在多种均衡时尤为突出。

(5) 中国的研究主要集中于制度环境、政治关联与公司治理方面的研究。制度环境方面的研究大部分集中于不同发展区域之间公司治理效率的区别,并没有深化制度环境是通过怎样的作用机制影响公司治理的,而政治关联方面大部分研究其与公司业绩的关系,与公司治理的关系研究较少。当然随着中国经济和资本市场日益发展,企业的利益相关者也日益复杂,政治经济学框架下的公司治理问题为中国公共政策的制定以及未来公司治理的发展具有很大的借鉴意义。

第三节 地方经济分权、政府质量与企业成长

公司治理机制和私有产权在西方国家能够提高对管理人员的监督(Jensen,1993;Huson et al.,2001),但是公司治理和私有产权的有效性依赖于制度基础(Roe,2006)。Tandon(1995)发现最能决定企业效率的因素是竞争程度而不是所有权。他指出,如果政府所有者提高市场竞争程度,或者(并且)采用类似私有部门所使用的管理方法和激励政策,那么这些措施能够或应该可以导致有效率的行为和结果;其可能的原因是,私有化后业绩的改进可能来自市场竞争程度的提高。公司治理和私有权有效性所依赖的制度基础不仅指法律、法规,而且包括其他市场中介组织如律师事务所、会计师事务所、投资银行和法院等(Roe,2006)。

从以上分析可以看出,公司治理和私有产权的有效性依赖于制度基础,而市场竞争程度的提高也能加强对经理的监督,从而提高公司业绩。中国各地政府治理质量的不同在一定程度上影响了辖区制度建设和市场竞争。樊纲等(2011)等发现我国各地区的中介组织、法制环境等制度基础和市场化程度存在很大差异。因此,本章认为在研究公司治理或私有化对国有企业绩效的影响时,必须在模型中考虑这些因素,否则制度基础和市场竞争对业绩的影响会被错误地归咎于改进的治理机制或私有化。

中国从计划经济走向市场经济的过程中,政府权力配置经历了从集权到分权的过程,分权的结果是地方政府发展地方经济的积极性被调动起来,地方政府竞争资源的动机也随之产生(Poncet,2004)。地方政府有动力帮助辖区的国有企业竞争资源,同时也有动机将其自身的多重目标内部化到这些公司中(Lin et al.,2000)。地方政府对国有企业的直接干预对其报告的业绩产生了显著影响。陈晓和李静(2001)发现为了在证券市场争夺资源,地方政府积极参与了上市公司的盈余管理,对其控制的上市公司进行大面积的税收优惠和财政补贴,以使其报告的业绩达到证券监管部门的配股要求。李增泉等(2005)考察了控股股东和地方政府的支持或掏空动机对上市公司的长期绩效的影响,发现当公司具有

配股或避亏动机时进行的购并活动能够在短期内提升公司的会计业绩,而对上市资格没有影响时进行的购并活动的目的在于掏空资产,但掏空行为对公司的会计业绩却没有显著影响。其他一些研究(陈信元等,2003;周勤业等,2003)也发现地方政府支持或掏空上市公司的行为对其报告业绩产生了影响。

在经典的财政分权理论中,中央政府向地方政府的财政分权被认为是强化地方政府责任、提高地方政府质量的一剂良药(陈刚,2013)。无论是传统的强调地方政府在资源配置中具有信息优势的"用脚投票"模型,还是强调地方政府激励的"标尺竞争"(Yardstick Competition)模型,都支持中央向地方财政分权,并坚信这能够防止地方政府滥用国家权力和改善公共物品的供给效率。正是基于上述理论共识,世界各国在过去二十年里掀起了将部分财政权力下放给地方政府的分权化浪潮(Bardhan,2002),世界银行也将财政分权视为增进各国政府责任和提高政府质量的一项重要改革议程。

政府作为国家权力的垄断者和终极实施者,政府组织的质量高低不仅能够解释过去1 000年里欧洲各国的兴衰(North,1981),而且能够解释过去几十年中世界各国经济增长的差异(Knack and Keefer,1995)。在中国的经济增长过程中,中央向地方的财政分权被认为是引发"增长奇迹"的关键因素(Qian and Roland,1998)。在中央向地方的经济分权过程中,能使公共产品的提供呈现差异化,从而能够提高公共产品的提供效率(Tieboutc,1956)。当中央政府将税收和公共支出权力交给地方政府时,地方居民便可以根据自己对政府提供的服务组合偏好进行地域迁移。当地方政府享有极大的财政自主权时,由此产生的税收及支出政策能提高效率和政府回应性(Oates,1972)。

关于地方经济分权对地方政府质量的影响,理论界存在两种对立的观点。一方观点认为,地方分权能够促使民众更好地监督地方官员,进而能够提高政府工作的透明度和责任性(Gurgur and Shah,2002;Crook,2003;Huther and Shah,1998)。而另一方却认为地方分权为多级政府滥用职权创造了更多的机会,尤其当地方政府官员不那么称职时增加了腐败,即便没有增加腐败,也对腐败没有任何影响(Treisman,2000;Tanzi,1997)。

"市场培育型联邦"理论指出,中国的财政分权制度给予了地方政府培育市场和发展经济的激励,提高了地方政府救助当地国有企业的机会成本,硬化了地方政府的预算约束。同时,财政分权下的地方政府间的税收竞争,也促使了地方政府采取"市场培育型"的经济政策(Qian and Roland,1998)。在中央向地方实施经济分权的过程中,促使地方政府把绝大部分的资源投入到能在短期内提升辖区经济增长率的经济建设领域之中,导致经济建设中的重复建设、过度投资和政绩工程的泛滥(周黎安,2007),但是地方政府对环境、教育、医疗等公共物品的供给却明显存在动力不足的情况(傅勇和张晏,2007)。地方政府是理解中国政府的关键主体。改革开放之后,为调动中央和地方两方面的积极性,以干部人事管理体制的"下管一级"和财政包干制为标志,中央政府实施了向地方政府的分权,地方政府开始在地区事务治理中扮演重要角色。

转型经济过程中的财政联邦制对地方政府形成了发展经济的激励,但不同地区由于历史条件和要素资源禀赋的差异,使得地方政府经济发展条件不同,地方政府质量存在较大的差异。像中国这样实行了渐进式经济转型的国家,由于改革开放前对经济实行了全面的管制,因此在相当长的一段历史时期内都缺乏完善的市场以取代政府对资源实行配置,即使是在经济已经在相当高的程度上实现了市场化的今天,政府仍然对经济活动的很多方面保留着一定的管制。经济发展的一个根本因素是国家官僚行政体制的效率与质量(李稻葵,2002)。在转型经济下,中国家族企业的发展很大程度上受到地方政府的影响,地方政府通过公共治理的制度(产权保护水平、地方企业对当地法庭信心、政府廉洁程度、行政效率等)作用于经济主体,影响企业的行为偏好。

从学理上看,企业成长的思想可追溯到古典经济学,从亚当·斯密的专业化分工到杨格的规模报酬递增,再到约翰·穆勒关于资本需求对企业规模经济的作用等,都包含丰富的企业成长思想。马歇尔将规模经济、市场结构与组织等要素分析结合起来,进一步丰富了企业成长的分析(杜传忠和郭树龙,2012)。但在其后占主流的新古典经济学研究中,侧重从技术和生产层面对企业规模经济进行的研究取代了企业成长研究,直到1959年伊迪斯·T.彭罗斯(Edith T. Penrose)出版了《企业成长理论》一书,才重新对企业成长问题进行了深入、系统的研究。他着重从企业内在角度揭示其成长的影响因素及其作用机理,其中重点分析了管理对于企业成长的影响,而对企业外部环境因素的影响及其机理分析较少。事实上,在现实经济中,企业成长不仅受其内在因素的作用,还受到外部环境条件及一系列相关因素的影响。对于转轨经济而言,影响企业成长的因素更为复杂,特别是各种体制性因素对企业成长的影响作用更为明显。关于经济

政府质量、公司治理与企业资本配置效率

转轨期企业成长的影响因素,国内外学者已进行了较多的研究,这些研究主要是从法制不完善、腐败、高税负、融资困难,以及所有制结构不合理等体制性特征对企业成长的影响进行分析的。所有制结构是影响转轨期企业成长的关键性因素,因而转轨早期关于这方面的相关研究较多(Bilsen and Konings,1998);到了转轨的中后期,市场环境、融资约束等对企业成长的制约效应越来越显著,相应的,这方面的研究也越来越多(Hashi and Toci,2010)。纵观国外学者的研究,主要是通过引入经济转轨国家的多种体制性特征,并对吉布莱特法则加以检验。从所分析的转轨经济国家看,主要是东欧和中欧的转轨经济国家。目前,国内学者关于我国经济转轨期企业成长影响因素的研究还较少。李涛等(2005)利用中国4个省区367家非国有企业的数据检验了转轨经济过程中企业成长的影响因素,研究表明各种管制措施以及融资约束程度对非国有企业的成长没有显著的影响,而良好的法制环境对非国有企业的成长作用较显著。Hallward-Driemeier et al. (2006)利用中国5个城市1 500家企业的数据检验了所有制、投资环境和企业绩效之间的关系,结果证实外商投资显著促进了企业的成长,而管理约束负担和腐败明显阻碍了企业成长,融资和基础设施对企业成长的影响不显著。杜传忠和郭树龙(2012)基于2005年世界银行企业投资环境调查的大样本数据,运用分位数回归方法研究了中国经济转轨期企业成长问题,重点考察了渐进式经济转轨特征对企业成长的影响。研究结果表明,国有经济、政府税收、市场竞争、融资约束等转轨特征是制约企业成长的重要因素,外商直接投资(FDI)、出口、研究与开发(R&D)、员工教育和职业培训等显著促进了企业的成长。进一步细分不同企业规模的估计结果表明,政府税收、地方保护和市场竞争对中小企业成长的制约作用显著高于对大企业的影响,而R&D和职业培训则显著促进了中小企业的成长。

从上述文献中可以发现,已有研究主要关注中国财政分权所具有的经济增长效应,却忽视了研究财政分权对中国地方政府质量的影响。事实上,地方政府质量的高低不仅决定了一国经济增长的可持续性,而且决定着一国经济增长和社会发展的质量,是促进国民幸福和社会福利的重要来源(陈刚和李树,2012)。因此,实证检验财政分权对地方政府质量的影响可能比单纯地关注财政分权对经济增长的影响有着更为重要的意义。

地方政府政策和行政决策反映了社会、经济和政治目的之间一个复杂的权衡关系。但事与愿违,政府官员做出的激励行为和决策行为通常与社会福利或者经济财富最大化无关,而是反映了积累个人财富、维持或获取权利、奖励支持者以及以政府目标为优先的意愿(Shleifer and Vishny,1994;LaPorta et al.,2002;Rajan and Zingales,2003)。这些个人动机能够影响整个资本市场发展的形式以及性质,并且对于经济行为产生不利影响,尤其是当这些动机与政府直接控制的企业和资产相关联的时候。例如,Wurgler(2000)认为在政府对资产和财务资源拥有强控制力的经济环境中经营的企业更少地参与有效的投资行为,尤其是与剥离不良资产有关的行为。但是 Chari and Gupta(2008)认为当某个行业存在一个强势的国有控股企业时,该企业的存在刺激了当地政府官员在该行业内出台限制境外直接投资的政策,进而限制境外竞争。

控制权产生的私人利益在私有化背景下而导致的预计损失可以被认为是对出售国有资产的限制。利用印度的数据资源,Dinc and Gupta(2011)认为尽管是有利于发展的政府政策,现任政府还是拒绝私有化国有资产,尤其是在其面临很强的政治竞争的时候。这种矛盾的产生是因为控制国有资产能够让现任政府官员有更大的被选任的可能性,他们可以利用这些实体资源来回报他们的支持者(例如赞助方)、创造就业机会(例如控制社会或经济的动荡,最小化选民的不满意度)以及资助政府官员竞选。从经济发展的角度来看,延迟私有化对于政府来说成本是很高的,因为无论是完全私有化还是部分私有化都能够提高国有资产的运作效率(Megginson et al.,1994)。而且当私有化(或者部分私有化)发生的时候,国有上市企业经常会通过整合股权架构的方式,让当地政府官员对这些企业的经济资源占有实质控股权(Bortolotti and Faccio,2008)。但是,足够强大的政治动机,比如参与寻租行为、扩张政治权利、改善职业前景的意愿等,能够加快国有资产上市的步伐。因为通过首次公开发行股票(IPO)进行的部分私有化能够在政府官员的控制下取得更大规模的资本,国有企业的 IPO 增强了当地政府的经济能力,并且使其有机会从非国有的少数股东手中获得更多的财富。除此之外,政府官员能够从政府阶层的提升中获利;假设以参与市场发展行为的程度来奖惩政府官员的话,他们可能会通过加速国有资产私有化的行为来试图改善职业前景以及获取政治权利。

更加普遍地说,当地政府通过大量的法律、法规以及软性渠道来影响市场发展行为。在弱保护的法律制度和不完善的市场运作下,政府力量能够影响政府控制下的企业经营、投资和融资活动(Shleifer and Vishny,1994;Rajan and Zingales,2003)。为了应对这些压力,企业会寻求建立强政治关联从而降低这种阻力,并且最大化政府利益(Fishman,2001),结果就是很多时候公司层面的决策旨在达到政府目标并且最大化私人利益而不是市场效率。比如说,在中国获得外部资本投资一定程度上受到政府的影响。事实表明,非国有控股的企业很难从国有四大银行获得贷款。由于缺乏良好的政府关系,一些家族企业和私有企业只能依靠其他融资渠道,比如通过公开市场或者"灰色市场"进行融资。但进入公开市场有时也需要依靠良好的政治关联。既然这种政治关联如此重要,那么私有企业的融资决策和投资决策的时机应该一定程度上反映了政治力量的影响,而不仅是传统意义上参与IPO的动机了。

第四节 地方政府质量、公司治理与企业行为:双重代理分析视角

合理、有效的规则和制度(如产权保护和信息披露)能够鼓励经济发展,特别是资本市场的发展(La Porta et al.,1997,1998)。原因是这些制度安排能够约束机会主义行为,为交易双方建立交易信任关系(North,1991)。然而,建立和执行这些规则和制度,需要一个善治的政府。政府质量在这些制度的制定和实施过程中尤为重要(Fan et al.,2008)。Acemoglu and Johnson(2005)发现对政府较强的约束能够带来较低的腐败和更可预见的政策及法规。他们把制度分解为保护契约和保护产权两类。保护契约的制度有助于交易双方的契约安排,而保护产权的制度能够约束公共部门的官员为了个人利益而采取武断行为。投资和经济增长能够被产权保护制度更好地解释(Fan et al.,2008)。一个公司的经营行为在很大程度上要依赖于经济与公共政策的条件范围。公司对投资项目的净现值评价要取决于产品和要素市场发展、增长的潜力,以及获得融资的能力和政府对产权的保护程度。

资本和产品市场的全球化进程给公司采取好的公司治理实践带来了动力。一些研究表明,好的公司治理,不管是法律强加的还是公司自愿遵守的,都会给

股东带来高回报,公司治理的有效性高于它的实施成本(La Porta et al.,2002;Klapper and Love,2004;Black et al.,2006)。尽管大量研究给好的公司治理的价值效应提供了经验证据,但是影响公司的政府政策如何与公司管理者的激励互动,来形成公司治理水平和信息披露政策仍然很少有人注意。最著名的论文是Stulz(2005)的研究,他构建了当政府侵占公司利润时管理者利益转移的模型。Desai et al.(2007)分析了公司逃税战略与税法的实施对公司价值与治理的影响。传统的公司治理模型(Shleifer and Wolfenzon,2002)假定两个主要的交易方(即自利交易的经理与小股东)形成了公司的治理政策,然而政府本身在影响小股东与控股股东之间的现金流分配上发挥着重要的角色的研究却被忽视。

Stulz(2005)结合转型经济国家的制度特征,开创性地提出上市公司内部人(控制性股东)、政府(官员)与投资者间存在双重代理问题。上市公司内部人最大化自身利益而攫取控制权私人收益,产生了第一重代理问题——"内部人控制下自由支配公司资源的代理问题"(Stulz,2005)。斯图尔兹(Stulz)认为,转型经济体中的国家代理问题,主要是由于国家中的政府在国民经济中仍然掌握了较多的政治权力和经济权力,作为代理人的政府官员基于自身利益利用这些权力影响资源配置引发的。结合中国制度背景,在转轨时期,中国上市公司所处的体制背景突出表现为,地方政府对企业行为存在或大或小的影响。因此,要理解中国公司的发展,有必要从国家代理问题的角度,结合地方政府的因素来分析。王守坤(2009)认为,在转型经济中的中国,国家代理问题来源于经济分权和政治集权相结合的中央政府与地方政府之间的委托代理关系。从经济分权角度来看,作为委托人的中央政府将财政分权和行政分权相结合,使得作为代理人的地方政府成为地方经济的"剩余索取者",并有了追求地方财政最大化和促进经济发展的积极性。但是,考虑到地方政府官员任期的有限性和行政权力的垄断性,以及政府职责本身多维度、多任务和不易量化的特征,周黎安等(2007)认为,中央政府通过政治上的集中制,尤其是重要官员人事任命上的集中制,将经济发展的竞争嵌入地方政府官员的政治晋升博弈中("政治锦标赛"体制),保证了地方政府发展经济的积极性。上述中央政府和地方政府之间的委托代理安排,在为地方政府官员发展经济提供较强激励的同时,也带来了一系列激励扭曲,从而导致国家代理问题的产生,这主要体现在地方政府在经济发展方式的选择和对资源配置的干预上。

根据 Villalonga and Amit(2006)的研究,传统的代理问题研究一般分为两类:第一类代理问题是由 Jensen and Meckling(1976)所提出的所有权分散情况下所有者与经理人之间的委托代理问题;第二类代理问题是由 Shelifer and Vishny(1986)所提出的在股权集中且控制权集中在大股东手中的情况下大股东与中小股东之间的利益冲突问题。内部人可以采取许多种形式来获得控制权私人收益,如制定额外的津贴方案或者关联交易(贾明等,2007)。虽然内部人也赋予外部投资者一定的权力,但是政府在多大程度上保护投资者的权力会影响内部人攫取控制权私人收益的成本。当这一成本很低时,对于投资者而言集中的所有权结构就优于分散的所有权结构(La Porta et al.,1999)。集中的所有权结构下内部人与外部投资者的共同投资行为起到协调双方利益的作用,从而降低内部人对投资者利益的侵占水平(Dahya et al.,2008)。但是,从所有权结构的内生视角来看,内部人决定所有权结构。内部人最大化自身利益的必然选择就是降低在公司中的投资水平而分散风险,同时也可以用较低的成本来攫取控制权私人收益(Dahya et al.,2008)。

在存在政府(官员)对公司利益侵占可能的情况下,内部人则有动力防范政府的侵占行为以维护自身的利益。North(1981)对掠夺型和契约规范型政府进行了区分。在契约规范下,政府使得私人间的契约关系更容易达成并且保障了契约的效力。但是政府在多大程度上发挥这样的作用取决于国家的禀赋、金融和经济发展水平、制度环境以及规则制定者或政府官员的激励。政府(官员)会利用其所掌握的权力来牟取利益,这种行为将影响到投资者和公司内部人的收益,导致对一部分人有利的同时损害另外一部分人的利益。政府的侵占行为表现为政府(官员)通过降低公司投资回报、没收资产、转移赋税等方式改进自身福利(Acemoglu and Johnson,2005)。政府(官员)通过其掌握的对公司投资收益的自由支配权来牟取利益的行为产生了第二重代理问题——"政府(官员)控制下的自由支配公司资源的代理问题"(Stulz,2005)。

当由政府侵占所产生的代理成本很高时,分散的所有权结构将不是最优选择。因为,在分散所有权结构下经理会一方面防范自身利益被政府侵占,另外一方面隐藏自身的侵占行为(Stulz,2005)。而集中所有权结构下内部人(控制性股东)侵占投资者利益的激励要比经理小得多,同时也具有极强的激励来防范政府对公司利益的侵占。这说明,在政府侵占问题严重的环境中,内部人(控制性股东)面临两种选择:内部人的自我保护(Self-protection)激励增强,公司所有权趋于更加集中以保护所有投资者包括内部人(控制性股东)的利益;内部人(控制性股东)为了使可供政府侵占的公司利益减少,而增大对公司利益的侵占水平以保护既得利益。何种选择占优则取决于公司的内外部治理机制的有效性(La Porta et al.,2000,2002)。

在 Stulz(2005)的研究框架内,任何一个国家的统治者都同样会利用他们所掌握的国家权力来剥削投资者,为自身谋取利益。政府对投资者的剥削行为包括财产征收、推动有利于自身的立法保护、禁止某类活动、索贿以及税收再分配,等等。任何一个国家里,其统治者的剥削程度取决于该国的历史、法律、地理位置以及政治和经济特征。如果政府代理风险很高,代理问题非常严重,大股东剥削中小股东的现象退居其次,控股股东的主要动机集中在如何减少政府的剥削上。因此,公司形成的双重代理问题依赖于投资者法律保护和政府质量。一方面,法律制度通过政府影响公司内部人与其他投资者之间的代理问题程度,是投资者保护程度的关键决定性因素;另一方面,政府(官员)本身也能够侵占公司整体利益,即全体投资者的利益。本章试图进一步扩展 Stulz(2005)的双重代理理论,将模型中政府单一的侵占行为拓展成双重的侵占与支持效应并存的行为,即符合传统政府"扶持之手"与"掠夺之手"的双重角色。本章认为,投资者在面临利益被内部人和政府侵占的双重风险的同时,也面临政府通过提供较好的产权保护制度、促进当地金融市场发展的机会,特别是在转轨经济条件下,政府在强化市场经济体制的良好运行和促进企业的健康发展方面发挥着重要作用。内部人对政府的侵占和支持行为都会做出反应,从而影响公司的决策。

与公司内部人一样,政府官员可能会追求他们自己的目标。政府制度会限制政府统治者去牺牲他们的选民利益来最大化私人财富的能力。被政府统治者侵占的一个主要危害是导致公司内部人的投资协同性行为。侵占包括多种行为,这种现象通常在发达国家较为常见。公司内部人可能会通过抬高与政府的讨价还价能力来降低政府来自侵占行为的收益,他们可能会通过公司投资政策的选择、合同政策以及融资政策使他们自己成为公司成功的关键因素。当管理层成为公司不可缺少的部分时,也会降低消费私人收益的成本,因为他们会较少受到公司控制权市场、劳动市场和股东的约束。因此,当公司内部人能够较好地降低政府侵占行为时,股东获取的收益也可能会被来自内部人提高的私人收益而抵消。

此外,当管理层拥有公司现金流的小份额时,他们能够用壕沟地位去获取与政府本身的最大交易,而不是用这种权力去保护股东。因此,当政府侵占程度较高时,这种情况使得所有权与控制权的分离是低效率的。由于有了控制权,公司内部人能够做出一些决策限制政府的潜在侵占行为。通过持有公司较低比例的现金流权,他们能够给外部投资者提供承诺,会做出有利于所有投资者的决策。如果他们没有较大的持股份额,可能会让政府随意侵占小股东利益,以获取一些政府授予的权利以便于占用更多的私人收益。

政府侵占公司的利益要依赖于公司控股股东的持股比例,公司内部人也就是控股股东持股比例越高,就越有动机与外部投资者利益保持一致,降低来自政府的利益侵占行为;如果控股股东的持股比例较低,他们会随意地让政府侵占小股东利益,以便于获取政府授予他们能够更方便地侵占私人收益的权力。

基于以上分析,笔者对两种代理问题(公司代理问题与政府代理问题)都进行了单独分析。但是需要注意的是,这两种代理问题是相互依赖的。第一,公司内部人能够与政府保持联系,如果他们这样做,就能够用政府去侵占其他投资中的利益。例如,Rajan and Zingales(2003)分析了企业在职者如何利用法律和监管制度去向他们自己喜欢的领域倾斜,阻碍有益于新公司的金融发展。第二,政府可能会帮助公司内部人保护私人收益。Fisman(2001)、Johnson and Mitton(2003)和Faccio(2006)强调了公司内部人来自与政府关联的收益。这些收益通常是不透明的。第三,私人收益通常在政府侵占程度比较高的国家容易受到政府不明确的补助。这是因为,私人收益的消费比较容易受到国家的隐瞒,因此,不可能出现被政府侵占的收益少于公司剩余的现金流的情况。第四,当内部人侵占完他们的私人收益后,能够利用公司的资源去贿赂政府统治者,以保持和扩大他们的私人收益。因此,公司内部人可能用较少的动机去游说透明的政府和反对腐败行为。因此,政府的代理问题有赖于公司层面的代理问题。

第四章 地方政府、企业制度变迁与公司治理实践

第一节 制度变迁与公司治理

从计划经济向市场制度演进的转型经济引起了经济自由化和企业改革（Hoskisson et al.,2000）。转型涉及从一种制度到另一种制度的变更。转型经济最关键的方面就是公司治理的改革（Dharwadkar et al.,2000；Wright et al.,2005）。公司治理反映了公司外部制度环境（如法院和监管）和公司内部制度环境（如董事会、激励机制和透明度）。在转型期间，建立在中央计划和从上到下要求的公司治理制度将被来自市场信号的分权化公司治理制度所替代（Djankov and Murrell,2002）。在转型的初期，传统的制度可能会成为公司治理的主要驱动器，但是在中后期，新的公司治理制度开始生效（Peng,2003）。各个国家的不同制度意味着每个经济体的独特制度环境将会导致不同的组织结构安排（Hall and Soskice,2001），没有一个统一的公司治理模式完全有效地适用于所有的国家（Aguilera and Jackson,2003）。

中国作为最大的前计划经济国家，正在进行制度转型。在 20 世纪 70 年代末期即改革初期之前，市场在中国的资源分配中没有发挥作用，国有企业的高级管理人员的任命建立在政治考虑的基础之上，那些与政府官员有联系的人员很容易担任高管职务，而业绩和经营效率相对不重要。1978 年以后，一系列重要经济改革的发生加深了人们对国有企业的经济研究。1990 年和 1991 年深圳交易所和上海证券交易所的建立，1993 年《中华人民共和国公司法》（以下简称《公司法》）的颁布，表明中国逐渐在建立现代企业制度。20 世纪末期，尽管中国公司治理制度的运行与西方国家有差异，但公司治理制度已经紧密地按照全球

可接受的实践标准来设计(Mar and Young,2001;Tam,1999)。中国的公司治理制度是建立在中国政治体制和意识形态基础之上的。国家仍然是一些企业的最大股东,一些董事会成员仍然是政府官员或者相关关联公司的高级管理者。另外,金融市场对公司治理的影响较少。中国仍然缺乏有效的公司控制权市场作为外部治理机制。管理者的行为和组织文化仍然跟随改革之前的中央计划经济传统。

中国的改革是建立在安格鲁-萨克斯(Anglo-Saxon)的公司治理模式基础上的,这个治理模式通常按照代理理论来解释。因此,在以前的研究中,代理理论被用来解释中国的公司治理改革。除了代理理论之外,转型经济中的公司治理的全面分析可以通过新制度理论来补充。按照制度的观点,国家之间的公司治理体制的差异能够帮助解释各种不同的公司治理制度,这也与每个国家可能形成它们自己的公司治理制度的观点相似。因此,本章分析两种基本的观点,从代理理论和新制度理论分析公司治理制度的有效性。

按照标准的代理理论,管理者和股东有不同的利益目标,他们的利益一致性通过董事会独立性、所有权集中度、公司控制权市场、管理者的劳动力市场等治理机制来实现。因此,有效的公司治理依赖于所有者监督和约束管理者的能力。一些研究认为,经济压力会促使公司治理与以代理理论为基础的解决方案趋同。

实际上,公司治理制度根据不同国家的环境而表现出差异化。国家制度的嵌入性和制度之间的互补性能够解释公司治理的差异化。中国作为一个新兴市场经济国家,有社会的优越性和独特的制度背景,改革过程中的公司治理有效性应该考虑到它的独特制度环境。制度理论认为,转型经济中的公司治理会受到除代理理论之外的因素驱动(North,1991)。转型经济会经历体制的动荡,这会导致社会政治制度、法律和监管框架、经济制度以及财务结构的根本改变。

传统的研究者在代理理论的框架下研究公司治理,把现代公司看做是委托人(风险承担的股东)与代理人(具有专业技能的管理者)之间的契约纽带。在所有权与控制权分离的前提下(Berle and Means,1932),各种不同的公司治理机制可能需要去加强委托人与代理人之间的利益一致性。股东被认为以合理的风险最大化公司价值,聚焦于高的股利,提高股票价格。相反,管理者更偏好于在职消费和帝国构建行为,也可能会有卸责行为。当股东具有一系列监督管理中层的行为时,他们对公司做出的有质量的决策具有不完全的信息,约束管理者行为的契约难以有效实施,当分散的股东比较多时,股东面临免费搭车现象,代理成本产生。

比较公司治理被认为是最小化代理问题的一种机制(Shleifer and Vishny,1997)。例如,美国和英国的公司被认为具有分散的股权结构,公司控制权市场、法律监管和契约激励是关键的公司治理机制。相反,在欧洲国家和日本,大股东通常是银行家和家族,他们保持能力以实施直接的控制权,在一个较弱的市场化导向的信息披露制度、较弱的管理层激励和更多债务攻击的制度环境中运行。这就是代理问题会以不同的方式来体现的原因,代理问题不能够解决国家之间公司治理机制的差异化。

第一,代理理论忽略了在委托代理关系中的利益相关者的多样化身份特征。不同类型的投资者(如银行、机构投资者和家族等)具有不同的特征,特别在投资者是自己设计制度安排来治理公司的情况下更是如此。而且学者们没有注意到国家之间管理者利益的差异化和利益之间的社会构建。

第二,代理理论忽略了公司利益者之间重要的相互依赖性(Freeman,2010)。因为他们仅仅关注委托人与代理人之间的双边契约(Emirbayer and Goodwin,1994)。公司之间所有权可能会形成一个网络,这有助于商业竞争、合作与创新(Whitley,1999)。因此,公司治理最终是多种利益相关者之间的互动结果。例如,公司控制权市场可能会通过较低利润的投资来服务于股东,但他们也可能会面临着来自员工的阻力,因为他们害怕违背公司专有投资的契约。

第三,尽管在最近关于股东权利的争论中,研究者们谨慎地定义制度(Roe,2006)。但代理理论仅仅有一小部分认为制度环境影响公司治理(Lubatkin et al.,2001)。股东权利不能够完全概括从限制行动者的财务行为到法律影响的复杂的制度范围。公司必须适应它们环境的多样化特征(Fligtein and Freeland,1995),并且,他们的行为不可能被一种力量如代理成本所解释。因为,公司治理需要在更为广泛的制度范围内被理解。

制度理论通过将公司治理嵌入一系列正式和非正式的规则中,补充了代理理论对公司治理的解释(North,1991)。制度研究者经常通过显示政治如何形成公司治理来批评代理理论(Fligstein,1990)。制度可能会面对多样化经济的专业化创造机会,对不同的商业制度会产生不同的制度优势。制度环境能够驱使公

政府质量、公司治理与企业资本配置效率

司治理实践在国家内部相同,但在国家之间呈现差异化。什么样的制度重要?制度怎样影响公司治理?公司利益相关者中的角色如何形成?他们的不同角色的冲突如何影响公司治理?公司治理就是在对公司资源进行决策与控制过程中利益相关者之间的关系。政府在制度层面上通过保证公共利益,来调节利益相关者之间的冲突。公司间网络能够通过获取关键资源和信息来影响公司行为(Davis and Mizruchi,1999;Windolf,2002)。

第二节 政府干预、公司治理与国企改革

从1979年到20世纪80年代中期,中国改革的起步经过了"放权让利""承包经营""股份制改造"以及"现代企业制度"等几个阶段。尽管改革取得了令世人瞩目的成绩,但是国有企业改革一直难以走出困境,而且改革到今天,经济改革的成果和国有企业的现状形成了鲜明的对比。纵观中国经济改革的历程,经济体制改革成功的根本原因,在于引入和允许非国有经济成分的存在和发展。在很大程度上,非国有经济的蓬勃兴起,一方面掩盖了国有经济的不景气,另一方面也充当了改革的"吸纳器"。从这个意义上讲,国有企业自身的改革效果并不是特别明显。

在我国社会主义市场经济建立和完善的过程中,一大批国有企业仍然处于成长之中,为了适应国有经济布局和战略性结构调整的需要,很多企业的生产规模将日益扩大,生产的技术性和自动化程度将不断提高。资金短缺将是制约国有企业发展的重要因素。证券市场作为一种有效的融通资金的渠道,能将社会上部分消费资金和暂时闲置的生产资金集中起来转化为资本,进而为国有企业的生产经营创造条件。

中国股票市场和上市公司的建立在很大程度上可以说是国有企业改革的结果。中国共产党第十五届四中全会通过了《关于国有企业改革与发展若干重大问题的决定》,第一次比较明确地谈到要建立规范的法人治理结构,对涉及公司治理层次的重要问题做了原则性的要求。证券市场还推动了企业建立公司治理机制,使公司治理从被忽视到被高度重视、从无章可循到日趋完善。上市公司普

第四章 地方政府、企业制度变迁与公司治理实践

遍建立了股东大会、董事会和监事会的框架,股东大会的作用日益加强,中小股东的参与积极性逐步提高,维权意识不断提升;董事会运作的独立性和有效性不断增强,议事机制不断完善,监事会的监督作用也逐步发挥出来。证券市场的发展和公司治理机制的完善都将是中国企业提高自身实力、参与国际竞争、实现持续发展的重要条件。

经过近三十年的发展,中国的公司治理与国有企业改革进入了一个深水区,陈清泰(2009)通过回顾我国国有企业改革的历程,总结出一条逻辑主线:国有企业的改革始终围绕政府、企业和市场三者之间的关系而展开;政府和企业的关系又集中于政企要不要分开、能不能分开、如何分开;政企分开的核心是能否建立一套有效的国有产权委托代理关系,进而实行所有权和经营权分离;两权分离的要害在于能不能建立有效的治理结构保障国家所有者的权益。随着经济全球化程度的不断加深,国有大中型企业将不可避免地融入全球经济,参与激烈的国际市场竞争。国有企业要在竞争中取胜,首要条件是增强自身的实力和抗风险能力。通过证券市场的融资,有利于达到把国有企业"做大""做强"的目的。党的十六大确立了新的国有资产管理体制,初步解决了长期存在的国有资产出资人不到位、多头管理和政企不分的问题,这是我国经济体制改革的重大突破,为国有企业建立现代企业制度、完善公司治理结构提供了体制保障。然而,在当前的国有企业特别是国资委管理的大型企业中,有70%左右的企业的下属子企业已按《公司法》改制为多元股东的公司,其中一大批已在境内外上市(陈清泰,2009)。这些中央国有企业改制的主要特征是将主营业务和优质资产分离、包装、上市,而收容了不良资产、大量债务和冗员,未经改制的存续部分成了上市公司一股独大的控股股东。自《公司法》颁布以来,国有企业公司制改革的力度不断加大。但是,由于传统体制下政资不分、政企不分、出资人缺位的问题尚未得到完全解决,公司内部的治理结构依然处于不规范、低效率运作的状态,在股东会、董事会、监事会职权行使,以及董事长和总经理产生方式等方面还存在旧体制的痕迹。传统体制因素通过控股股东不断向上市公司传导,不断挑战《公司法》,大大增加了上市公司建立良好公司治理体制的难度。对于国有企业而言,由于它们的产权性质决定了其控股股东的经营目标是多元化,它们一方面承担着原企业富余人员、不良资产和不良债务的处置和存续部分业务发展的任务,另一方面控制着有融资能力的上市公司。而解决存续问题的资源往往就是上市公

政府质量、公司治理与企业资本配置效率

司。因此,很多国有母体与上市公司形分实合,总有一种通过与上市公司高管人员交叉任职、关联交易、公共设施交叉等途径从上市公司获得特殊好处,用以解决"存续问题"的动机(陈清泰,2009)。同时,原国有企业的核心业务已进入上市公司,作为控股股东总有插手公司业务的倾向,公司关键的决策权往往通过非正式机制发挥作用,使董事会很难承担起应有的责任。

因此,在未来的国有企业的公司治理改革进程中,要逐步完善外部董事制度,要求公司董事会成员中外部董事占董事会成员半数以上,在外部董事的配备上充分考虑企业科学决策的要求。同时要规范董事会的运作,设立战略委员会、提名委员会、薪酬与考核委员会等专业委员会,制定董事会运作的一系列规章并严格执行。要把出资人的部分职权(如重大投融资决策权)授予规范的董事会,并由董事会考核经理人员,决定经理人员的薪酬。在制度制定和实施的过程中,进一步解决政资不分、政企不分导致的国有企业出资人不到位的问题,以及股权多元化改革不彻底,经营者收益与其所做出的贡献、承担的风险不对称等相关难点问题。

第三节 市场化改革、公司治理与民营家族企业转型

中国三十多年市场化改革的成功,在很大程度上归因于民营企业的发展。民营企业的成长壮大对中国社会经济保持持续发展意义重大,直接带动了出口、就业和推动市场化转型。当前中国民营企业的所有权和控制权基本上为家族或泛家族成员所控制。随着市场化改革的深入,家族企业将会越来越多,作为政府和市场的居间存在,家族控制能够部分替代政府和市场的配置资源功能,其相关治理问题也已为理论界和实务界的关注焦点。

中国经济转轨以国有经济的民营化和本土私人企业的成长为两大基本特征,伴之以地方政府职能的转变和市场机制的不断完善。李稻葵(2002)认为影响经济发展的一个根本因素是这个国家官僚体制的效率与质量。制度通过组织发挥作用,制度的变迁和组织的演进隐含了治理的变化程度,而与治理关系最紧

密的制度就是政治制度,最紧密的组织就是政府。由于官员是政府行为的决策者和执行者,他们在制度、组织与治理绩效中起了连接桥梁的作用。因此,关注政治制度框架下的组织,特别是政治组织的存在和演进以及它们对企业治理结构的影响具有重要意义。

家族企业在其生存环境中所面临的最重要的变化来自政府。地方政府尤其是政治家和政府官员作为利益集团,自利性决定了其参与政治活动的动机是为谋求自身利益的最大化,他们通过制定各种管制性的规章制度来影响企业治理行为。

公司治理结构在很大程度上内生于公司所处的制度环境(Williamson,2000;陈信元等,2004;夏立军和方轶强,2005)。现有文献在考察家族企业治理结构特征时,从产品市场竞争、法律制度、政治和文化环境等外部治理环境研究了家族企业控制治理结构的动因。基于代理理论的研究指出,产品市场竞争可能对紧密控制企业的创业家族领导者提供不同的需求和奖励,因此可能调整创业家族领导者和绩效之间的关系(Shleifer and Vishny,1997;Hart,1983)。在垄断或低竞争的市场中,家族控制和管理对企业绩效具有正效应,这是由于在外部监管松懈时,管理者可能采取与所有者利益不一致的行动(Fama and Jensen,1983;Ferris and Sarin,2000)。

在高度竞争的行业,创业家族对企业的价值和赢利性具有负效应,因为在这种市场环境中的企业已经被市场紧密监管了(Hermalin,1994),已经不再需要创业家族治理或另外形式的"强"的公司治理了。在外部监管有效的情况下,家族监管变成了一项负债,增加了监管成本,并使企业倾向于低成长导向、低风险承担和对决策惯性的依赖(Chandler,1990;Meyer and Zucker,1989)。Bhattacharya and Ravikumar(2001)构建了一个跨期模型,强调了资本市场对发展中国家的家族企业演化的重要性,如果在一个欠发达的资本市场中,无论外部金融机构存在与否,家族企业即使规模变得很大,也会长期维持家族所有和经营。李增泉等(2008)认为母公司所在的地区融资约束越强,整个企业集团的金字塔结构层级会越多。

法律制度是否发展出对投资者权利的完善保护方式,是决定家族企业是否进行股份化改造的主要因素。自1997年以来,拉·波塔(La Porta)等的系列研究引起了金融和经济学术界对于以投资者法律保护为主的制度环境因素的重视。在这一系列研究中,拉·波塔等逐步证明了投资者法律保护这一根本性制度特征对于资本市场发展、所有权结构、治理结构、公司价值和股利政策具有显著影响。他们的研究为资本市场的多样性提供了一个法律基础的解释。La Porta et al. (1998,1999)是最早利用实证方法研究法律制度对股权结构影响的学者,他们认为投资者法律保护的质量与所有权集中度之间存在显著的负相关关系。Burkart et al. (2003)也得出了相同的研究结论。Almeida and Wolfenzon (2006)通过一个理论模型来解释企业集团、金字塔结构以及平行结构的形成原因,他们认为在投资者保护弱的地区,金字塔结构具有融资优势和收益优势,因此会被更广泛地采用。Fan et al. (2013)对中国上市公司金字塔控股结构的研究可以说是中国财务与会计研究中最早从制度环境研究公司治理内生动因的。他们发现市场越不发达、法制环境越不好、产权保护越无效的地区,私人控制上市公司的金字塔层级越多,从而隐藏了最终所有者。Wang et al. (2008)的研究发现,在政府较少干预经济并且信用市场和法律环境发展较好的情况下,国有企业与非国有企业在雇用高质量审计师方面是一致的。刘启亮等(2008)从投资者保护的制度背景出发,用控制权私利来解释金字塔结构的成因。

家族企业最重要的结构特征是创业家族对企业所有权和经营权的控制,为了最大化家族财富与企业价值,控制家族将会在家族内部,家族与外部人之间进行不同层级上的控制权配置,而这种配置将会对家族企业的治理结构、持续成长和竞争力提升有着直接的影响,由此也会影响民营家族企业在中国经济发展中的作用。因此,控制权是家族企业治理结构研究的核心问题,了解控制权结构的配置模式、路径、内生决定机制及其经济后果对于中国家族企业的健康成长具有重要价值。

在市场化改革的进程中,中国的家族企业正在不断扩大其规模和影响力,各地区间的家族企业发展也呈现出明显的制度及其变迁和发展路径上的差异。当前中国的信任水平和产权保护水平较低,家族希望通过强有力的控制权避免自身财产受到侵犯。随着地区市场化进程的加快,制度效率不断提高,企业面临的环境不确定性会降低,家族企业主会根据其所在地区的制度效率,比较经济收益与成本,来选择不同的公司治理结构。

第四节　政府管制、公司治理与证券市场

一、政府干预与内部人控制

"内部人控制"这一概念最早由美国斯坦福大学的青木昌彦(2001)提出。他指出,"内部人控制(或者由管理人员控制,或者由工人控制)看来是转轨过程中固有的一种潜在可能的现象,是从计划经济制度的遗产中演化而来的"。青木昌彦(2001)认为,内部人控制是在政府丧失了过去传统体制下对企业高度集中的行政管理权,即企业"所有者缺位"或所有者功能丧失,而企业经理获得对企业大部分控制权的同时,又尚未在市场经济体制条件下建立起有效的国有资产管理体制的情况下产生的,国有企业的内部人员(经理或职工)在企业公司制改造过程中获得相当一部分控制权的现象。它使原有企业经理和职工能够运用所掌握的经营决策权,以侵占所有者权益为代价,来实现个人和小集体利益的最大化,由此导致企业运营的低效率。

从现代公司理论来分析,所谓内部人控制是指在两权分离的现代公司里,经理人员事实上或依法掌握了公司的控制权,他们的利益在公司的决策中得到了较为充分的体现,在一定程度上侵犯了投资者的利益。它实质上是指法人治理结构中"所有者缺位"和控制权与剩余索取权不匹配而产生的管理当局群体侵占所有者利益的行为。内部人控制包括法律上的内部人控制和事实上的内部人控制。法律上的内部人控制是指通过持有企业的股权而掌握了对企业的控制权;事实上的内部人控制是指内部人不持有本企业的股份,而实际上掌握了公司大部分控制权。中国上市公司主要由原来的国有企业改制而来,并且,为了维护公有制的主体地位,这些公司在企业改制过程中往往采用了国家绝对控股或相对控股的股权设置模式。现有的产权理论表明,公有产权的一个重要特征是政府干预,在我国国有控股上市公司中,国有股权仍占绝对控股地位,公司经理人员和工人基本上不持有股份,因而,主要是事实上的内部人控制,这种事实上的内部人控制局面是伴随着我国国有企业改革的逐步推进而渐次形成的,并且由

于国有企业的产权特征。内部人控制是转轨经济的基本规律。因此,中国证券市场上由国家控股的上市公司在公司治理上必然表现出政府干预与内部人控制的两重特征。

(一) 政府干预

古典经济理论认为,市场竞争的激励效应(Incentive Effect)和信息效应(Information Effect)将驱使企业产出自动维持在价格等于边际成本的最佳水平(李增泉等,2005)。Machlup(1967)、Hart(1983)和 Willing(1985)分别认为影响企业绩效的经理人员懈怠行为只存在于竞争不充分的市场环境中。但在分析了政府的行为特征后,不同的学者对上述观点提出了质疑,认为不仅是市场结构,产权特征也对企业效率具有重要影响。Shleifer and Vishny(1994)以及 Boycko et al. (1996)发现,由于承担很少甚至不承担干预的直接成本(补贴)和间接成本(低效率),却享有全部的干预收益,因此政府官员对国有企业比对私有企业的干预更普遍。这说明,公有产权与私有产权在效率上的差异依赖于政府(或者说是官员)干预的有效性。关于政府行为,目前理论界有两种观点。① 一种观点认为,在一个有效的政治市场(Political Market)上,只有与选民利益最一致的政治家才可能被选做政府官员,因此,任何理性的政府都会将社会财富最大化(即生产者和消费者的效用总和最大化)作为其政策的根本出发点;另一种观点则指出,由于信息不对称引致的逆向选择和道德风险行为使得政治市场并非充分有效,政府官员对企业的干预行为更多是基于自身效用(例如选票、收入和个人偏好等)的考虑。但相关研究发现,无论是仁慈的政府(Benevolent Government)还是自私的政府(Self-interested Government),政府干预总会导致企业经济效益的降低。

Coase(1937)所描述的企业对生产资料取得方式(购买或自己生产)的选择策略,即当需要一定的产品或服务供给时,政府是通过国有企业自己生产,还是选择向私有企业购买,取决于两种方式在生产效率和产品质量上的差异。Hart et al. (1997)以及 Shleifer(1998)提供了一个在仁慈的政府假定下分析产权选择的理论框架。他们指出,仁慈的政府对公有产权与私有产权的选择原理类似于国有企业的经理由于缺乏激励,并没有强烈的动机降低成本或提高质量。

---

① Vickers, J., and G., Yarrow, "Economic Perspectives on Privatization", *Journal of Economic Perspectives*, 1991, 5(2): 23—35.

在中国,近年来学者研究了政府干预对公司行为的影响。夏立军和方轶强(2005)间接地研究了政府干预与公司价值的关系,研究表明,政府干预显著降低了政府所控制的公司的价值,而在非政府控制的公司,政府干预对公司价值没有显著的影响。孙铮等(2005)研究了政府干预与市场化指数对我国上市公司的债务期限结构的影响,研究发现,在市场化程度高、政府干预少的地区,上市公司的长期借款占总借款的比重较低。他们认为政府干预起到了降低企业融资成本的重要作用。目前,直接检验政府干预与投资的文献不多。徐浩萍和吕长江(2007)则研究了政府干预对企业权益资本成本的影响,认为政府减少对企业的干预会产生两种效应:一是增强经营行为和经营环境的可预期性从而降低权益资本成本的效应,即"可预期效应";二是增加企业的风险从而提高权益资本成本的效应,即"保护效应"。研究发现,最终控制人是地方政府的企业,"保护效应"比较强,抵消了"可预期效应"的作用,干预减少对权益资本成本没有显著影响;对非国有企业,权益资本成本随着政府干预程度减小而降低。高雷等(2006)研究发现,只有当上市公司受国家控制且受政府干预较多时,银行债务才显著地加剧了控股股东对上市公司的资金侵占,国家控制及政府干预显著地加剧了控股股东与小股东及银行债权人之间的利益冲突。他们认为,国家控制及政府干预不利于社会经济效率的提高。陈信元和黄俊(2007)检验了政府干预与公司多元化的关系,实证发现,在政府干预经济较严重的地区,上市公司较易实行多元化经营,并且控股越直接,越易实行多元化。而潘红波等(2008)则用政府干预来解释地方国有企业并购绩效的悖论。程仲鸣等(2008)以2002—2006年中国地方国有上市公司为样本,实证检验了政府干预和金字塔层级对投资过度与投资不足的影响。研究发现,地方国有上市公司存在因政府干预而导致的过度投资现象,仅有微弱的证据表明政府干预与投资不足有正相关关系,并且结果显示,金字塔层级与过度投资负相关。

(二)内部人控制

我国国有企业的内部人控制源于以扩大企业自主权和增加利润留成为核心的企业改革。在改革开放之初,如何解决国有企业效益低下的问题,理论界和实践部门都没有成熟的方案可以选择,针对国有企业改革的政策方针也是"摸着石头过河",逐步探索前进。在改革开放的前二十年里,国有企业改革基本上经历了"放权让利""实行承包制"和"建立现代企业制度"这几个大的阶段。

政府质量、公司治理与企业资本配置效率

针对传统体制下国有企业受到的束缚过多因而缺乏活力的状况,中央政府多次调整中央与地方政府之间的权力关系。直到1979年,中央政府才正式决定增加企业的自主权。1979年7月,国务院下发的《关于扩大国营企业经营管理自主权的若干规定》等五个文件标志中国对国有企业放权的开始。随着企业自主经营权的扩大,企业的命运更加依赖于企业经营管理者集团特别是领导者的决策与交易能力。同时,由于分配格局的调整,企业产生了独立利益,有了追求利益最大化的动力。1980年,我国政府调整了企业利润留成方法,改全额利润留成为基数利润留成加增长利润留成的办法,以增加企业生产的积极性。随后,国务院于1983年4月颁布的《关于国营企业利改税试行办法》则进一步调整了政府与企业的利益关系。这一阶段的主要精神是增加企业的自主权和收益权,也就是"放权让利"阶段。放权让利的一系列措施扩大了企业的经营自主权,增加了企业的经营收益,因此,这些措施在一定程度上激发了企业的生产积极性和创造性,也增加了企业的活力。但是国有企业的负盈不负亏、企业地位不明确、政企不分、行政干预等问题依然没有得到根本性的解决。1986年12月,国务院颁布施行《关于深化企业改革、增强企业活力的若干规定》的政策,明确提出"各地可以选择少数有条件的全民所有制大中型企业进行股份制试点"。到了1992年,国有企业的股份制改造进入波澜壮阔的阶段,党的十四大正式确立了建立社会主义市场经济体制的改革目标。1993年11月,党中央在十四届三中全会上通过了《中共中央关于建立社会主义市场经济体制若干问题的决定》,明确指出国有企业实行公司制,是建立现代企业制度的有益探索;公司可以有不同的类型;具备条件的国有大中型企业,单一投资主体的可依法改组为独资公司,多个投资主体的可依法改组为有限责任公司或股份有限公司。1994年7月1日《公司法》开始实施,这标志着国有企业的股份制改造正式进入有法可依的轨道。

从20世纪80年代初期到推行现代企业制度以前,国有企业改革的基本取向是在不断放权的同时,相应地调整国家与企业之间的利益分配关系。而当国有企业改制为公司制企业后,企业要按照现代公司制企业的一般运作方式建立相应的公司治理结构。在现代公司制中,股东选出其代表——董事会行使其所有者权利,即负责制定或审定公司的重大经营方式、监督执行情况,决策的具体执行则由经理层来负责。因此,股东和经理层之间的委托代理关系也就自然而然地存在。而在委托代理关系中,委托人和代理人各自追求的目标是不同的。

股东追求公司利润最大化,但经理人作为独立的经济主体却追求自身利益的最大化。经理人在其追求自身利益最大化的过程中就可能侵害股东的利益,从而产生所谓的代理问题。而在转轨过程中,各政府部门并不是原业主,"所有者缺位"使得政府部门在下放了企业的经营管理权后,难以有效地控制和监督企业经营者的行为,致使企业经理人员能够为牟取个人私利或本企业职工的小集团利益而损害企业出资者的权益,从而形成了事实上的内部人控制,产生内部人控制问题。

Jensen and Meckling(1976)定义的 Berle and Means(1932)所谓的"两权分离"情况下的代理成本认为,内部人控制在产生积极作用的同时也带来了许多负面效应。吴敬琏等(1996)认为,内部人控制造成了大量的国有资产流失。张维迎(1999)则指出,国家对国有企业人事权的控制还导致了另外两种最为主要的代理成本,即经理行为的短期化和经营者的选择问题。

所有权与经营权的分离是产生内部人控制的前提条件,在这一前提下,企业的实际经营者拥有企业的控制权,却没有剩余索取权,这是导致企业的"事实上"内部人违规行为的客观原因。中国大部分的企业经营者都是由国家和当地政府委派到企业进行经营管理的,他们没有企业的股权和股份,只是担当企业实际经营者的角色,成为"事实上"的内部控制人,拥有对于企业一切事务的管理权和决策权,而且拥有对于企业的完全信息使用权,这些信息往往也是可隐藏信息。然而,他们却没有法律赋予的对于企业的剩余索取权,不仅如此,中国国有企业经理人员的报酬也偏低,不能和其所拥有的控制权及相应要承担的风险相匹配。这就导致国家委派的经理人员很难积极关注国有企业的长期发展和国有资产的保值增值,而是采取更多的短期行为或高风险行为影响企业经营,致使在许多企业出现了日益严重的内部人控制现象。这种现象不仅在国有企业中存在,在非国有企业中也屡见不鲜。委托人与代理人之间的信息不对称是造成内部人控制的根源,而解决的途径就要依赖于代理人主动地披露信息,赋予委托人更多的信息权,积极地完善公司治理机制,优化信息权(信息的使用权和支配权)的配置。

二、公司治理:由"合规"向"创新"演进

公司治理的研究热潮于 20 世纪 80 年代后期首先在美国兴起,随后席卷各国。到目前为止,公司治理已成为国际性的研究热点之一。中国对公司治理改

革问题的研究始于20世纪90年代初。1993年11月党的十四届三中全会通过的《关于建立社会主义市场经济体制若干问题的决定》提出国有企业改革的方向是建立现代企业制度的决策后,经济学家们在引进、介绍和借鉴国外有关公司治理的理论及实践的基础上,对中国公司治理结构改革的各个方面的问题展开了讨论,提出了若干建设性的意见和建议。

公司作为商品生产和服务提供的主体,在各国经济与社会生活中的地位和作用正日益增强;许多公司规模不断膨胀扩大,有些则成了真正国际性的大集团。这些反过来使得公司必须进一步思考自己的行为,自己与国家和社会的关系,自己如何在竞争中、在纷繁复杂的世界中立于不败之地。而这些正是公司治理研究的主题所在。在这样的国际背景下,公司治理也逐渐被引入中国学术界。中国公司治理研究是与国有企业改革的进程和现代企业制度的建设紧密联系在一起的。

对投资者法律保护的研究可能是一个有益于公司治理研究的方法。在一些国家中,强大的投资者保护可能是安全程度较高的产权抵制政治干预的特别重要的证明。从实证角度来看,强投资者保护与有效的公司治理是联系在一起的(La Porta et al.,1999)。公司治理的核心就是对投资者权益的保护。对投资者权益保护较差的国家,通过立法和司法体系的改革或通过法律移植来提高投资者法律保护水平往往受到政治、文化、社会规范等方面的阻力,国家层面的法律变革是一项漫长而艰巨的任务。因此,从公司层面来增强对投资者的法律保护成为公司治理研究的另一趋势。① 同一国家内不同公司对投资者保护水平存在显著差异,许多公司有权在公司章程内增加或删除某些保护条款,例如通过如下行为方式来提高投资者保护水平:提高信息披露水平,选择功能完善且独立的董事会,建立惩处机制来阻止管理层或控股股东的剥削行为。② 即使在投资者法律保护差的国家,公司也可以通过提高治理水平来克服弱投资者法律保护给公司外部融资所带来的负面效应。随着经济全球化,公司治理有趋同化倾向,国家边界和司法体系在界定公司治理方面的作用越来越小,而个体公司在这方面的

---

① Klapper,Love,"Corporate Governance, Investor Protection, and Performance in Emerging Marketing", *Journal of Corporate Finance*,2004,10:703—728.

② Milton T.,"A Cross-firm Analysis of the Impact of Corporate Governance on The East Asian Financial Crisis", *Journal of Financial Economics*, 2002,64:456—474.

作用越来越大。① 公司层面的治理创新越来越成为公司吸引投资者的动力。中国公司治理水平也正在经历从国家层面法律"合规"阶段的强制性治理向公司层面自主"创新"阶段的自主性治理演进。

（一）国家层面法律强制性的"合规"阶段

一个对中小投资者提供有效保护的证券市场会吸引大量投资者的进入，为公司提供源源不断的资金来源，资本市场也会得到较快发展。② La Porta et al. (1998)研究了49个有代表性国家的投资者保护与资本市场和经济增长的关系。结果发现，投资者利益保护较好的国家，其资本市场在规模和广度方面也较为领先，经济增长也较为迅速。从整个资本市场的角度考虑，在代理问题严重的地方，如果资本市场的投资者观察到大股东对中小投资者的机会主义行为，他们就会对融资者提出较高的溢价，体现为较低的购股价格、较高的分红要求等。投资者利益保护较好的企业不愿意接受这种条件，会退出资本市场；保护较差的企业则会接受融资条件，从而造成劣质企业驱逐优质企业的结果，最终资本市场就会萎缩乃至消亡。中小投资者是中国证券市场流动性的主要提供方，只有通过保护中小投资者的合法利益，不断吸引新的投资者参与证券投资，中国证券市场才能获得持续、稳定的发展。

如何提高公司治理水平、保护中小投资者利益，成为理论界、实务界和政府监管部门讨论和研究的焦点问题。从法律上保护中小投资者利益历来是各国证券立法共同遵守的一项基本准则。中小投资者是中国证券市场历史发展过程中不可或缺的参与者，保护中小投资者利益关系到中国证券市场的生存与发展。

截至2013年年底，上海证券交易所和深圳证券交易所共有上市公司2 489家，市价总值342 125亿元，投资者开户数7025.41万户，保护中小投资者的利益关系到中国证券市场的生存与发展。所以，从法律上保护中小投资者利益一直是中国历次各类证券立法共同遵守的一项基本原则，其根本目标在于维持中小投资者的投资信心，实现股东价值最大化，促进证券市场有序健康地发展。总体上看，中国中小投资者法律保护是随着证券市场的规范与发展而逐渐建立和完

---

① 许年行、赖建清、吴世农，"公司财务与投资者法律保护研究述评"，《管理科学学报》，2008年第2期，第46—53页。

② 王云云、杨维，"基于证券监管的中小投资者利益保护问题研究"，《山东财政学院学报》，2009年第1期，第54—56页。

善起来的,其发展过程大致上可分为三大阶段①:

1. 第一阶段——中小投资者法律保护的初级阶段(1994年7月以前)

1992年以前,在上海和深圳等证券市场发育较早的城市,中小投资者法律保护的规范和依据主要来自地方政府或各部委制定的一系列行政法规,例如《深圳经济特区国营企业股份化试点暂行规定》(1986)等。这些法规主要对中小投资者的基本权利(如表决权、转让权等)做出规定,带有明显的地方性和临时性的特点。随着国务院证券委员会和中国证券监督管理委员会的成立,证券立法进入全国性时期,中小投资者法律保护的建设速度明显加快。1993年4月22日国务院发布的《股票发行与交易管理暂行条例》,成为新中国第一部正式的全国性股票市场法规。与此同时,《公开发行股票公司信息披露实施细则(试行)》(1993)、《禁止证券欺诈行为暂行办法》(1993)等一批重要的法律、法规相继出台,对《股票发行与交易管理暂行条例》做了重要的补充,使中小投资者法律保护得到明显的改善。

2. 第二阶段——中小投资者法律保护的发展阶段(1994年7月至2005年12月)

1994年7月1日,《公司法》生效,这是新中国第一部规范公司行为的商事法,它成为规范我国公司股票与债券发行和上市的重要法律渊源。同时,《公司法》也将初级阶段的各地方和部委关于中小投资者法律保护的行政法规以完整的全国性立法的形式确定下来。

1994年的《公司法》明确了"保护公司、股东和债权人的合法权益"的宗旨,所涉及的中小投资者法律保护范围主要包括表决权、临时股东大会召集权等基本权利,此外还包括公司会计、送配股等政策性规定以及信息披露和审计等制度性办法,它的施行代表我国中小投资者法律保护开始进入有法可依的阶段(许年行和吴世农,2007)。但它仅单纯地规定股东的权利,并毫无例外地适用一股一权的股东决议规则,并未特别关照社会公众股东这一特殊群体。这种规定反映到证券市场上就是,大股东或控制股东频频侵犯社会公众股东权益,社会公众股东受限于《公司法》的规定以及股权的分散而无能为力。由此出现《公司法》

---

① 以下内容参考了许年行(2007)对我国中小投资者法律保护的相关介绍参见许年行,"中国上市公司股权分置改革的理论与实证研究",厦门大学博士学位论文,2007年,第67—78页。

规定的股东权在社会公众股东层面无法落实,而在大股东层面却转化为权力并被滥用的尴尬局面。

1994年和1997年我国又相继发布了一系列与中小投资者法律保护有关的法律、法规,如《公司股份变动报告的内容与格式(试行)》《企业会计准则-关联方关系及其交易的披露》等,主要从信息披露这个角度来规范中小投资者的法律保护。

1999年7月1日,为规范证券发行和交易行为、保护投资者合法权益,《中华人民共和国证券法》(以下简称《证券法》)正式发布。《证券法》将以往的中小投资者法律保护的经验和做法以法律的形式予以肯定,既保持了中国中小投资者法律保护实践的连续性,还根据新的情况和新的问题,充实和确立了新的中小投资者法律规范。《证券法》除继续强化上市公司信息披露制度外,还开始注意到上市公司治理问题。如对内幕交易、操纵证券价格以及欺诈投资者等行为及法律责任在《证券法》中都做出了较为明确的规定。《证券法》的保护对象不仅限于投资者,而且偏向于公众投资者。在一般意义上,股东由市场来保护,间接地由竞争性的产品市场保护,更直接地由资本市场包括初级市场、二级市场和公司控制权市场保护。因此,证券市场成为投资者保护的领跑者,除由证监会依法查处各类证券违法案件外,另就社会公众股东制定了倾斜性的保护制度。

2000年《上市公司股东大会规范意见》颁布,2001年《关于在上市公司建立独立董事制度的指导意见》颁布,2002年《上市公司治理准则》颁布,2004年《关于加强社会公众股股东权益保护的若干规定》颁布……这些规章制度进一步从公司治理的角度确保中小投资者的权益能够得到有效的法律保护。

许年行和吴世农(2007)认为,这一阶段中小投资者法律保护呈现如下几个特点:第一,投资者(特别是中小投资者)合法权益的法律保护得到高度的重视。例如《证券法》明确其立法宗旨之一是"保护投资者的合法权益"。第二,中小投资者法律保护的理念发生重大改变,法律保护重点从信息披露等外部制度建设转到上市公司治理上。第三,认识到董事会在公司治理中具有至关重要的地位,董事会的重要性和独立性得到重视。根据《关于在上市公司建立独立董事制度的指导意见》(2001)规定,上市公司董事会至少都应该包括1/3的独立董事。同时,通过在董事会下设立投资、审计和薪酬等多个专业委员会,独立行使董事会的专业职能,使其独立性得到加强。

3. 第三阶段——中小投资者法律保护的完善阶段(2006年1月以后)

2006年1月1日开始实施新修订的《公司法》和《证券法》,为改善公司治理提供了法律保障。规范和发展是这两部法律修订的主旋律。两法强调以完善机制和明确诚信责任来健全上市公司规范运作基础,进一步完善了上市公司信息披露、收购兼并等制度,全面强化了对投资者合法权益的保护力度,明确了监管执法机制和监管责任制度,从而为上市公司发展和治理机制的改革共同缔造了一个良好的法制环境。

新《公司法》的突破和创新可总结为五个方面:(1)大幅降低公司最低注册资本。下降幅度之大甚至超出了许多学者的预期,其立法的意图则在于降低公司设立门槛,放宽公司准入条件,使更多的民事主体都具有投资的能力和资格,使更多的公司得以设立和发展,同时,也兼顾中国地区经济发展不平衡、发达地区与不发达地区经济发展水平和投资能力的差异。(2)确定股东出资标准,放宽出资形式。(3)允许资本的分期缴纳,适应了投资者对公司资本规模的目标设计和资金筹措安排的需要,减少了公司资金的闲置和收益压力。(4)取消转投资比例限制,便利公司的资本运营。(5)扩大了允许公司收购自己股份的情形。

总体上看,我国中小投资者法律保护经历了一个从弱到强、从简单到相对完善的渐进过程。不同的发展阶段,中小投资者所处的法律环境与市场环境各不相同,中小投资者法律保护的内容深浅不同,中小投资者法律保护的作用也强弱不一,具有明显的阶段性特征。

(二) 公司层面自主性"创新"阶段

近年来,公司治理改革已经成为全球性的焦点问题,尽管各国进行公司治理改革的原因不尽相同,但对公司治理问题的全球关注却反映了这样一个不断增强的共识,即作为在全球市场上的一种竞争优势,作为可持续增长和发展的一个重要组成部分,完善的公司治理机制对于保证市场秩序的完整性具有十分重要的作用。中国企业改革从股份制改造到建立现代企业制度,一直致力于完善公司治理机制。随着股权分置改革的基本完成,中国公司治理的法规和制度的完善大大推进了中国上市公司向国际公司治理水平看齐。

步入21世纪,国企改革进入公司治理的新阶段。随着全球经济一体化的发展和世界经济环境的变化,良好的公司治理既需要国家通过强制性的法规对治理结构进行规定,也需要制定与市场环境变化相适应的、具有非约束性和灵活性的公司治理原则。自 1992 年至今,已有数十个国家的国际性组织、民间职业团体以及大公司陆续出台了各类公司治理原则报告以及实务指南等八十余份。2001 年,亚太经济合作组织非正式首脑会议在中国召开,会议讨论了制定亚太地区公司的最佳行为准则。这表明,每一个国家和地区的企业,都必须结合实际情况,制定自己的公司治理原则。在中国,由于《公司法》等相关法律、法规滞后于经济形势的发展,企业又普遍缺乏现代公司的治理经验,因此,借鉴发达国家公司治理的理论与实践,结合中国国有企业改革的现实,鼓励上市公司开展公司治理创新活动已刻不容缓。

  从国内外公司治理实践的普遍经验看,公司治理实践要遵循的基本要素就是规则和"合规"(李维安,2008)。公司治理作为保证公司有效运行和决策科学的一种机制,其基础就是治理机制赖以运行的一系列规则。因此,公司治理必须要有规则意识,要制定和明确公司运行需要遵循的规则。公司规则首先包括在公司治理实践过程中总结提炼并以法律形式确立下来的共有规则,如《公司法》《上市公司治理准则》等,产权设计和公司章程是法律、法规以外最大的公司治理规则。特别值得强调的是,新《公司法》一改旧《公司法》对公司的过度管制,赋予公司诸多自主权,许多事项允许通过公司章程来实施自治,公司章程对规范公司运营的作用更为突出,这也要求企业进一步强化规则意识,通过公司章程设计灵活、高效的公司治理机制。中国企业改革从股份制改造到建立现代企业制度,一直致力于完善公司治理机制,公司治理改革已经进入由"消极守规"向"主动合规"转变的新阶段。此时,合理的公司治理结构不仅仅要"合规",还必须有利于企业的创新,有利于企业的发展(李维安,2008)。

  2007 年是资本市场全面转向全球流通市场环境的关键一年,也是中国资本市场风云激荡的一年。中国证监会继股权分置改革和清欠之后的另一项重大举措是开展了上市公司治理自查活动。根据《关于开展加强上市公司治理结构专项活动有关事项的通知》的要求,上海证券交易所和深圳证券交易所分别开展对所属上市公司治理创新活动的专项调查。中国社会科学院公司治理中心对上市公司治理变化的追踪性研究发现,随着时间的推移,上市公司治理水平出现了分化的趋势。在 2013 年 CCGINK 公布的综合治理评分中,标准差为 13.5。这充分表明经过多年的监管努力、法规完善和学习理解之后,市场力量和企业自主性的力量,开始在提升中国的公司治理水平上发挥作用了。

南开大学公司治理研究中心课题组CCGINK通过对2004—2008年连续五个年度的公司治理评价样本数据的比较和分析发现:中国上市公司整体治理水平呈现逐年提高的趋势。一方面,监管机构强化了上市公司的治理质量,加强了监管的力度,促使上市公司完善治理结构;另一方面,投资者对上市公司的治理状况有了更高的要求,促使上市公司改进自身的公司治理状况。中国上市公司治理水平正在从完全迫于监管压力的强制性治理,向源自市场压力和公司内部需求的自主性治理转变。

如果说,以前由于公司再融资、公司并购和股权分置等方面一些管制规则上的限制,致使良好的公司治理并不能给公司带来较好收益,随着资本市场的发展和投资者的不断成熟,企业改进治理水平的结果不再仅仅是做个"好人"、有个"好名声"那么简单,而是转化为股东价值的提升、融资能力的增强和融资成本的降低,以及企业换股并购和成长空间进一步扩大。这一趋势意味着,中国上市公司的公司治理水平逐渐从一种完全是迫于监管压力的"强制性制度变迁"过程,转变为一定程度上源自市场压力的、企业自主性的"诱导性制度变迁"过程。公司治理的"政策基调",将不必再过分依赖强制性的具体措施和治理机制安排,逐步增加示范性和可选择性的制度安排,而是积极地鼓励公司开展自主的公司治理创新实践活动(李维安,2008)。

三、公司治理、上市公司质量与资本市场发展

(一)上市公司与资本市场

首先,上市公司是资本市场的基石,经过二十多年的培育和发展,中国上市公司的规模逐步扩大,质量稳步提高,核心竞争能力不断增强,在经济和社会发展中的作用日益突出。首先,上市公司业绩稳定增长,成为国民财富的重要源泉。目前境内上市公司将近2 500家,2014年上半年创造增加值达3.3万亿元,营业总收入13万亿元,分别占同期GDP总量的13%和52%;上市公司缴纳的税费总额占到全国税收收入的23%。与此同时,全国工商注册登记实有企业1 480多万家,加上小微企业有4 000万家,规模以上企业达1 000多万家,而上市公司才2 000多家,只是少数,从上述数据可见上市公司在国民经济中的重要地

位(肖钢,2014)。

其次,上市公司规范运作程度不断提高,对中国现代企业制度建设起了重要推动作用。众所周知,现代公司的治理机制,是以上市公司为开端的,在中国无论是公司股权文化的形成和推广,还是公司治理结构的建立和完善,上市公司都发挥了积极的示范和引领作用。

最后,上市公司创新能力显著增强,成为推动中国产业转型升级的引擎。一批创新型、成长性较高的企业和新兴产业的公司借助资本市场获得了较快发展,激发了市场创新创业的热情,反映出投资者对新兴产业的期待。当然,其中也有炒作行为(肖钢,2014)。

(二) 公司治理的引进与发展历程

公司治理的概念是从国外引进的,中国对公司治理的认识和实践经历了一定的过程。1993年党的十四届三中全会开始尝试把公司治理的概念写入文件中,明确了"出资人、董事会、管理层和职工"之间的相互制约的关系,应该说初步提出了公司治理的基本概念。但是"公司治理"一词直到1999年,党的十五届四中全会才被正式写入党的主要文件。

在公司治理的指引方面,在坚持学习国际经验的基础上,政府最好能明确对1999年OECD发布的《关于公司治理的五项原则》的态度,以及如何发挥政府在制定公司治理的整体制度和法律框架方面的推动作用,这也是OECD在2004年发布《关于公司治理原则》(修订版)时所特别重视的。

1999年OECD公布的《关于公司治理的五项原则》,已经被政策制定者、投资者、公司、利益相关者等参与者广泛关注。随着环境的变化,有关公司治理新事件的不断发生,《关于公司治理的五项原则》面临新的挑战。为此,从2002年开始,OECD就如何有效保证公司治理原则的实施,例如如何发挥董事会决策的独立性、如何强化股东的知情权、如何强化审计独立性、如何提高所有权结构的透明度等问题进行了全球性的调查和磋商,最终在2004年4月公布了《OECD公司治理原则》(修订版)。

和1999年版相比,2004年版在五个方面取得了新进展:

第一,增加了新的一章——"确保有效公司治理框架的基础"。该章着重阐述了政府在为公司治理制定整体的制度和法律框架方面应该发挥的作用,提出政府在倡导和建立公司治理监管框架时应遵循的原则,包括建立公司治理原则的贯彻和执行机制、如何建立公司治理参与者的权利保护机制、如何防止过度监管所带来的成本加大等。因此,OECD 2004年版的《关于公司治理的原则》增加到了六项。

第二,强化了对股东权利的保护。其中在四个方面,增加了股东的权利保护:(1)高管人员的薪酬政策应由董事会确定、公布,并与高管的长期业绩相挂钩。股东有权知道董事会成员和高管的薪酬政策,任何股权性的薪酬发放均应由股东同意。(2)股东有权更换董事会成员、有效参与董事会成员的提名和选举。(3)作为受托人的机构投资者要公布其自身的公司治理政策、其投票权的执行方式,以及当其面临利益冲突时如何实施投票权。(4)任何影响跨境投票的障碍都应被消除。

第三,更加关注利益冲突问题的解决。在1999年版强调对利益冲突进行披露的原则基础上,2004年版要求有利益冲突的人要声明其处理利益冲突的方式,另外新版本还关注到了新兴市场中普遍存在的大股东和小股东之间的利益冲突问题,具体如下:(1)新增一条原则,要求了解公司经营状况的评级机构和分析机构,在提供公司信息时,合理处理利益冲突问题。(2)强化审计责任,明确审计要向董事会负责。(3)强化审计的独立性,强化审计在管理、降低潜在的利益冲突时应采取的步骤。(4)更加关注对小股东利益的保护,提出"对于来自控股股东直接或间接的损害,小股东的利益应该受到保护,并提供有效的补偿"。

第四,更加强调对利益相关者和投诉者(Whistle Blower)的保护。在利益相关者方面,更加强调员工和债权人作为利益相关者的权利和作用,具体如下:(1)在员工方面明确提出,应发展"提高员工参与程度的机制"。利益相关者,包括单个员工和他们的代表机构,应该能够自由地和董事就公司所发生的违法或不道德行为表达他们的看法,员工表达的看法和员工表达看法的权利都应该受到重视和保护。要建立信息能够安全保密地到达董事会的渠道。(2)在公司治理的环境中,提高参与程度的机制要能够使员工所掌握的特殊技能,快捷地传递到公司,从而使公司直接或间接受益。员工参与机制的例子包括:在董事会中增加员工代表、实施员工持股计划和包括养老金投入在内的利润分享机制等。例如,养老金投入应建立一个独立的基金,基金的托管人应该独立于公司的管理层等。(3)强调了债权人在公司治理中所扮演的重要角色,强调债权人对公司运作发挥外部监管者的作用,并提出建立有效率、有效果的清偿框架和有效的债权执行机制是对有效公司治理结构的重要补充,是对股东权利的有效保护。对员工和债权人的关注在新版本中被提升到了一个更重要的高度。

第五,进一步强调董事会的责任。具体有:(1)强调董事会在建立较高公司伦理标准、遵纪守法、监督内控和财务报告体系方面的职责。(2)强调董事会的独立性,不仅表现在独立于高管,而且要和控股股东保持相对的独立。(3)强调对关联交易、董事会下设委员会的决议、会议程序和构成等问题的信息披露。

OECD 2004 年版的《有关公司治理原则》进一步扩展了对公司治理的理解。中国在向市场经济转轨过程中引入了公司治理概念,初步引入了公司治理的原则,还需要进一步借鉴国际经验,跟踪国际上关于公司治理原则的新进展,不断增强对公司治理的讨论和认识,丰富对公司治理的实践(周小川,2004)。

(三) 上市公司质量与公司治理改革

中国资本市场的发展在很大程度上取决于上市公司的质量,上市公司的质量和公司治理紧密相关(徐璟娜和范其伟,2005)。随着本章对公司治理认识的不断提高和实践的不断深入,笔者对中国资本市场的发展充满信心。本章对公司治理的绝大部分问题都进行了讨论,对一些重要问题的认识已经逐步到位,随着对剩余问题认识的逐步一致,解决问题的实践和规则必然也会逐步到位。公司治理的完善一定会为中国资本市场的发展打下坚实的基础,也会对我国银企关系的模式探索及实践改进发挥重要的作用。

证券市场的出现和发展,是中国经济逐渐从计划体制向市场体制转型过程中最为重要的成就之一。在新兴市场的发展过程中,政府往往同时担负市场监管者和推动者的责任。正确处理政府与市场的关系、合理界定政府职能边界、推动政府职能转型,成为决定市场健康、可持续发展的重要因素之一。

上市公司质量是证券市场的基石。应不断完善市场约束机制,推动上市公司做优做强,提高上市公司的治理水平和整体质量。证券市场的安全是建立在相对完善的制度与法制、有效的监管、行为规范的市场主体、高质量的上市公司和较为合理的估值水平基础上的。一个制度和法律不健全、监管薄弱、规范化程度低、上市公司质量和治理水平低、估值偏高、大起大落的证券市场的基础是脆弱的,是缺乏安全的。

政府质量、公司治理与企业资本配置效率

由于体制的原因,我国证券市场还不是一个规范的市场,其功能的发挥还受到股权分置这一体制性缺陷的影响。随着经济体制改革的深化,通过股票市场筹集资金为国有企业解决的问题无论在数量上还是在深度上都越来越有限了。2005年4月底,股权分置改革试点序幕拉开,股权分置这一影响中国资本市场健康发展的制度性障碍正在消失,如今已经进入后股权分置的时代。对于国有企业而言,证券市场不只是一个融资的市场,也是一个投资的市场。国有企业通过改制上市成为股份制企业,实现了投资主体的多元化,并逐步建立起规范化的现代企业制度。随着资本运作理念逐渐被接受,国有资产管理开始从企业监管为主向资本运营方向转变,并在国有企业中推动建立了风险管理机制和企业综合评价指标体系,特别是股权分置改革完成之后,股价表现和市值变化将逐步成为衡量国有资产运营水平的主要指标之一。

中国证券市场在自身建设和发展的过程中,促进了国有企业的股份制改革,多数国有上市公司走在了股份制试点的前列,起到了先导和示范作用,推动了现代企业制度在中国的建立。投资功能是一个成熟的证券市场的基本功能。证券市场本来应该是一个有效的投资与融资的场所。除了融资、投资和资源配置这三大基本功能外,后股权分置时代的证券市场同样发挥着资本定价功能和宏观调控功能。中国的证券市场应当是功能完善、制度健全、符合国际惯例并与国际资本市场接轨、有利于境内外各类投资主体广泛参与的、机制灵活的证券市场。要达到这一要求,必须使市场做到透明高效、结构合理、机制健全、功能完善、运行安全、在资源配置中发挥基础性作用。

20世纪90年代以来,以上市公司为平台的中国公司治理结构改革陆续展开,先后出台了一系列旨在改善中国上市公司治理机制的法律规章制度。中国上市公司治理已经越过了改革开放后的行政治理阶段、双轨制治理阶段和公司化改制阶段,进入公司治理阶段。但是中国上市公司还是有以下问题:(1)中国上市公司所有权结构具有既不同于英美国家,也不同于东亚国家(或地区)和东南亚国家上市公司所有权结构的特征,表现为上市公司的所有权结构高度集中,相当大比例的上市公司由各级国有资产管理机构所控制。(2)大股东剥削中小股东仍然是中国上市公司治理存在的主要问题,关联交易是中国上市公司中大股东剥削中小股东的主要途径。(3)中国上市公司的公司业绩与影响董事会作用的各因素之间均呈现出与国外文献明显不同的表现形式。这说明中国上市公司董事会的运作机制在很大程度上仍受到特殊的政治、社会制度和文化背景的影响。(4)中国上市公司经理层的选聘仍然具有一定的行政色彩,还未形成完全以市场竞争方式为基础,由上市公司董事会根据公开、合理的程序和完全竞争的方式独立地选择经理层的机制。(5)经过历次证券市场立法,中国在投资者保护方面已经基本形成以《证券法》和《公司法》为核心的法律体系,但在法律的执行上仍然有待加强,社会舆论的重要性不容忽视。

第五章 政府质量、投资与资本配置效率

第一节 问题的提出

企业投资是未来现金流量的主要来源,是构成微观经济主体成长的基础。高效率的资本配置是公司投资成功的关键。在 Modigliani and Miller(1958)构建的完美世界中,公司投资行为仅依赖于托宾 Q 代表的投资机会。然而,在真实世界中,多种摩擦的存在使企业投资偏离其最优化。现有研究主要关注两种摩擦,即信息不对称和代理问题(Stein,2003)。股权和债务融资成本模型认为,资本市场上的逆向选择会导致投资不足;道德风险的存在则使得企业内部人为构造经营帝国产生过度投资行为。作为价值创造和资源配置的微观基础,企业投资并不能在新古典完美市场均衡的条件下,自动实现效率的改进和资源的优化。投资决策及其形成的资产价值,不仅受剩余索取权和资产经济属性的影响(Jensen and Meckling,1976;Stein,2003),而且内生于公司治理环境(La Porta et al.,1997,1998)和所有权制度安排的差异。尽管制度安排对资本配置效率的重要性已被广泛认可(Acemoglu et al.,2001;Claessens and Laeven,2003;Levine and Zervos,1998;Rajan and Zingales,1998;Bekaert et al.,2005),但其经验证据主要来源于跨国比较研究,结论受到不同国家会计标准、税收和破产法律等因素的影响。多数研究制度与经济增长之间关系的文献多采用间接方法,直接在微观层面通过经验证据描述投资效率与制度之间的动态性特征的则较少。另外,法与金融的文献主要集中在法律机制如何提供投资者保护、阻止内部人侵占股东权益、降低代理成本,尽管取得了丰硕成果,但对法制背后的机制(如政府质量)重视不足。基于新兴市场国家的多项研究表明,仅有法律及其相关的证券市场监

管制度来维护资本市场的发展是不够的。因为法律、法规与监管制度的制定和执行都是通过政治系统加以实现的,其内容和执行效果可能因为政治系统差异而有不同的体现。作为法律的主要执行者,政府提供和保证资本市场发展所需的制度基础,法律制度将通过政府间接影响企业(Nee and Opper,2009)。政府与企业内部人如何互动最终形成或影响企业财务行为,这在现有文献中未受到足够重视(Durnev and Fauver,2008)。

中国经济转轨以国有经济的民营化和本土私人企业的成长为两大基本特征,伴之以地方政府职能的转变和市场机制的不断完善。李稻葵(2002)认为影响经济发展的一个根本因素是这个国家官僚体制的效率与质量。政府质量主要体现政府官员和政治家的决策在多大程度上有利于其服务的公民,并且这些决策是否以合法的和社会可接受的范式来执行(Fan et al.,2011)。政府通过征税、监管或许可审批等方式干预企业经营决策,特别在新兴市场中,政府通过对自然资源、人力资本和金融资本的控制显著影响企业资源配置(Shleifer and Vishny,1994,1998;La Porta et al.,1999;Fan et al.,2011),从而使企业行为内生于政府治理质量。当前中国正处于转型时期,地方政府担负着推进本地经济发展的职责。作为公司治理制度安排影响经济效益的重要方面,地方政府质量不仅影响政府发展地方经济的积极性,而且以发展经济、维护稳定为基准的一系列政绩考核指标,直接驱动并强化了地方政府提供的公共治理机制影响企业投资活动的动机和能力。因此,本章基于转型背景下地方政府质量与企业行为之间的关系,在企业产权既定的前提下,运用世界银行的数据,从事前和事后两个角度,从政府干预企业投资行为的路径,研究政府质量对资本配置效率的影响,以此考察中国经济增长的微观基础的实现机制。

本章以企业获取外部融资、进行外部投资这一资本配置过程作为考察视角,借鉴 Mclean et al.(2011)的方法,利用投资对托宾 Q 的敏感性来度量投资效率,利用投资对现金流的敏感性来度量融资约束程度。结果表明,托宾 Q 能够预测投资,这种关系在政府质量较高的地区更为显著,投资与托宾 Q 的敏感度在高政府质量地区较强,这是因为,在这些地区,具有较高托宾 Q 值的企业能更容易获取外部资金。较高的政府治理质量能提高政府的产权保护水平和行政办事效率等公共治理机制,提高市场效率,加快地区市场化进程,降低政府行政干预程度,帮助企业识别好的投资机会,保证公司将有限资金投入到较好的投资项目中。现金流与投资之间呈正相关关系,但这种关系在政府质量较高的地区会弱化,说明高质量的政府能够降低信息不对称,同时,政府行政审批手续简化、办事效率提高、行政干预减少,能够节约经济主体之间的交易成本,缓解融资约束。为验证这一解释,笔者进一步检验了投资与托宾 Q 之间的敏感度增强和投资与现金流敏感度的降低是否会提高事后投资效率。结果发现,在具有较高的投资与托宾 Q 敏感度和较低的投资与现金流敏感度的地区,投资能够提高企业获利能力,促进企业成长。这个结论与较高的投资与托宾 Q 敏感度和较低的投资与现金流敏感度分别反映出更高的投资效率和较少的融资约束一致。

由于股权主体行为动机上的差异,导致产权约束不同的公司对公共治理机制敏感度存在差异。因此,我们根据公司产权的最终性质和行权主体两个维度,将样本分为中央政府控制、地方政府控制及私有产权控制的公司三类,考察不同类型公司的投资绩效对地方政府质量敏感度是否存在差异。结果发现,相对于国有企业,民营企业的资本配置效率对地方政府质量更为敏感;相对于中央政府国有企业,地方政府国有企业对地方政府质量更为敏感。笔者进一步验证了地方政府质量影响投资效率的机制,政府通过改进公共治理机制,提高行政效率,减少行政干预。地方政府一方面通过降低信息不对称,减少行政干预,改善金融生态环境,降低外源融资成本,缓解企业外部融资约束,进而减弱投资与现金流敏感度;另一方面,政府质量的提升能够缓解内部代理成本,降低政府干预企业程度,提高市场配置资源效率,帮助企业内部人识别较好的投资机会。

本章贡献体现在以下三个方面:一是从微观视角采用综合政府质量指数,考察政府治理质量对企业层面资本配置效率的影响,提供了解释政府推动型经济增长方式对改革进程影响的微观证据,对理解中国经济增长及存在的诸多问题提供了新的认识;二是相对于现有政府对企业影响的文献,从微观主体出发,从融资约束和代理成本视角考察政府质量影响资源配置的机制,并进一步考察了终极控制人性质对资本配置效率与政府质量之间敏感度的影响,为理解政府质量对企业投资的影响和资本市场监管效率提供政策启示;三是针对同一国家不同地区政府治理水平差异程度的比较分析,在更大程度上控制国家政治体制、历史文化等因素的影响,对已有跨国研究进行了有益补充,在现有跨国研究(Caprio et al.,2008;Mclean et al.,2011)的基础上提供了针对新兴市场的经验证据。

后文安排如下:第二节简要分析中国制度背景并提出研究假设;第三节介绍研究模型和主要变量的度量;第四节列示主要的研究结果;第五节提出研究结论。

第二节 假设理论分析与研究假设

在上述的制度背景下,地方政府提供的公共治理机制影响资本市场投资环境的差异对公司投资行为的影响具有决定性的作用。资本市场的基本功能是利用市场化导向的股价信号实现资源的优化配置(Levine and Zervo,1998;Rajan and Zingales,1998),增强市场机制在资源配置中的作用。

Tobin(1969)认为,在无摩擦世界中,边际托宾 Q 值能够预测真实投资水平。有效市场能够帮助投资者通过托宾 Q 值识别出好的与坏的投资机会,从而提高资本投资与托宾 Q 值之间的敏感度。然而,现实中的资本市场并不完美,公司始终面临投资不足或投资过度的风险。导致资本配置低效率的关键因素在于市场摩擦,除税收和交易成本外,最普遍和最重要的影响资本配置效率的因素是信息不对称和代理问题(Stein,2003),进而影响投资与投资机会的敏感度。投资 Q 理论认为,股票价值是公司投资机会的指示器,由于制度环境差异导致的信息成本不同会削弱资本市场在资源配置中的作用,降低资本配置效率(Wurgler,2000)。

较高质量的政府一方面通过实施更好的产权保护、高效的法律执行力度和优质高效的公共服务,规范企业信息披露,降低资本市场信息不对称,同时良好的产权保护可以激励风险套利者发掘公司信息获取超额收益(Morck et al.,2000),由此使股价更准确地反映公司内在价值,及时反映行业供求关系,从而引导资本在行业间的转移(Wurgler,2000);另一方面,通过降低信息不对称和经济主体之间的交易成本,缓解企业融资成本,帮助企业从外部获取资本并投入到增加企业价值的项目上(La Porta et al.,2000,2002)。因此,在好的政府推动下,市场机制的资源配置功能发挥更大,股票所包含公司特定信息的含量更高,政府干预资源配置的影响减弱,投资对托宾 Q 值有更高的敏感性。

同时,较高质量的地方政府鼓励企业市场化的充分竞争机制,降低外部环境的不确定性,从而减少机会主义行为,实现投资效率的提升。政府通过公共治理机制能够强制执行各种契约,提升经济效益(Olson,2004),鼓励公司投资更多有益于全体股东利益的项目(Wurgler,2000;Shleifer and Wolfenzon,2002;La Porta et al.,2002),保证各种合同的有效执行,增强公司投资与投资机会之间的敏感性,提高投资效率,在增长行业中投资更多,在衰退行业中投资更少。基于以上理论分析,笔者认为,在好的政府推动下,政府干预资源配置的影响减弱,市场机制的资源配置功能发挥更大,在市场的引导下企业的资源更多地投向于具有良好发展前景的项目中,提高公司投资与托宾 Q 值之间的敏感度。据此,提出研究假设1.1。

假设1.1 公司投资与托宾 Q 值之间的敏感度与地方政府质量正相关

有效的投资项目选择是企业持续成长的核心,投资能否筹集到足够资金则取决于企业融资能力的强弱及其相关制度安排的效率高低。由于信息不对称(Myer and Majluf,1984)和代理问题(Jensen and Meckling,1976)的存在,财务资本配置也产生一定的成本。融资成本的存在使得企业的投资会更多地依赖于内部产生的现金流,由此表现为较高的投资-现金流敏感性(Fazzari et al.,1988)。良好的制度环境可以通过改善信息不对称和减少代理问题降低企业的融资成本(Hail and Leuz,2006),从而降低企业投资对内部现金流的依赖程度。

在中国目前的转型条件下,地方政府对于金融资本的高度控制,以及企业对借贷资本的依赖,使得地方政府在金融资本配置中扮演着重要的角色。一方面,较高质量的地方政府可以通过提供良好的公共治理,提升产权保护和法律效力,增强合同的执行机制,增强企业与资金供给方以及企业与企业之间的信任程度,减少信息不对称,降低融资成本,从而缓解企业面临的融资约束。另一方面,高质量的地方政府通过高效的公共服务,提高信息发布速度,帮助企业捕获更多的市场投资机会,并确保投资者获得与企业融资决策相关的信息,改善金融生态环境,使企业更容易获取外部融资机会,提高资源优化配置效率。因此,提高政府质量会降低投资对现金流的敏感度。据此,提出研究假设1.2。

假设1.2 投资和现金流之间的敏感度与地区政府质量负相关

转轨时期,不同产权性质的企业承担的政策性负担程度不同,可能得到的商业银行的贷款额度及便利程度也存在差异。因此,地方政府提供的产权保护、法庭信心、行政效率和市场化机制对证券市场价格效率的影响在不同产权控制的公司中可能存在差异。一方面,中国证券市场设立的初衷是为国有企业改革服务,设立初期的制度安排为国有企业获得股市资金提供了极大便利。另一方面,国有企业往往承担更多的政策性负担,在地方政府干预下可能获得更多的银行贷款支持,其受到的融资约束相对较低。而基于证券市场上的权益融资和债务融资,无论是证券市场还是银行系统,都无法为民营企业提供充足的外部融资[1]。Fan et al. (2008)发现,转轨经济阶段,民营企业外部融资的条件更苛刻,甚至不愿意向民营企业贷款。另一方面,民营企业发展初期存在许多不规范之处,其股权融资和债务融资相对较难,其投资对于内部现金流的依赖程度也最为严重(Chow and Fung,1998)。转轨时期,地方政府在很大程度上掌握着土地、资本等重要资源的控制权(北京大学中国经济研究中心宏观组,2004),依然拥有一些重大投资项目的审批权。政府是国有企业的股东,依靠其拥有的权利"引导"企业投资行为,因此,相对于民营企业,国有企业能够获得更多的投资机会和政策优势。

在这样的体制背景下,相对于国有企业,由于民营企业在投资机会和融资机会方面存在"先天"劣势,面临一些制约性因素,民营企业投资面临诸多有形和无形的障碍。[2] 一旦地方政府提供较好的公共治理,降低政府行政干预能力,扩大市场配置资源空间,帮助企业充分利用市场资源配置机制,民营企业就可以获得更大的边际收益,即民营企业投资行为对这种公共治理机制将更敏感。因此,在面临融资约束降低和投资机会供给增加时,民营企业投资对外部公共治理质量更为敏感,据此,提出研究假设2。

假设2 相对于国有企业,地方政府质量对民营企业资本配置效应的影响更显著

---

[1] 根据《中国统计年鉴》,2002年年底中国企业从证券市场上获得的累计融资为6 700亿元人民币,债券融资只有860亿元,而银行贷款却高达99 370亿元。从证券市场上获得的融资只占银行贷款总额的6.5%,从证券市场上获得的权益融资只占企业全部融资额的10%—20%(Fan et al.,2008)。相比而言,中国的银行系统比证券市场在企业融资中的地位要重要得多,银行信贷占GDP的比重为1.11%,甚至高于德国的水平(0.99%)。然而,如果只考虑民营企业,这一比例下降至0.24%,这表明大部分的银行信贷被发放给了国有企业。

[2] 民间投资主体面临不少有形和无形的障碍,主要表现在:一是市场准入门槛仍然过高,限制了民间资本进入的广度和深度;二是税负不公,抑制非公有企业的投资扩张;三是融资渠道不畅,金融体制不适应民间投资发展需要;四是无论是直接融资还是间接融资,对民间资本特别是非公有企业开放的程度都很低。这些因素制约着民营企业的成长(林毅夫,2005;Allen et al.,2005;Li et al.,2007)。

在中国的制度背景下,中央政府所控制的国有企业具有更高的行政权力,甚至会高于其所在地的地方政府;同时由于中央政府受到更为广泛的媒体监督和中央相关部委的监管,因此,地方政府对中央国有企业的干预会面临较大的政治风险,地方政府对中央国有企业的影响力相对较弱。而对于地方国有企业,地方政府对从资源分配到官员任命都有很强的控制权,同时这些企业又是地方经济增长的主要推动力,地方政府对地方国有企业的影响力就相对较强,从而对它们具有更强的动机以及能力进行干预。因此,作为地方国有企业的最终控制人,地方政府对地方企业的投资活动有着充足的影响力。与中央国有企业相比,在较差政府质量的治理环境中,地方国有企业可能会更多地受到地方政府干预的影响(陈德球等,2011),它们可能被要求更多地投资以实现政府目标,其投资行为会被扭曲,投资支出与投资机会之间的敏感度显著较低;而中央政府控制的国有企业,其被中央政府背景赋予的权威有助于其突破地方政府的干预,降低地方政府的影响。因此,地方政府改善外部融资约束和提升投资效率从而影响资源配置的效应对于中央国有企业来说相对较弱,而这种效应对于直接受控于地方政府的地方国有企业更强。据此,提出研究假设3。

假设3 相对于中央国有企业,地方政府质量在地方国有企业中的资本配置效应更显著

第三节 研 究 设 计

一、样本选择和数据来源

本章以2005—2007年①所有A股公司为初始样本。考虑到金融类和公共事业类上市公司的特殊性,剔除了这两类公司样本;由于获取的世界银行的报告

---

① 由于本章所获取的世界银行调研数据为2005年的统计结果,因此本章将样本期间的起点设定为2005年。笔者假设地方政府的质量在一定时间内保持相对稳定,同时考虑到金融危机对于企业融资约束及企业投资行为的影响,将样本期间的终点设定为2007年。

涵盖120个城市,本章将不属于这120个城市的上市公司剔除,同时剔除了主要相关数据缺失的公司;公司实际控制人的界定借鉴了夏立军和方轶强(2005)的分类标准,根据所有权的实际行使主体,将公司大股东的股权性质分为中央直属国有企业、地方所属国有企业和私有产权三种类型①。最后,为消除极端值的影响,对本章使用到的主要连续变量,上下1%的样本进行Winsorize处理,最终获得2 576个观测值;上市公司治理数据和财务相关数据来自CSMAR数据库。地方政府质量的数据来源于世界银行(2006),详见变量定义部分。

二、变量定义与检验模型

(一)政府质量的定义及其度量

政府质量数据来源于世界银行的调查报告《政府治理、投资环境与和谐社会——中国120个城市竞争力的提升》(2006)。② 这项调查涵盖了中国120个城市的12 400个公司,提供了关于不同城市的城市特点、政府有效性及和谐化社会的进程方面的细节数据。这120个城市的GDP,占全国GDP的80%左右。因此,数据具有代表性并且相对完整。通过与上市公司数据的整合,本章最终选择了89个城市的数据。

政府质量主要体现在提供法律和秩序的维持、宏观经济的稳定、基础设施的有效提供以及公开公平的税收管理体制和规制管理的制度框架(Hellman et al.,2000)。La Porta et al.(1999)将"好的政府"定义为"提供良好的产权保护,减少对企业的干预,以及提供廉洁高效的公共服务"。根据这一定义,同时借鉴已有对于政府行为的研究(Johnson et al.,2000)和陈德球等(2011)的研究,从调研数据中选取了产权保护水平、当地企业对法庭的信心、企业娱乐开支和企业跟政府打交道的时间四个维度来测度地方政府质量。第一个变量是产权保护水平(GQI_property),产权保护水平较高,说明地方政府质量较高。这一指标与La

---

① 本章剔除了高校或金融机构控股的公司、全流通公司以及无法识别控股股东的公司。如果上市公司实际控制人为地方政府、地方国资委和地方国有企业,则认定为地方政府控制;如果实际控制人为国资委、中央各部委机关和中央国有企业,则认定为中央政府控制。

② 一个地区的效率配置可能会受到地方官员的能力影响,而引用的世界银行的数据只有一年的数据,尽管在一定的时间内政府质量保持相对稳定,但如果地方主要官员发生变动,可能会影响地方政府质量。

Porta et al. (1999)中的"产权保护指数"类似。地方政府提供的产权保护水平越高,能够保护经济主体的投资回报,改善地区金融生态环境,帮助企业家更方便地获取外部融资。第二个变量是企业在旅游和娱乐上的花费(GQI_ent),由企业在旅游和娱乐方面的费用除以总的销售收入,这些费用相当于企业对于政府官员的一种灰色支出,和 La Porta et al. (1999)中的"腐败指数"一样可以看做是对政府腐败程度的一个度量。腐败的政府会从企业中攫取更多的资源,破坏公司价值(Caprio et al. ,2008),该指数值越大,代表政府质量越低,地方政府越有可能通过征税、索贿以及税收再分配等方式侵占企业的现金,干预企业的经营行为。这一指标也可以在一定程度上反映政府对于企业的干预程度。第三个变量是每年企业和政府互动的平均天数(GQI_inter),反映了企业必须花费的跟政府打交道的时间,这个变量衡量了政府的干预程度和政府的效率,和 La Porta et al. (1999)中的"官僚延误"相似,该指数值越大,代表政府质量越低,政府干预程度越大,企业办事效率越低,提高了企业的交易成本,而且极易导致经济活动中的寻租活动,企业会通过贿赂和摊派活动增加经济中的交易费用。对于政府对司法系统的影响,本章也考虑了一个变量,即企业对法院的信心(GQI_court),这个变量衡量了对产权的保护和政府对司法系统的影响,与 La Porta et al. (1999)中的"法律渊源"变量类似,该指数值越大,代表政府质量越高,地方企业对法律的执行力度更有信心,交易成本会降低,促进地区市场化进程,进而促进地方金融信贷市场发展。

为了便于理解上的一致性,本章分别将 GQI_ent 和 GQI_inter 分指数改变符号(乘以 -1),GQI_ent 和 GQI_inter 的值越大,说明政府质量越高,与 GQI_property 和 GQI_court 分指数保持一致。借鉴 Francis et al. (2004)的研究方法,本章在各政府质量分指数的基础上,建立综合政府质量指数(GQI_ag)。①

表 5-1 报告了政府质量指数的描述性统计结果。GQI_property 的平均值(中位数)为 0.604(0.612)、标准差为 0.159,GQI_court 的平均值(中位数)为 0.605(0.610)、标准差为 0.158,这说明在不同地区政府提供的产权保护水平和企业

---

① 在建立综合政府质量指数的过程中,首先,笔者分别将 GQI_property、GQI_court、GQI_ent 和 GQI_inter 分指数从低到高进行排序,形成十分位数;其次,将排名最后的 10% 得分赋值为 10,排名最前的 10% 得分为 1;最后计算四个变量的平均数构成综合政府质量指数 GQI_ag,在这种方式下,综合指数越高意味着地方政府质量越高。

对法庭的信心之间存在差异。GQI_ent 的平均值(中位数)为 0.130 (0.130),而标准差为 0.030,这说明不同地区企业娱乐开支占企业销售收入比例之间差异不明显。GQI_inter 的平均值(中位数)为 0.470(0.046)。GQI_ag 的平均值为 5.149,最大值为 9.250,最小值为 1.250,标准差为 2.029。政府质量的各分指数值变化范围也很大,这说明样本所在地区政府质量之间存在显著差异性。

表 5-1 政府质量指数变量描述性统计

	观测值	平均值	中位数	标准差	最小值	最大值
GQI_inter	267	0.470	0.460	0.140	0.060	0.890
GQI_property	267	0.604	0.612	0.159	0.269	0.982
GQI_court	267	0.605	0.610	0.158	0.270	0.98
GQI_ent	267	0.130	0.130	0.030	0.030	0.270
GQI_ag	267	5.149	4.750	2.029	1.250	9.250

(二)模型与变量设计

为了验证提出的假设,本章主要采用 McLean et al. (2011) 提出的度量资本配置的研究方法,首先在公司层面分析,估计投资与滞后 1 期托宾 Q 值,投资和现金流之间的线性关系。对模型(1)进行回归分析。

$$\text{INV}_{i,t} = \beta_0 + \beta_1 \alpha_t + \beta_2 \alpha_{c,t} + \beta_3 \alpha_{I,t} + \beta_4 Q_{i,t-1} + \beta_5 \text{CF}_{i,t} \\ + \beta_6 Q_{i,t-1} \times \text{GQI}_c + \beta_7 \text{CF}_{i,t} \times \text{GQI}_c + \varepsilon_{i,t} \quad (1)$$

在模型(1)中,GQI_c 代表地方政府质量,$\text{INV}_{i,t}$ 为公司资本投资水平除以期初总资产,公司投资水平为构建固定资产、无形资产和其他长期资产所支付的现金。$\text{CF}_{i,t}$ 为公司经营活动现金流除以期初总资产,$Q_{i,t-1}$ 为滞后 1 期公司托宾 Q 值,计算公式为(每股价格×流通股股份+每股净资产×非流通股股数+负债账面价值)/总资产。本章在回归方程中的 Q 值为托宾 Q 的自然对数。在方程(1)中,本章主要检验的变量是政府质量与托宾 Q 的交互项($Q_{i,t-1} \times \text{GQI}_c$)和政府质量与现金流的交互项($\text{CF}_{i,t} \times \text{GQI}_c$)。本章还在模型中引入公司、地区年份以及行业年份的控制变量 α_t、$\alpha_{c,t}$ 和 $\alpha_{I,t}$。在估计过程中,本章根据 Petersen(2009)的研究,采用地区聚类分析估计标准差进行分析。根据研究假设 1.1 和假设 1.2,本章预测方程(1)中 $\beta_6 > 0$,$\beta_7 < 0$。

除了公司层面的回归分析之外,本章也进行了地区层面的分析。在地区层面分析上,本章分成两个步骤:首先,对方程(2)进行回归分析,估计方程(2)中每个地区的 Q 系数 β_2 和 CF 系数 β_3。其次,将方程(2)中的 β_2 和 β_3 作为被解释变量,本章分别采用 $\log(1+\beta_2)$ 和 $\log(1+\beta_3)$①,构建模型(3)和模型(4),分别用 GQI 进行回归分析。

$$\text{INV}_{i,t} = \beta_0 + \beta_1 I_{I,t} + \beta_2 Q_{i,t-1} + \beta_3 \text{CF}_{i,t} + \varepsilon_{i,t} \tag{2}$$

$$\log(1+\beta_2) = \alpha + \beta_4 \text{GQI}_c + \varepsilon_c \tag{3}$$

$$\log(1+\beta_3) = \alpha + \beta_5 \text{GQI}_c + \varepsilon_c \tag{4}$$

在第二个步骤中的回归系数 β_4 和 β_5 估计 GQI_c 对 Q 和 CF 系数的边际效应,相当于方程(1)中的交互项。根据本章的研究假设,方程(3)中 $\beta_4 > 0$,方程(4)中 $\beta_5 < 0$。② 在以上方程中,还控制了公司规模(Size)、企业负债率(Lev)等变量对企业投资的影响。

第四节 实证结果与分析

一、描述性统计分析

表 5-2 报告了主要研究变量的描述性统计结果。公司投资(INV)的平均值(中位数)为 0.092(0.067),最大值为 0.345,最小值为 0.002,说明公司之间投资水平存在很大的差异。现金流(Cashflow)的平均值(中位数)为 0.058(0.053)。托宾 Q 的平均值(中位数)为 0.742(0.743)。公司规模(Size)的平均值(中位数)为 21.451(21.362)。负债比率(Lev)的平均值(中位数)为 0.544(0.528)。

---

① 本章用 $\log(1+\beta_2)$ 和 $\log(1+\beta_3)$ 而不是 β_2 和 β_3 作为被解释变量,其主要原因是考虑正态分布的问题。

② 地区层面的回归分为两个步骤,第一个步骤是估计斜率系数,然后将估计的斜率系数用在第二个步骤中的被解释变量。Pagan(1984)发现利用斜率对解释变量进行回归容易产生 Generated-regressor 问题,而公司层面回归能够避免问题。同时,公司层面比地区层面有更多的观测值,因此,公司层面的回归比地区层面的回归更有解释力度。

表 5-2 主要研究变量的描述性统计

	观测值	平均值	中位数	标准差	最小值	最大值
INV	2 576	0.092	0.067	0.092	0.002	0.345
Cashflow	2 576	0.058	0.053	0.080	−0.094	0.215
Tobin Q	2 576	0.742	0.743	0.171	0.402	1.623
Size	2 576	21.451	21.362	1.198	18.738	24.652
Lev	2 576	0.544	0.528	0.303	0.0819	2.342
Average Roa	2 361	0.044	0.048	0.064	−0.331	0.250

表 5-3 提供了根据地方政府质量综合指数排名,前五名和后五名地区的投资与资本配置效率的描述性统计特征(均值和 T 检验)。从表 5-3 中发现,在政府质量前五名和后五名的地区中,企业的投资与托宾 Q 值敏感度和投资与现金流敏感度在不同水平的政府质量地区之间存在显著差异,并且这种差异性在不同产权性质的分样本中仍然存在。

表 5-3 政府质量前五名和后五名地区投资与资本配置效率描述性统计特征

	地区	全体样本		国有企业		民营企业	
		投资与Q值敏感度	投资与现金流敏感度	投资与Q值敏感度	投资与现金流敏感度	投资与Q值敏感度	投资与现金流敏感度
前五名地区	杭州	0.2256	0.0175	0.2134	0.0179	0.2356	0.0168
	汕头	0.2079	0.0123	0.2032	0.0152	0.2166	0.0124
	青岛	0.1929	0.0370	0.1884	0.0446	0.2057	0.0283
	苏州	0.1856	0.0512	0.1739	0.0539	0.1924	0.0432
	威海	0.1537	0.0877	0.1450	0.08597	0.1723	0.0769
后五名地区	株洲	0.0951	0.2665	0.0746	0.2671	0.1139	0.2549
	南宁	0.0404	0.2692	0.0445	0.2703	0.0521	0.2607
	西宁	0.0532	0.2913	0.0481	0.3045	0.0525	0.2752
	大同	0.0381	0.3305	0.0404	0.3446	0.0472	0.3167
	呼和浩特	0.0162	0.4129	0.0135	0.4274	0.0211	0.3527
前五名地区 vs. 后五名地区 T 检验值 (P-value)		3.589 (0.000)	−3.959 (0.000)	2.423 (0.018)	−2.032 (0.023)	3.127 (0.000)	−3.699 (0.000)

二、政府质量、投资机会、现金流与投资:事前效率

为了验证本章的研究假设1.1和假设1.2,首先从公司层面考察,对方程(1)进行回归分析。回归结果列入表5-4。从表5-4中发现,在控制了公司规模、负债比例、地区投资水平和行业投资水平等因素后,政府质量综合指数(GQI_ag)和各分指数分别与Q_{t-1}的交互项为正,并且通过显著性检验。政府质量综合指数(GQI_ag)和各分指数分别与CF的交互项显著为负,这与本章的研究假设1.1和假设1.2相一致,说明在一定的程度上,在政府质量高的地区,地方政府提供较好的公共治理机制能够降低官僚行政干预程度,发挥市场在资源配置中的效率,鼓励企业利用市场机制寻找合适的项目,提高投资效率,公司投资与投资机会Q值的敏感度会增强,Q_{t-1}×GQI回归系数为正;同时,政府质量高的地区,会降低经济主体之间的交易成本,减少外部投资者担心公司的逆向选择和道德风险而提高风险溢价,进而降低公司外部融资成本。因此,公司投资与现金流(CF)的敏感度会降低,CF×GQI回归系数为负。

表5-4 政府质量、投资、托宾Q值与现金流

被解释变量	INV				
	GQI_property	GQI_court	GQI_ent	GQI_inter	GQI_ag
Q_{t-1}	-0.064***	-0.068***	-0.033*	-0.035*	-0.0403**
	(-3.08)	(-3.29)	(-1.78)	(-1.85)	(-2.13)
CF	0.336***	0.391***	0.213***	0.238***	0.221***
	(3.80)	(4.44)	(8.37)	(3.56)	(6.33)
Q_{t-1}×GQI	0.040***	0.048***	0.051***	0.017***	0.018**
	(3.00)	(3.43)	(4.01)	(2.13)	(2.56)
CF×GQI	-0.231*	-0.259**	-0.193***	-0.199***	-0.182***
	(-1.84)	(-2.48)	(-4.42)	(-3.44)	(-2.85)
Region Investment	0.513***	0.512***	0.517***	0.519***	0.510***
	(11.52)	(11.55)	(11.45)	(11.56)	(11.37)
Industry Investment	0.537***	0.532***	0.533***	0.527***	0.532***
	(7.25)	(7.27)	(7.93)	(7.12)	(7.16)
Size	0.012***	0.012***	0.013***	0.012***	0.012***
	(7.38)	(7.35)	(7.99)	(7.06)	(7.26)

（续表）

被解释变量	INV				
	GQI_property	GQI_court	GQI_ent	GQI_inter	GQI_ag
Lev	-0.031***	-0.031***	-0.032***	-0.033***	-0.034***
	(-3.54)	(-3.35)	(-3.19)	(-3.28)	(-3.18)
常数项	-0.217***	-0.223***	-0.227***	-0.211***	-0.211***
	(-5.27)	(-5.45)	(-5.74)	(-5.27)	(-5.23)
Adj. R^2	0.240	0.241	0.250	0.243	0.242
样本量	2 576	2 576	2 576	2 576	2 576

注：***、**和*分别表示在1%、5%和10%的水平上显著。

在控制变量中，本章发现 Size 与 INV 显著正相关，这表明公司规模越大，公司资本投资越高；Lev 与 INV 显著负相关，这说明企业资本投资受到其现有财务杠杆的严重约束。地区层面投资和行业层面投资变量分别与公司资本投资正相关，这表明公司的投资规模受到其所在行业和地区其他公司投资规模的影响，存在投资同步性效应。

上述结果表明，较高的政府质量能够通过产权保护、法庭信心、政府行政效率等公共治理制度安排，发挥市场在资源配置中的基础性作用，鼓励企业充分识别和利用投资机会，降低公司代理成本，提高投资与代表公司投资机会的托宾 Q 值之间的敏感度。同时，较高的政府质量会降低经济交易主体之间的交易成本和信息不对称，缓解企业外部融资约束，进而降低企业投资与现金流之间的敏感性。

表 5-5 和表 5-6 分别报告了地区层面政府质量、投资与托宾 Q 值与现金流的回归结果。本章首先对方程(2)进行回归分析，提取 $Q_{i,t-1}$ 和 $CF_{i,t}$ 的回归系数 β_2 和 β_3，分别记为 Q Coefficient 和 CF Coefficient，然后在方程(3)和方程(4)中分别用 $\log(1+Q$ Coefficient$)$ 和 $\log(1+CF$ Coefficient$)$ 作为被解释变量，用 GQI 作为解释变量。本章同时控制公司层面的因素，其中公司层面变量为样本公司所在地区的平均值。同时，本章还控制公司所在地区人均 GDP。

表 5-5 政府质量与投资-托宾 Q 值敏感度:地区层面回归结果

被解释变量	log(1 + Q Coefficient)				
	1	2	3	4	5
	GQI_property	GQI_court	GQI_ent	GQI_inter	GQI_ag
GQI	0.317**	0.307**	0.312**	0.335***	0.212***
	(2.19)	(2.04)	(2.53)	(2.72)	(3.08)
Size	-0.274***	-0.263***	-0.216***	-0.289***	-0.273***
	(-3.55)	(-3.42)	(-3.06)	(-3.21)	(-3.12)
Lev	0.013	0.017	0.023	0.155	-0.019
	(0.13)	(0.17)	(0.16)	(0.42)	(-0.15)
Gdp	0.185	0.194	0.182	0.461	-0.169
	(0.37)	(0.39)	(0.39)	(0.96)	(-0.34)
常数项	6.162***	6.170***	7.170***	6.048***	6.359***
	(3.40)	(3.41)	(3.91)	(3.38)	(3.61)
Adj. R^2	0.10	0.10	0.11	0.10	0.13
样本量	267	267	267	267	267

注:***、**和*分别表示在1%、5%和10%的水平上显著。

表 5-6 政府质量与投资-现金流敏感系数:地区层面回归结果

被解释变量	log(1 + CF Coefficient)				
	1	2	3	4	5
	GQI_property	GQI_court	GQI_ent	GQI_inter	GQI_ag
GQI	-0.412***	-0.425***	0.133	-0.378**	-0.127*
	(-2.89)	(-2.87)	(1.36)	(-2.34)	(-1.83)
Size	-0.015**	-0.015**	-0.035***	-0.029**	-0.031**
	(-2.23)	(-2.22)	(-2.95)	(-2.41)	(-2.15)
Lev	0.512	0.517	0.512	0.523	0.546
	(1.23)	(1.23)	(1.21)	(1.09)	(1.29)
Gdp	1.319*	1.311*	0.562	0.946	1.158*
	(1.76)	(1.76)	(0.86)	(1.31)	(1.66)
常数项	-0.716	-0.737	-0.586	-0.623	-0.623
	(-1.43)	(-1.44)	(-1.34)	(-1.36)	(-1.60)
Adj. R^2	0.04	0.04	0.03	0.04	0.03
样本量	267	267	267	267	267

注:***、**和*分别表示在1%、5%和10%的水平上显著。

从表 5-5 和表 5-6 中的回归结果容易发现,政府质量综合指数和分指数与 log(1 + Q Coefficient) 显著正相关,与 log(1 + CF Coefficient) 显著负相关,政府质量 GQI_ent 分指数在方程(3)中不显著。上述结果进一步说明,较高质量的地方政府能够降低企业代理问题,产生经理人激励,提供更为准确的财务报告质量,限制内部人利益侵占,提高投资与投资机会敏感度。同时,降低信息不对称,缓解企业所面临的外部融资约束,降低投资与现金流之间的敏感度,最终减少企业在衰退行业的投资,鼓励企业在增长性行业进行投资,实现资本的优化配置,这与本章来自公司层面的证据保持一致,说明政府质量能够降低公司的代理问题和融资约束。

上市公司股权行使主体在投资行为上的动机可能存在差异,因此,本章将最终控制人性质和股权行使主体两个标准结合起来界定股权性质,将样本分为中央政府控制、地方政府控制以及私有产权控制的上市公司,考察在不同终极产权下,地方政府质量对微观层面企业资源配置效应,回归结果列于表 5-7 和表 5-8。在表 5-7 国有产权与民营产权比较分析中,设置 Private 虚拟变量,如果公司终极产权为私有控制,赋值为 1,否则为 0。从表 5-7 中容易发现,$Q \times GQI \times Private$ 的回归系数在政府质量综合指数(GQI_ag)和各分指数中都显著为正,$CF \times GQI \times Private$ 的回归系数在政府质量综合指数和各分指数中都显著为负,这表明,相对于国有企业,地方政府质量提供的公共治理机制对资源配置效应在民营企业样本中更为显著。由于民营企业融资渠道狭窄,民间资本的广度和深度受到一定限制,在投资机会和融资机会方面存在"先天"劣势。因此,一旦地方政府提供较好的公共治理机制,扩大市场配置资源的空间,帮助企业充分利用市场资源配置机制,由于民营企业投资行为对这种公共治理机制更为敏感,因此会提高民营企业投资水平与投资机会的敏感性,降低投资与内部现金流敏感度。

表 5-7 政府质量、投资机会与融资约束(国有企业 vs. 非国有企业)

被解释变量	INV				
	GQI_property	GQI_court	GQI_ent	GQI_inter	GQI_ag
Q_{t-1}	-0.102***	-0.076***	-0.061***	-0.055***	-0.054***
	(-4.82)	(-3.58)	(-3.28)	(-2.98)	(-2.88)
CF	0.411***	0.342**	0.234***	0.271***	0.253***
	(4.70)	(2.17)	(7.30)	(3.54)	(5.39)

(续表)

被解释变量	INV				
	GQI_property	GQI_court	GQI_ent	GQI_inter	GQI_ag
$Q_{t-1} \times$ GQI	0.035*	−0.007	0.061***	0.212**	0.008
	(1.86)	(−0.18)	(5.06)	(2.41)	(0.053)
CF × GQI	−0.342***	−0.012***	−0.162***	−0.239***	−0.141**
	(−3.16)	(−2.68)	(−4.85)	(−3.56)	(−2.22)
$Q_{t-1} \times$ Private	0.006	0.006	0.049***	0.047***	0.032***
	(0.35)	(0.21)	(4.23)	(4.11)	(3.12)
CF × Private	0.846***	0.321*	−0.202*	−0.277*	0.140*
	(2.95)	(1.82)	(−1.87)	(−1.92)	(1.83)
$Q_{t-1} \times$ GQI × Private	0.0631***	0.082***	0.032**	0.033**	0.051***
	(4.32)	(3.61)	(2.28)	(2.67)	(3.25)
CF × GQI × Private	−0.546***	−0.501*	−0.167*	−0.399**	−0.233*
	(−3.13)	(−1.72)	(−1.85)	(−1.99)	(−1.83)
Region Investment	0.528***	0.512***	0.5673***	0.543***	0.562***
	(8.27)	(8.18)	(8.53)	(8.41)	(8.23)
Industry Investment	0.568***	0.573***	0.560***	0.569***	0.568***
	(8.91)	(9.06)	(8.82)	(9.05)	(8.97)
Size	0.025***	0.021***	0.019***	0.025***	0.023***
	(9.98)	(10.37)	(10.89)	(9.94)	(10.12)
Lev	−0.028***	−0.029***	−0.027***	−0.023***	−0.023***
	(−4.00)	(−3.99)	(−4.04)	(−3.77)	(−4.76)
常数项	−0.266***	−0.284***	−0.308***	−0.290***	−0.287***
	(−7.40)	(−7.87)	(−8.77)	(−8.18)	(−7.96)
Adj. R^2	0.261	0.259	0.268	0.271	0.259
样本量	2 576	2 576	2 576	2 576	2 576

注：***、**和*分别表示在1%、5%和10%的水平上显著。

在表5-8中央国有企业和地方国有企业的比较分析中，本章设置Local Gov虚拟变量，如果公司由地方政府控制，赋值为1，否则为0。从表5-8中，容易发现$Q_{t-1} \times$ GQI × Local Gov回归系数显著为正，CF × GQI × Local Gov回归系数显著为负，这表明地方政府控制的国有企业对地方政府提供的公共治理机制更为敏感。其可能存在的原因是，如果地方政府质量较差，地方政府往往将经济发展与政治晋升目标内化到其所控制的企业投资决策中，从而干预企业经营活动。

当政府产权保护水平和政策透明度较差、政府官僚程度较高时,政府支配资源比重较大,限制市场配置资源的空间,地方政府干预企业投资的可能性就会降低资源配置效率,导致其所控制的地方国有上市公司投资扭曲;如果地方政府质量较高,政府会更关注社会及经济长期发展目标,鼓励市场配置资源,较少干预企业投资活动。而在中央政府控制的企业中,由于受地方政府的影响相对较小,经营目标相对单纯,经营者有更多的政治追求,同时,中央企业一般是国家重点支持的行业,政府财政补贴较高,公司行为更多地受到国家宏观经济政策的影响,对地方政府提供的治理机制敏感度较低。

表 5-8 政府质量、投资机会与融资约束回归结果(中央国有企业 vs. 地方国有企业)

被解释变量	INV				
	GQI_property	GQI_court	GQI_ent	GQI_inter	GQI_ag
Q_{t-1}	-0.052*	-0.055*	-0.083***	-0.064**	-0.05***
	(-1.77)	(-1.85)	(-3.41)	(-2.45)	(-3.52)
CF	-0.145	-0.108	0.157***	0.007	0.119*
	(-0.72)	(-0.54)	(3.25)	(0.044)	(1.86)
$Q_{t-1} \times$ GQI	-0.092***	-0.058*	0.071	-0.147	-0.026
	(-2.78)	(-1.74)	(0.31)	(-0.73)	(-1.55)
CF × GQI	0.502	0.0451	0.00453	-0.119	0.175
	(1.56)	(1.40)	(0.48)	(-1.00)	(1.35)
$Q_{t-1} \times$ Local Gov	-0.048**	-0.051***	-0.013**	-0.036***	-0.019**
	(-2.55)	(-2.72)	(-1.98)	(-2.67)	(-2.16)
CF × Local Gov	0.581**	0.609**	0.0795	0.373**	0.176**
	(2.44)	(2.56)	(1.39)	(2.17)	(2.20)
$Q_{t-1} \times$ GQI × Local Gov	0.021***	0.032**	0.033*	0.047***	0.051**
	(3.04)	(2.03)	(1.74)	(2.69)	(2.03)
CF × GQI × Local Gov	-0.617**	-0.623**	-0.333***	-0.342**	-0.441***
	(-2.30)	(-2.47)	(-3.01)	(-2.37)	(-3.44)
Region Investment	0.526***	0.530***	0.519***	0.525***	0.528***
	(8.90)	(8.98)	(9.03)	(8.87)	(9.04)
Industry Investment	0.590***	0.594***	0.583***	0.579***	0.590***
	(8.26)	(8.32)	(8.20)	(8.28)	(8.33)
Size	0.017***	0.017***	0.018***	0.017***	0.018***
	(9.71)	(9.60)	(9.82)	(9.45)	(9.74)

(续表)

被解释变量	INV				
	GQI_property	GQI_court	GQI_ent	GQI_inter	GQI_ag
Lev	-0.010	-0.010	-0.017	-0.015	-0.009
	(-0.77)	(-0.81)	(-1.26)	(-1.15)	(-0.69)
常数项	-0.319***	-0.315***	-0.315***	-0.301***	-0.312***
	(-6.26)	(-6.27)	(-6.69)	(-6.45)	(-6.81)
Adj. R^2	0.262	0.262	0.265	0.276	0.267
样本量	1 756	1 756	1 756	1 756	1 756

注：***、** 和 * 分别表示在 1%、5% 和 10% 的水平上显著。

三、政府质量、投资效率与增长：事后效率

前文的主要研究发现在政府质量较高的地区，投资对托宾 Q 值更为敏感，对这种结论的解释是较高的地方政府质量能够降低代理问题，促进资本市场更有效率地工作。如果这种解释是有效的，那么投资应该在那些投资-托宾 Q 敏感度较高的地区能够预测未来的经济增长。在政府质量高的地区，投资对现金流的敏感度会降低，对这种结论的解释是地方政府质量能够降低企业的融资约束。如果这种解释是有效的，在投资-现金流敏感度较低的地区，投资能够更好地预测增长。为了证明这种解释，笔者从事后效率角度，考察在 Q Coefficient 较高和 CF Coefficient 较低的地区，投资是否会导致公司快速成长。通过方程(5)对上述解释进行验证。

$$\text{Growth}_i = \beta_0 + \beta_1 \alpha_{c,t} + \beta_2 \alpha_{I,t} + \beta_3 I_{i,t} + \beta_4 I_{i,t} \times \text{IS} + \beta_5 I_{i,t} \times \text{GDP}_c + \varepsilon_{i,t} \quad (5)$$

在方程(5)中，$\alpha_{c,t}$ 和 $\alpha_{I,t}$ 分别代表地区年份和行业年份的固定效应。Growth_i 为未来三年(含当年)平均资产收益率(ROA)和销售收入增长率(Sales Growth)(平均三年)。I 为公司投资水平除以期初公司总资产，IS 为 Q 值敏感系数(Q Coefficient)和投资对现金流的敏感系数(CF Coefficient)的代理变量。GDP_c 为公司所在地方人均 GDP。回归结果列于表 5-9。

表 5-9 政府质量、投资效率与增长

	Average Roa	Sales Growth	Average Roa	Sales Growth
Inv	-1.039***	-2.498	-0.980***	-2.456
	(-6.00)	(-1.54)	(-5.70)	(-1.59)
Q Coefficient × Inv	0.175***	1.791***		
	(7.95)	(6.03)		
CF Coefficient × Inv			-0.115***	-0.652***
			(-4.00)	(-2.57)
GDP × Inv	-0.028***	-0.174***	-0.025***	-0.129***
	(-4.80)	(-3.59)	(-4.18)	(-2.89)
常数项	0.145***	0.482***	0.141***	0.497***
	(8.82)	(3.14)	(8.61)	(3.40)
Adj. R^2	0.180	0.193	0.170	0.149
样本量	2 361	2 276	2 361	2 276

注：***、**和*分别表示在1%、5%和10%的水平上显著。

从表 5-9 中发现，Q Coefficient × Inv 的回归系数不管是在 Average Roa 还是在 Sales Growth 的回归方程中分别显著为正（系数分别为 0.175 和 1.791，T 值分别为 7.95 和 6.03），Q Coefficient 提高公司投资水平与 Sales Growth 和 ROA 的相关性，这说明当地方政府质量能够提高资本市场效率时，在投资与托宾 Q 值敏感度较高的地区，公司投资行为能够提高公司的经营业绩，促进企业的成长。CF Coefficient × Investment 的回归系数在 Average Roa 和 Sales Growth 的回归方程中分别显著为负（系数分别为 -0.115 和 -0.652，T 值分别为 -4.00 和 -2.57），CF Coefficient 降低了投资与 Sales Growth 和 ROA 的正相关性。正如 William Easterly(2005)指出，增长需要提供合适的激励才会发生，因为人们确实对激励做出反应。地方政府质量通过公共治理机制一方面提供了管理层激励，降低了企业代理成本，提高了投资与托宾 Q 敏感度；另一方面提供了经济主体之间的信任激励，降低了交易成本，缓解了融资约束，降低了投资与现金流敏感度，这说明政府质量能够通过影响企业的投资行为，提高企业的资源配置效率，促进企业的成长。

四、政府质量与代理成本

前文的结果以 Fazzari et al. (1998) 为基础的投资-现金流敏感度模型检验地方政府质量影响企业投资行为率和资源配置效率机制，这一模型本身验证了政府质量影响资源配置效应的融资约束问题。但政府质量提供的公共治理机制对资源配置效应的另外一个影响就是弱化影响投资效率的公司代理问题。现有研究认为投资者利益受到侵占的主要原因有两个,即 Jensen and Meckling(1976)提出的经理人与股东之间的第一类代理问题,以及 La Porta et al. (1998、2000)提出的大股东与中小股东之间的第二类代理问题。代理问题既有可能导致投资过度,也有可能产生投资不足,控股股东对未来个人私利的追求导致了非效率的投资。借鉴了 James et al. (2000)的研究,本章分别采用管理费用率(AC)以反映股东与经理人员之间的代理成本,采用其他应收款作为衡量大股东占款的指标(Tunneling)以反映大股东与中小股东之间的第二类代理成本问题,考察政府质量是否真的能够降低代理成本,提高资本配置效率,回归结果列于表5-10。

表 5-10 政府质量与代理成本

变量	AC	Tunneling
GQI	-0.005***	-0.002***
	(-3.66)	(-3.69)
Size	-0.057***	-0.018***
	(-10.58)	(-10.98)
Lev	0.293***	0.123***
	(6.22)	(9.38)
Growth	-0.033**	-0.010***
	(-2.37)	(-3.30)
Industry & Year	Control	Control
Adj. R^2	0.25	0.31
样本量	2 576	2 576

注:***、**和*分别表示在1%、5%和10%的水平上显著。

从表 5-10 中发现,地方政府质量降低股东与经理人之间的利益冲突和大股东与中小股东之间的利益冲突,抑制地方政府、企业高管以及大股东为了自身私利而导致的企业非效率投资,验证了地方政府提高资源配置效应的代理问题机制。

作为一个典型的转型经济国家,中国仍处于传统计划经济向社会主义市场经济转型的过程中。随着市场化改革的推进,企业在经济层面上获得的自由度不断提高,但中国的要素市场改革显得较为滞后,政府对土地、资本等重要资源还拥有相当程度的控制权,并且在一些重大投资项目上依然具有审批权(田伟,2007),政府以资源配置者身份出现,企业的投资决策受到地方政府的影响程度较大。在政府质量低的地区,市场资源配置空间较小,企业为了获取更多的资源,或者以更有利的价格获取资源,就有动机贿赂官员,并进行非法的市场交易,把资源配置于非生产性领域,增加企业的非生产性支出。但在政府质量高的地区,市场配置资源程度得到提高,企业寻租空间更少,企业与政府之间的交易成本会降低,鼓励企业更多地从事生产性活动,提高企业资源配置效率。[1] 因此,地方政府质量在节约企业交易成本、增强企业竞争力和提高资源配置效率方面至关重要。

第五节 本章小结

本章研究发现,较高的地方政府质量能够降低政府官僚导向的行政干预,提高市场配置资源的力度,在事前,产生管理层激励,降低内部代理问题,帮助企业识别好的投资机会,保证企业将有限的资金投入到好的投资项目中,提高投资-托宾 Q 敏感度。同时,高的政府质量能够节约经济主体之间的交易成本,减少行政干预,推进市场化进程,降低企业的外部融资约束,减弱投资-现金流敏感度,在事后,由政府质量提供的公共治理机制影响的托宾 Q 敏感系数和现金流敏感系数能够提高金融资本的配置效率,提高企业的销售收入,促进企业成长。进一步研究发现,产权约束不同的上市公司投资绩效对于地方政府质量敏感度存在显著的差异性特征:相对于国有企业,民营企业的投资效率和资金配置效率对地方政府质量更为敏感;相对于中央政府国有企业,地方政府国有企业对地方政府质量更为敏感。

---

[1] 万华林和陈信元(2010)基于交易成本理论,分析了地方政府治理环境如何影响企业寻租动机并进而影响企业交易成本——非生产性支出。他们发现企业所处地区的治理环境对交易成本有显著影响,减少政府干预、改善政府服务、加强法律保护均有利于减少企业非生产性支出,降低企业交易成本。地方政府提供的公共治理的改善使得生产性活动更为有利可图,这将导致企业行为方式的改变,企业更多地从事生产性活动,并进而带来社会福利的整体增加。

政府质量提高资本配置效率的主要机制,一是通过降低企业外部融资约束,减弱投资与现金流敏感度;二是降低内部代理成本(股东与经理人之间的第一类代理成本和大股东与小股东之间的第二类代理成本),提高投资-托宾 Q 敏感度,降低官僚干预企业的程度,提高市场配置资源的空间。换言之,地方政府质量较高时,资本更快地实现由低效率领域向高效率领域的转移,即资本配置进一步优化。在通过一系列的敏感性测试之后,上述结论仍然成立。这说明高质量的地方政府提供的公共治理机制,有助于改善企业经营环境,使企业更多地从事有效率的投资活动,提高投资绩效,实现资本的优化配置。

第六章 政府质量、终极产权与公司现金持有

第一节 问题的提出

制度对经济增长的重要作用近年来受到经济学家的普遍关注（North and Thomas,1973；North,1981；La Porta et al. ,1998）。

在经济转轨过程中,政府所扮演的角色受到经济学家的普遍关注。Fan et al. (2011)指出,地方政府对于企业活动的严重干预是新兴市场的共同特征。政府通过税收、监管和政府所有权影响和控制企业从劳动力、土地、能源、基础设施、矿产和融资等各项从投入到产出的诸多方面。在这种情况下,政府（官员）的质量就成为新兴市场中影响企业决策的一个关键因素。经济增长的基石是国家、产权和有效率的组织（企业）,而政府作为联结它们的纽带,位于经济增长的中心。在过去三十年间,中国地方政府在地区经济增长中扮演着一个非常重要的角色（吴敬琏,2004；何晓星,2005）。在财政分权制改革的背景下,地方政府在追求区域经济利益的过程中展开竞争,各地方政府质量提供的公共治理机制影响着公司的行为。政府质量主要体现在维护法律和秩序、保持宏观经济的稳定、提供基础设施以及公开公平的税收管理体制和规制管理的制度框架（Hellman and Shenkman,2002）。政府质量由此会对企业的组织结构、公司治理和信息透明度产生显著的影响（Leuz and Oberholzer-Gee,2006；Fan et al. ,2009；Jiang et al. ,2010）。企业行为在很大程度上内生于公司所处的地方政府环境,因此,在中国的制度背景下考察政府质量对于企业行为的影响具有重大的理论和现实意义。

现有文献对于政府作用的研究主要是聚焦于政府的"扶持之手"（Knack and

Keefer,1995;Mauro,1995;Easterly and Levine,1997;Johnson et al. ,1997)与"掠夺之手"(Frye and Shleifer,1997;Shleifer and Vishny,1994,1998)两种同时存在的效应。在现有的制度环境下,中国企业的行为特征不仅受到企业内部人(例如大股东和经理层)和外部投资者(例如中小股东和债权人)之间的代理关系的影响,更是企业的利益相关者与具有强制力的政府之间相互博弈的均衡结果(李增泉和孙铮,2009)。因此,政府的双重角色在我国同样发挥着重要的影响,特别是我国经济在行政分权、财政分权的转轨阶段,各级地方政府都深刻地参与到改革与经济发展的过程中(许成钢,2005),地方政府(官员)为了经济动机和政治动机,相继展开了竞争。在这种情况下,政府(官员)有强烈的动机,以行政收费、审批和生产资源分配等方式,利用公司的资源帮助政府解决社会负担、改善就业等方式促进地方经济发展或使其他社会成员获益以促进社会稳定,从而获取政治资本。同时,地方政府也有动机为当地企业提供良好的制度保障,降低经济主体之间的交易成本,通过推动地方政策、改善经营环境或直接补贴等方式帮助企业发展来促进地区经济发展。因此,地方政府的"扶持之手"和"掠夺之手"对企业的决策行为都会产生重要的影响。

为了考察政府的上述影响,本章选择从公司的现金持有决策这一视角进行研究。现金持有决策是公司的一项重要战略决策,涉及其资产配置,能够显著地影响公司的资本成本和公司投资有利润项目的能力。在近二十年中,无论是发达市场还是新兴市场,企业都持有越来越多的现金(见图 6-1)。以中国上市公司为例,现金占总资产的比例由 1990 年的 6% 上升到 2009 年的 21%。这些现象说明,研究现金持有水平的影响因素及其作用效果是非常重要的。以往的文献从交易动机(Miller and Orr,1966)、预防动机(Opler et al. ,1999)和代理动机(Jensen,1986;Dittmar et al. ,2003)等考察了公司现金持有的决定因素。然而,这些文献还没有涉及一项重要的因素,即政府质量对企业现金持有决策的影响。①

---

① Dittmar et al. (2003)、Pinkowitz et al. (2006)、Dittmar and Mahrt-Smith (2007)、Harford et al. (2008)、Kalcheva and Lins (2007)等研究了公司治理机制与现金持有之间的关系。国内学者辛宇和徐莉萍(2006)、杨兴全和张照男(2008)等研究了制度环境和股权性质对现金持有价值的影响。

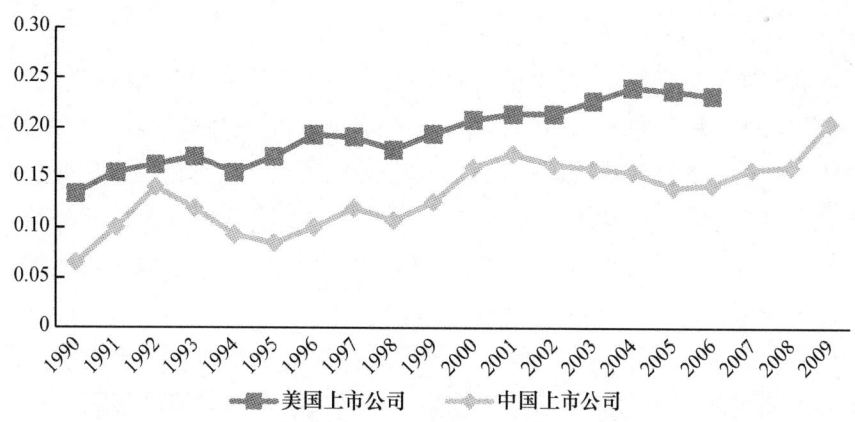

图 6-1 美国与中国上市公司的现金持有比较

注：美国数据来自 Bates, Kahle, and Stulz, 2009. Why do U.S. firms hold so much more cash than they used to? *The Journal of Finance* 64, 1985—2021。中国数据来自 CSMAR 数据库。

在上述已有研究成果的基础上，本章综合政府质量与现金持有两个领域的相关文献，考察地方政府质量如何影响公司的现金持有决策，以及具体影响这一重要财务决策的路径，以此为突破口来理解转型经济下的中国地方政府促进地方经济增长的微观作用机制。

笔者认为，现金对于政府的支持和掠夺行为都有很高的敏感性。在政府的双重角色下，如果地方政府的"掠夺之手"效应占优，低质量的政府将有更强烈的侵占动机，当面临政府侵占公司资源的风险时，公司内部人有动机采取行动降低容易被侵占的流动性资产的比例以规避政府的侵占风险；如果"扶持之手"效应占优，较好的政府通过支持效应，提高金融市场中的公众信任，降低交易成本，帮助公司获取外部资金，减轻融资约束，从而降低公司持有现金的预防性动机，减少现金持有。

笔者应用世界银行（2006）对中国 120 个城市 12 400 家企业的调查数据度量地方政府质量水平。这一数据是从企业的角度来评价政府质量，根据对企业的调查结果而得出，因此对于研究政府质量如何影响企业行为更为适合。以往研究中广泛使用的地区层面的制度度量指标（樊纲和王小鲁，2011）大多是根据各地区的数据统计指标进行综合分析而得出，并且大多局限在省级层面。本章的数据从城市层面评估了当地政府的质量，可以更为细致地分析地方政府如何影响其所在地企业的决策。

本章的研究结果证实,对于企业的现金持有决策而言,地方政府的"扶持之手"角色发挥着更为重要的作用,即地方政府质量与现金持有显著负相关,这种负相关关系是因为高质量的政府可以帮助企业获得更多的外源融资从而缓解企业面临的融资约束。本章还发现,地方政府对于民营企业的现金持有决策影响更为显著,同时,由于各级政府之间存在利益的博弈,因此地方政府的影响力对于不同层级控股的企业也不尽相同。

本章的研究从以下几个方面丰富和拓展了现有文献:首先,从微观视角提供了政府质量影响公司决策的作用机制。现有文献对政府质量与宏观经济增长,特别是对中国经济高速增长背后的地方政府激励这一制度安排进行了大量研究(周黎安等,2005),但是对于微观层面政府的"扶持之手"和"掠夺之手"直接作用于公司决策的经济后果研究不够充分。经济发展的一个根本因素是国家官僚行政体制的效率与质量(李稻葵,2002)。本章从这一角度丰富和发展了现有的政府质量对企业行为影响研究的文献。其次,补充了中国企业现金持有的文献。现有文献大多集中研究内部人代理问题如何影响现金持有决策(Lian et al.,2010;辛宇和徐莉萍,2006),也有文献开始关注制度环境因素对企业现金持有决策的作用(杨兴全和张照南,2008),但这些研究思路忽视了政府(官员)质量对企业行为动机的影响,对现金持有决策中地方政府角色这一问题的研究还相对缺乏,本章的研究是对上述文献的进一步补充。最后,本章针对同一大环境下不同地区政府质量发展程度的比较分析,可在更大程度上控制国家之间的其他内生性因素的影响,是对已有的跨国比较政府与企业决策行为的研究(Capiro et al.,2008;Durnev and Fauver,2008)的有益补充。

后文安排如下:第二节简要分析制度背景并提出了研究假设;第三节介绍了研究模型和主要变量的度量;第四节列示了主要的实证研究结果;第五节提出了本章的研究结论。

第二节 假设理论分析与研究假设

一、转型经济中的地方政府

转型经济中的中国,在政治上,中央政府对地方政府有着强有力的人事控制,但是在经济上,地方政府控制着中国大部分的经济资源(许成钢,2005),从省级到县级地方经济的相对自给自足,使地方政府有足够的空间寻求经济的发展,更为重要的是,它们能够进行制度创新,以促进经济增长。中央政府将更多的自主权下放给地方政府,鼓励它们进行改革尝试以推动地方经济发展、鼓励地区之间的经济竞争。地方政府实质上控制着当地的土地、企业、金融资本、能源和原材料等大量资源,分权的结果是地方政府发展地方经济的积极性被调动起来,同时地方政府竞争资源的动机也随之产生。在中央正式的监管制度下,地方政府发起、协商并执行改革开放政策、规则制度和法律,推动、影响了地方以至全国的经济发展。

在财政分权体制下,地方政府具有发展地方经济的激励。地方经济的发展直接关系到当地的财政收入和就业,从而影响到对地方官员的绩效评价。Li and Zhou(2005)、周黎安等(2005)发现省区 GDP 的增长率与省级官员的升迁概率呈显著的正相关关系。因此,地方政府(官员)有动机通过好的制度安排,优化企业资源配置,促进地方经济发展。但转型过程中的中国,由于缺乏良好的市场机制、产权保护体系和完善的法律系统,地方政府又有动机直接转移公司资源来实现其政治目标,因此政府以行政征费、审批和生产资源分配等方式通过企业解决社会负担、改善就业等方式促进地方经济发展。

以上分析表明,随着中央政府与地方政府之间分权改革的深化,地方政府将经济发展、社会服务等政绩目标和政府官员的个人升迁及寻租机会紧密结合在一起,纳入公共治理的重要渠道。政府(官员)一方面从促进地方经济发展、追求政治绩效的目标出发,提供好的制度安排,降低交易成本,优化企业资源配置;另一方面,从满足自己的私利和追求本位利益出发,侵占公司利益。

陈抗等(2002)基于中国情境下的研究认为伴随着分税制的实行,财政资源迅速地由预算内向预算外甚至体制外转移,贪污和腐败愈加普遍,地方政府的"扶持之手"有向"掠夺之手"转变的明显趋势。姚洋(2003)认为,在分税制下,政府行为的机会成本倾向于导致腐败,有损政府行政的公正性,政府的行为因此越来越像唯利是图的企业的行为,而不是处理公共事务的权力机构的行为。潘洪波等(2008)证实了中国政府的双重角色,他们发现当地方政府面临更为严重的财政赤字和失业率的时候,会更有动机干预企业的并购,而这种干预会显著降低并购的绩效;但是对于亏损的企业而言,政府的干预反而会帮助企业提升绩效。

财政分权化的改革导致了地方政府之间的激烈竞争。在竞争的压力之下,地方政府起着"政治企业家"的作用,进行了诸如产权制度变革、行政审批制度改革以及地方公共产品供给制度改革等制度创新行为(唐丽萍,2007),而干预微观经济活动是实现地区竞争和公共治理的主要途径。因此,企业持有现金的动机不可避免地受到以公共治理机制为载体的地方政府质量水平的影响。由于政府在影响企业的行为中发挥着"扶持之手"和"掠夺之手"的双重作用,因此,政府质量对企业现金持有决策的影响要依赖于"扶持之手"和"掠夺之手"哪种效应占据主导地位。

二、政府质量与企业现金持有决策

企业持有现金主要出于交易性动机(Miller and Orr,1966)、预防性动机(Opler et al.,1999)和公司内部人的自利动机(Jensen,1986),目前国内外的研究主要集中在后两种现金持有动机以及企业内部和外部条件的变化如何影响持有动机从而最终影响企业的现金持有量方面。

"预防性动机"认为企业持有现金是为了预防可能出现的风险冲击,特别是外部融资成本较高时这种动机更为强烈(Bates et al.,2009)。Opler et al.(1999)指出企业持有现金等流动性资产可以帮助降低融资所需的交易费用,并且可以用流动性资产支持商业活动,特别当外源融资成本相对较高时现金的价值更大。他们从实证上证明当企业更容易获取外源融资时持有更少的现金。企业持有现金应对融资约束也一直是现金持有研究中的重要课题。Fazzari et al.

(1988)发现融资约束程度较大的企业更多地依赖于内部资金,而融资约束相对较弱的企业其投资行为不必依赖于内部资金。Almeida et al.(2004)从理论上证明,出于谨慎投资动机,融资约束的公司具有将一部分增量现金流转化为现金储备的动机,而非融资约束公司则不具有这种谨慎投资动机。Denis and Sibilkov(2007)发现对于融资约束的企业来说,持有现金的价值更高,因为富余的现金持有可以帮助企业投资有价值的项目。Lian et al.(2010)对中国企业现金持有的动态研究发现,由融资约束引发的预防性动机可以很好地解释中国企业的现金调整行为。

由于中国资本市场发展相对不成熟,企业普遍面临不同程度的融资约束,因此具有较强的持有现金的预防性动机。在政府的"扶持之手"作用下,较高质量的地方政府通过提供产权保护、法律执行力度,构建经济主体之间的交易信任关系,能够促进当地的企业金融信贷市场的发展,降低交易成本,提高对当地企业的资源配置,进而降低企业的外部融资成本。朱红军等(2008)认为,金融发展水平的提高能缓解企业的融资约束。当企业所在地的政府质量较高,企业所面临的融资约束就可以得到一定程度的缓解,就不需要持有过多的现金以预防融资约束所带来的问题。在这种情况下,企业内部人持有现金的预防性动机就会减弱,相应地就会降低现金持有量。由此,本章提出政府质量与企业现金持有的融资约束假设1.1。

假设1.1 上市公司所在地政府质量越高,企业现金持有量越少

"公司内部人自利动机"认为由于现金是一种更易被内部人自由处置和侵占的资产,股东与管理层的代理冲突激励管理层偏好持有更多的现金用于在职消费、职业关注和帝国构建(Jensen and Meckling,1976;Jensen,1986)。Myers and Rajan(1998)指出,流动资产比固定资产更有利于控股股东侵占少数股东的利益,也是管理层获取私人收益中成本最低的一种方式。在政府的"掠夺之手"下,现金等流动资产易于转移的特性也会使得这种资产成为政府侵占的目标。政府会采取各种直接或间接的手段来侵占公司的现金资产。相比较各种非流动资产来说,掠夺性的政府更倾向于侵占流动资产,这是因为对于非流动资产的侵占更容易被追踪,从而使它们的侵占面临较高的政治风险(Caprio et al.,2008)。

三十年来,中国市场化进程中改革的核心内容是经济分权与政治治理体制的紧密结合。政府官员的治理机制是决定经济增长的重要的制度安排(周黎安,2007),在财政分权机制下,地方政府之间的竞争加剧,为了实现地方政府治理目标和达到经济增长考核要求,有些地方政府所控制的企业成为部分地方政府用以满足地方利益甚至是私人利益的工具,部分地方政府对当地企业具有侵占动机。上市公司作为当地重要的经济支柱,可能面临更多来自扮演"掠夺之手"角色的政府的侵占风险,政府可能会让公司承担政府的多重目标,比如向企业征收更多的税费、要求企业安置就业人口、要求企业并购当地亏损的其他企业。政府质量越低的政府,寻租行为的成本也就越高。上述关于政府干预、腐败和效率的要素都会增加企业所面临的侵占风险,企业的内部人有动机采取措施来规避这种风险,而保护流动性资产的措施则就是调整资产配置的比例(Stulz,2005),即降低流动性资产的持有,并将其投入到其他固定资产或研发支出等不易于被政府侵占的资产支出上。Caprio et al.(2008)的跨国研究证实了在政府贪腐程度越严重的地区,企业持有越少的现金,同时企业投资越多的固定资产和发放越多的股利。由此,本章提出政府质量与现金持有的假设1.2。

假设1.2 上市公司所在地政府质量越高,企业现金持有量越高

三、最终控制权、政府质量和现金持有

上述地方政府质量对于现金持有决策的影响在不同产权性质下的企业中有所不同。中国资本市场作为一种政策性市场的特征仍然较强,在政府"扶持之手"作用下,相比较民营企业,国有企业以政府声誉为担保,经营风险相对较低,而且与国有商业银行的天然联系使得国有企业更容易获得以银行为主的债权人的资金支持。政府在资源配置过程中倾向于为国有企业的贷款提供一种隐性担担保,以国家的信用替代了企业的信用,国有企业的外部融资能力较强,遭受的融资约束较弱,因此,其现金持有动机对政府的"扶持之手"不敏感。民营企业在成长过程中,需要获得充足的资金并投向具有增值潜力的项目上。但从融资供给方面看,民营企业的资金不从外部金融市场中获取时,就可能存在其他的替代方式如构建内部资本市场,利用自有资金,从现金流中保留更多的现金作为融资选择,缓解融资约束。但民营企业的内部融资会受到企业经营状况的制约,融

资能力有限,长期下去会影响企业的投资和更进一步的发展。因此,民营企业如何获取外部融资是企业面临的重要难题。它们更容易依赖于地方政府提供的"扶持之手",缓解企业的信贷约束和金融生态环境。在政府的"扶持之手"作用下,政府有动机、有条件从财政、税务、技改、服务和环境等方面支持民营企业的发展,提高民营企业融资主体的融资能力,构建担保体系;提高产权保护水平,加强法庭执行力度,改善中小企业发展的金融生态环境;提高行政办事效率,加强信用体系的日常监管,发挥信用担保、信用评价和信用调查等信用中介作用,支持企业发展。因此,地方政府质量越高,越能够缓解民营企业外部融资困境,帮助企业克服信息不对称和道德风险问题,从而降低企业的融资成本。面对持有现金的机会成本,民营企业有动机降低公司现金持有量。因此,在政府的"扶持之手"作用下,相对于国有企业,民营企业的现金持有行为对政府质量更为敏感。地方政府质量越高,面对持有现金的机会成本,民营企业降低现金持有量的动机会增强。① 因此,在政府的"扶持之手"作用下,本章提出研究假设2.1。

假设2.1 相比较国有企业,政府质量越高,民营企业现金持有量越低

在政府的"掠夺之手"作用下,由于中国目前对私有产权的保护相对薄弱,而相关法律、法规发展不完善,民营企业面临来自各方,特别是政府的利益侵占行为(Bai et al., 2005)。相比较国有企业,民营企业又缺少国有股权、政治关联等规避侵占风险的机制,地方政府就更易于通过政策的变化从民营企业中转移资源。相比较国有企业与政府的天然联系,民营企业的财务行为在很大程度上依赖于政府质量提供的公共治理机制的不确定性。在"掠夺之手"的作用下,政府可能直接通过如征收超限的税收、摊派、行政收费等行为,加重企业的经济与社会负担。面对政府的侵占动机,民营企业有动机降低其现金持有量,转移公司的现金资产。因此,对于政府的"掠夺"行为,民营企业内部人的决策动机都会受到更大程度上的影响,最终的财务决策也会对外部

---

① 方军雄(2010)认为民营上市公司更少的银行贷款、更短的债务期限结构,不是"金融歧视"的结果,而更可能是更加关注经营绩效的民营企业自主决策的结果。这意味着民营企业会更加愿意依赖于内部融资,这从另一个方面说明国有企业有更多的机会或是更强的动力通过外部融资来调节现金需求,这意味着国有企业的现金持有随着其外部融资机会或者动机的影响会不如民营企业,进而意味着政府质量对国有企业持有现金的影响就会小于对民营企业的影响。

政府质量的反应更为敏感,地方政府质量越低,政府侵占动机越强,民营企业降低现金持有量的动机越高;如果地方政府质量越高,其侵占动机越低,民营企业现金持有量会越高。根据上述理论分析,在政府的"掠夺之手"作用下,本章提出研究假设2.2。

假设 2.2 相比较国有企业,政府质量越高,民营企业现金持有量越高

在财政分权化改革的背景下,国有企业按照终极控制人层级的不同,又可以进一步分为中央部委和地方政府(省级、市县级)最终控制两类。这两类上市公司在与政府的外部联系和监督激励体制上有着明显的不同,从而导致它们对政府行为的反应存在差异(夏立军和方轶强,2005;Cheung et al.,2009)。对于不同控制层级的国有企业,高行政级别的终极股东所控制的企业与国家核心利益的联系更为紧密(Chen et al.,2010),如国资委控制的中央企业关系到国家的经济命脉,使得地方政府对企业行为的影响较小。而地方政府控股的上市公司往往是地方政府与其他地区竞争全国性资源的重要阵地,对地方政府的政绩有着很大的影响,软预算约束和向地方政府寻租的行为颇为普遍,相对于中央国有上市公司而言,监管也相对较弱。因此,在政府"扶持之手"的作用下,地方政府有更多的责任和能力提高其所控制的公司在地方资源配置中的作用。政府有强烈的积极性通过各种优惠政策如投资审批权、银行贷款抵押权,缓解地方国有企业的融资约束,支持地方国有企业的发展。相对于中央国有企业,地方国有企业对地方政府提供的公共治理机制更为敏感。当地方政府质量较高时,地方政府的"扶持之手"会缓解地方国有企业的融资约束,企业现金持有量会降低。因此,本章提出研究假设3.1。

假设 3.1 相比较中央国有企业,政府质量越高,地方国有企业现金持有量越低

在政府"掠夺之手"的作用下,由于中央企业终极股东行政级别接近于政策法规的制定者,掌握着更大的行政权力,能够对有侵占公司利益企图的政府机构(官员)形成更为有效的制约。而地方政府(官员)为了追求自己的政治业绩和寻租需要,就可能通过各种政治压力或者交换关系迫使或诱使所控制的企业向政府倡导的政绩项目和其他公共设施工程捐资出力(周雪光,2005),有较强的动机去侵占上市公司这块"蛋糕",转移其资源来贡献于当地的就业、税收、经济发展甚至个人私利等,但由于地方政府较弱的行政能力和中央国有企业面临更为严格的监管,地方政府的这种侵占动机对于中央国有企业的作用较弱。公司现金持有是一种流动性较强、企业缓解融资约束和投资不足的财务决策,也是一种容易产生被侵占的行为,因此,相比较中央国有企业,地方国有企业的内部人的决策动机在更大程度上受到地方政府质量的影响,其现金持有决策也就相应地对地方政府质量更为敏感。地方政府质量越差,地方国有企业现金持有量会越低,以规避政府侵占风险。由此本章提出研究假设3.2。

假设 3.2 相比较中央国有企业,政府质量越高,地方国有企业现金持有量越高

第三节 研究设计

一、研究样本与数据来源

本章选择 2005—2007 年[①]沪深交易所上市的所有 A 股上市公司为初始样本。考虑到金融类和公共事业类上市公司的特殊性,本章剔除了这两类上市公司样本;由于所获取的世界银行的报告涵盖 120 个城市,本章将不属于这 120 个城市的上市公司剔除,同时剔除了现金持有及主要相关数据缺失的公司;最后,为消除极端值的影响,对于本章所使用到的主要连续变量上下 1% 的样本进行 Winsorize 处理,最终获得 118 个城市的 3 025 个观测值;上市公司治理数据和财务相关数据来自 CSMAR 数据库。地方政府质量的数据来源于世界银行,详见变量定义部分。

参照夏立军等(2005)的研究,本章根据控股股东性质,将样本上市公司按照终极产权分为民营和国有产权;同时,根据所有权实际运行主体,若最终控制人为县级或县级以上各级政府的有关政府机构(政府、国有资产监督管理局、国

[①] 由于本章所获取的世界银行调研数据为 2005 年的统计结果,因此本章将样本期间的起点设定为 2005 年。本章假设地方政府的质量在一定时间内保持相对稳定,同时考虑到金融危机对于企业融资约束及现金持有的影响,本章将样本期间的终点设定为 2007 年。

资委、财政厅等),则认定其为相应级别的政府控制,将国有产权进一步分为中央和地方政府(省、市、县级)控制。

二、变量定义与检验模型

(一) 政府质量的定义及其度量

从世界银行(2006)的调研数据选取了产权保护水平(GQI_property)、当地企业对法庭的信心(GQI_court)、企业娱乐开支和企业跟政府打交道的时间(GQI_inter)四个维度来测度地方政府质量。

为了便于理解上的一致性,本章分别将 GQI_ent 和 GQI_inter 分指数改变符号,GQI_ent 和 GQI_inter 的值越大,说明政府质量越高,与 GQI_property 和 GQI_court 分指数保持一致。借鉴 Francis et al. (2004)的研究方法,本章在各政府质量分指数的基础上,建立综合政府质量指数。首先把每年的变量从低到高进行排序,形成十分位数。排名最末的 10% 得分最高,排名靠前的 10% 得分最低。然后计算四个变量的平均数构成综合政府质量指数,在这种方式下,综合指数高意味着地方政府质量高。

表 6-1 报告了政府质量指数的描述性统计结果。GQI_property 的平均值(中位数)为 0.606(0.616); GQI_court 的平均值(中位数)为 0.606(0.620); GQI_ent 的平均值(中位数) 0.128(0.130); GQI_inter 的平均值(中位数)为 0.687(0.682); GQI_ag 的平均值为 5.235,最大值为 7.250,最小值为 1.250,标准差为 1.384。政府质量的各分指数值变化范围也很大,这说明样本所在地区政府质量之间存在显著差异性。

表 6-1 政府质量指数变量描述性统计特征

	观测值	平均值	标准差	最小值	中位数	最大值
GQI_property	354	0.606	0.158	0.269	0.616	0.982
GQI_court	354	0.606	0.158	0.270	0.620	0.980
GQI_int	354	0.128	0.053	0.030	0.130	0.270
GQI_enter	354	0.687	0.220	0.081	0.682	1.298
GQI_ag	354	5.235	1.384	1.250	5.500	7.250

(二) 研究模型

本章将 Opler et al. (1999)的研究拓展到政府质量分析框架中,采用以下回归方程(1)考察政府质量对现金持有的影响。被解释变量为公司现金持有(Cashholdings),定义为现金、现金等价物与净资产的比例。解释变量为政府质量(GQI)。建立在以往的研究基础上(Caprio et al.,2008;Dittmar et al.,2003;Opler et al.,1999),本章控制了以下变量:净营运资本(Liquid),定义为营运资本减去现金与现金等价物之后除以公司净资产。Size 定义为公司总资产的自然对数。Lev 定义为资产负债率。Debtm 定义为公司长期负债与总负债比率,与公司流动性风险相关。Mb 为公司总资产市场价值与账面价值的比例,度量公司的增长机会。Capex 为公司资本支出与净资产的比例。Cashflow 为现金流量,定义为公司经营活动净现金流与公司净资产的比例。Dividend 为公司是否发放股利的虚拟变量,发放股利赋值为 1,反之为 0。Top1 为公司第一大股东持股比例。Deepen 为地区金融深化发展程度,为公司所在地区银行贷款总额与地区 GDP 的比例。Pergdp 为地区人均 GDP,行业 Industry 和年份 Year 虚拟变量包括在方程(1)中,控制时间变量和行业异质性特征的影响。行业分类按照中国证监会的要求,分成 21 个行业,非制造业以第 1 位数字、制造业以前 2 位数字为划分标准。除了解释变量 GQI 和 Liquid 之外,其他控制变量都滞后 1 期以解决内生性问题。

$$\begin{aligned}
\text{Cashholdings}_{i,t} = & \alpha + \beta_1 \text{GDI}_{i,t-1} + \beta_2 \text{Liquid}_{i,t} + \beta_3 \text{Size}_{i,t-1} + \beta_4 \text{Lev}_{i,t-1} \\
& + \beta_5 \text{Debtm}_{i,t-1} + \beta_6 \text{Mb}_{i,t-1} + \beta_7 \text{Capex}_{i,t-1} + \beta_8 \text{Cashflow}_{i,t-1} \\
& + \beta_9 \text{Dividend}_{i,t-1} + \beta_{10} \text{Top1}_{i,t-1} + \beta_{11} \text{Deepen}_{i,t-1} + \beta_{12} \text{Pergdp}_{i,t-1} \\
& + \text{Industry and Year Dummies}_{i,t-1} + \varepsilon_{i,t}
\end{aligned}$$

(1)

第四节 实证检验结果及分析

一、描述性统计

表 6-2 为相关变量的描述性统计。从表 6-2 发现,样本公司现金持有量均值为 20.5%,中位数为 14%。而现金与现金等价物占公司总资产的比例为

16.3%,这说明中国上市公司与其他国家上市公司一样持有较多的现金。标准差为 0.235,这表明公司之间现金持有量还存在差距。其余变量的描述性统计结果见表 6-2。

表 6-2 主要研究变量的描述性统计特征

	观测值	平均值	标准差	最小值	中位数	最大值
Cashholdings	3 025	0.205	0.235	0.001	0.140	1.960
Liquid	3 025	0.040	0.735	-3.986	0.161	1.409
Size	3 025	21.306	1.042	18.679	21.207	25.528
Lev	3 025	0.504	0.202	0.064	0.516	2.669
Debtm	3 025	0.124	0.165	0.000	0.055	0.709
Mb	3 025	1.149	0.333	0.773	1.063	5.610
Capex	3 025	0.059	0.061	0.000	0.039	0.286
Cashflow	3 025	0.068	0.105	-0.272	0.062	0.563
Dividend	3 025	0.523	0.499	0.000	1.000	1.000
Top1	3 025	0.397	0.162	0.079	0.378	0.775
Deepen	3 025	1.228	0.437	0.642	1.133	2.400

二、回归检验

(一) 政府质量与公司现金持有的回归结果

为了检验本章假设 1.1 和假设 1.2,笔者首先对全样本进行回归分析。表 6-3 报告了政府质量与公司现金持有的回归结果。回归结果 1 至 4 分别是 GQI_property、GQI_court、GQI_inter 和 GQI_ent 四个政府质量分指数作为解释变量的回归结果。从回归结果 1、2、3 中容易发现,产权保护、法律执行力以及政府行政效率与公司现金持有量显著负相关,这表明在公司所在地政府质量越高的地区,上市公司现金持有量越低。回归结果 4 显示,政府 GQI_ent 与现金持有量负相关,但未通过显著性检验。回归结果 5 是 GQI_ag 与公司现金持有量的回归结果,两个变量在 1% 的水平上显著负相关。从总体上看,企业现金持有动机对地方政府质量的敏感度较高,公司所在地政府质量越高,企业现金持有量越少。这一结果显示出对于企业的现金持有决策来说,地方政府的"扶持之手"效应占优,地方政府质量较高的地区通过提供高水平的公共治理,降低交易成本,构建经济主体之间的交易信任关系,促进当地的企业金融信贷市场的发达,提高企业获取外部资源和便利融资能力,进而降低企业持有现金动机。实证结果初步印证了研究假设 1.1。

表 6-3 政府质量与公司现金持有回归结果

被解释变量	Cash holdings				
	1	2	3	4	5
	GQI_property	GQI_court	GQI_inter	GQI_ent	GQI_ag
GQI	-0.105***	-0.105***	-0.032**	-0.052	-0.018***
	(-4.062)	(-4.069)	(-1.978)	(-0.821)	(-4.311)
Liquid	0.069***	0.069***	0.068***	0.068***	0.069***
	(10.79)	(10.79)	(10.65)	(10.75)	(10.83)
Size	-0.084**	-0.084**	-0.082*	-0.077*	-0.086**
	(-2.005)	(-2.004)	(-1.947)	(-1.831)	(-2.051)
Lev	-0.104***	-0.104***	-0.108***	-0.108***	-0.103***
	(-4.087)	(-4.088)	(-4.232)	(-4.246)	(-4.059)
Debtm	-0.048*	-0.048*	-0.043	-0.045	-0.047
	(-1.647)	(-1.647)	(-1.463)	(-1.532)	(-1.614)
MB	0.054***	0.054***	0.054***	0.054***	0.054***
	(3.598)	(3.594)	(3.543)	(3.584)	(3.590)
Capex	-0.362***	-0.362***	-0.377***	-0.378***	-0.359***
	(-5.948)	(-5.948)	(-6.241)	(-6.236)	(-5.922)
Cashflow	0.563***	0.563***	0.567***	0.564***	0.566***
	(8.366)	(8.367)	(8.435)	(8.404)	(8.427)
Dividend	0.034***	0.035***	0.032***	0.033***	0.034***
	(4.207)	(4.210)	(3.943)	(3.966)	(4.167)
Top1	-0.020	-0.021	-0.026	-0.022	-0.022
	(-0.948)	(-0.946)	(-1.198)	(-1.050)	(-1.041)
Deepen	0.034**	0.034**	0.054***	0.058***	0.029*
	(2.210)	(2.210)	(3.884)	(4.060)	(1.851)
Pergdp	0.004	0.004	0.002	0.001	0.007
	(0.500)	(0.504)	(0.203)	(0.046)	(0.860)
Industry & Year	Control	Control	Control	Control	Control
观测值	3 025	3 025	3 025	3 025	3 025
Adj. R^2	0.278	0.278	0.275	0.274	0.279

注:***、**和*分别表示在1%、5%和10%的水平上显著。

在控制变量的回归结果中,Liquid 与公司现金持有正相关,Size、Lev 和 Capex 与公司现金持有量显著负相关,这说明公司越小,较低的财务杠杆和较低的资本支出需要更多的现金持有。Cashflow 显著为正,这说明具有更多经营活动净现金流的企业,越需要持有更多的现金(Dittmar et al.,2003)。Dividend 显著为正,这与 Ozkan and Ozkan(2004)的研究相一致,说明支付股利的公司越需要持有更多的现金以避免现金不足。Top1 未通过显著性检验。Deepen 与现金持有显著正相关,这说明公司在金融深化程度较高的地区,越能够获取更多的银行贷款,公司出现现金短缺的概率会降低。

为了进一步考察在不同的终极控制人性质下,地方政府质量对公司现金持有的影响是否存在差异性特征,检验研究假设 2.1 和假设 2.2,引入最终控制人虚拟变量 Ultimate(如果企业终极产权为民营企业,赋值为 1,否则为 0),并考察 GQI×Ultimate 的交互项与公司现金持有之间的关系。回归结果列于表 6-4。发现除 GQI_ent 外,其他政府质量代理变量与最终控制人性质虚拟变量的交互项(GQI×Ultimate)系数均通过显著性检验,这说明相对于国有企业而言,当地民营企业现金持有对地方政府质量更为敏感。结果验证了研究假设 2.1,即民营企业的发展对于地方政府所提供的公共治理和制度环境依赖性更强,更期望能够得到政府的支持。地方政府质量越高,所在地的民营企业面临的融资约束越能够得到缓解,其现金持有量会降低。

表 6-4 政府质量、产权性质与公司现金持有回归结果

被解释变量	Cash holdings				
	1	2	3	4	5
	GQI_property	GQI_court	GQI_inter	GQI_ent	GQI_ag
GQI	-0.139***	-0.145***	-0.021	-0.108	-0.011***
	(-4.922)	(-5.253)	(-1.204)	(-1.431)	(-4.833)
Ultimate	-0.056	-0.067**	-0.022	0.020	-0.028
	(-4.92)	(-2.155)	(-0.891)	(1.065)	(-1.229)
GQI×Ultimate	-0.093**	-0.111**	-0.033*	-0.163	-0.055**
	(-2.481)	(-2.349)	(-1.926)	(-1.307)	(-2.494)
Liquid	0.070***	0.070***	0.068***	0.068***	0.069***
	(10.85)	(10.82)	(10.66)	(10.80)	(10.84)

(续表)

被解释变量	Cash holdings				
	1	2	3	4	5
	GQI_property	GQI_court	GQI_inter	GQI_ent	GQI_ag
Size	-0.085**	-0.086**	-0.084**	-0.078*	-0.086**
	(-2.008)	(-2.022)	(-1.963)	(-1.836)	(-2.025)
Lev	-0.101***	-0.101***	-0.107***	-0.107***	-0.102***
	(-3.975)	(-3.972)	(-4.219)	(-4.220)	(-4.005)
Debtm	-0.046	-0.047	-0.042	-0.044	-0.045
	(-1.573)	(-1.579)	(-1.440)	(-1.481)	(-1.544)
MB	0.054***	0.054***	0.054***	0.054***	0.054***
	(3.587)	(3.599)	(3.559)	(3.578)	(3.583)
Capex	-0.368***	-0.372***	-0.377***	-0.379***	-0.365***
	(-5.979)	(-6.028)	(-6.197)	(-6.214)	(-5.958)
Cashflow	0.562***	0.562***	0.567***	0.564***	0.566***
	(8.393)	(8.393)	(8.449)	(8.400)	(8.446)
Dividend	0.034***	0.034***	0.033***	0.033***	0.034***
	(4.152)	(4.135)	(3.995)	(3.944)	(4.120)
Top1	-0.0211	-0.0208	-0.0238	-0.0227	-0.0226
	(-0.984)	(-0.971)	(-1.103)	(-1.059)	(-1.051)
Deepen	0.032**	0.032**	0.054***	0.058***	0.028*
	(2.070)	(2.040)	(3.893)	(4.087)	(1.748)
Pergdp	0.004	0.004	0.002	-0.001	0.007
	(0.482)	(0.511)	(0.206)	(-0.105)	(0.837)
Industry & Year	Control	Control	Control	Control	Control
观测值	3 025	3 025	3 025	3 025	3 025
Adj. R^2	0.279	0.280	0.275	0.275	0.279

注:***、**和*分别表示在1%、5%和10%的水平上显著。

国有企业根据政府控制层级分为中央国有企业和地方国有企业。为进一步考察地方政府质量对不同控制层级的国有企业的影响是否存在着差异,检验研究假设3.1和假设3.2,本章设立政府控制层级代理变量GCL(如果国有企业为地方政府控制赋值为1,为中央政府控制赋值为0),并分别考察政府质量与GCL的交互项与公司现金持有的关系。回归结果列于表6-5。

表6-5 政府质量、控制层级与公司现金持有回归结果

被解释变量	Cash holdings				
	1	2	3	4	5
	GQI_property	GQI_court	GQI_inter	GQI_ent	GQI_ag
GQI	-0.133**	-0.134**	0.038	0.189	-0.007*
	(-2.560)	(-2.571)	(1.074)	(1.452)	(-1.833)
GCL	-0.002	-0.002	-0.071**	-0.064**	-0.013**
	(-1.055)	(-1.060)	(-2.452)	(-2.801)	(-2.498)
GQI×GCL	-0.019**	-0.020**	-0.086**	-0.042	-0.042**
	(-2.330)	(-2.332)	(-2.155)	(-0.604)	(-2.455)
Liquid	0.073***	0.073***	0.069***	0.070***	0.072***
	(8.872)	(8.879)	(8.654)	(8.752)	(8.840)
Size	-0.014***	-0.014***	-0.013***	-0.014***	-0.014***
	(-2.947)	(-2.947)	(-2.798)	(-2.862)	(-2.939)
Lev	-0.060**	-0.060**	-0.072**	-0.073**	-0.062**
	(-1.993)	(-1.992)	(-2.421)	(-2.465)	(-2.070)
Debtm	-0.048*	-0.048*	-0.041*	-0.043*	-0.045*
	(-1.715)	(-1.712)	(-1.783)	(-1.742)	(-1.719)
MB	0.027**	0.027**	0.028**	0.028**	0.027**
	(2.215)	(2.210)	(2.209)	(2.248)	(2.208)
Capex	-0.367***	-0.366***	-0.375***	-0.384***	-0.364***
	(-5.336)	(-5.332)	(-5.411)	(-5.499)	(-5.288)
Cashflow	0.683***	0.683***	0.686***	0.682***	0.686***
	(8.606)	(8.607)	(8.606)	(8.592)	(8.635)
Dividend	0.028***	0.028***	0.026***	0.028***	0.028***
	(3.089)	(3.091)	(2.850)	(3.047)	(3.045)
Top1	-0.020	-0.020	-0.024	-0.019	-0.022
	(-0.769)	(-0.769)	(-0.921)	(-0.696)	(-0.850)
Deepen	0.029*	0.029*	0.059***	0.058***	0.029*
	(1.817)	(1.802)	(4.131)	(3.941)	(1.829)
Pergdp	-0.001	-0.001	-0.006	-0.006	0.001
	(-0.115)	(-0.106)	(-0.610)	(-0.590)	(0.102)
Industry & Year	Control	Control	Control	Control	Control
观测值	2 124	2 124	2 124	2 124	2 124
Adj. R^2	0.316	0.316	0.310	0.311	0.315

注：***、**和*分别表示在1%、5%和10%的水平上显著。

从表6-5中发现,除 GQI_ent 外,其他政府质量代理变量与政府控制层级(GQI×GCL)的交互项显著为负,并均通过显著性检验,这一结果验证了研究假设3.1,即政府质量对国有企业现金持有的影响会随着控制级别的不同有所差异,地方国有企业现金持有量对当地政府质量的敏感度更高。相对于中央国有企业,在地方政府的"扶持之手"作用下,地方政府质量越高,地方国有企业现金持有量越少。

(二) 基于融资约束效应的进一步检验

前文的结果证实了政府质量与企业现金持有具有负相关的关系,根据假设1.1,这一负相关关系是因为政府质量降低了企业的融资约束,由此降低了企业储备现金的预防性动机。在这一部分,将进一步证实政府质量与企业融资约束之间的关系,以及政府通过何种方式影响融资约束。

在融资约束的考察方面,笔者采用 Fazzari et al. (1998) 的投资-现金流敏感度模型检验地方政府是否会降低企业的融资约束。这一模型被广泛地应用于企业的融资决策研究中(Almeida and Campello,2007)。

$$Capx = \beta_0 + \beta_1 CF + \beta_2 GQI + \beta_3 CF \times GQI + \beta_4 TobinQ + \beta_5 Control + u_{it} \tag{2}$$

在该模型中,Capx 为公司资本支出,CF 为公司现金流,GQI 为政府质量变量,TobinQ 为公司价值,同时,控制公司净销售收入(Sale)、规模(Size)、财务杠杆(Lev)等变量。Fazzari et al. (1988)认为由于外部融资成本显著高于内部融资,当企业面临更为严重的融资约束时,将会更多依赖于内部资金进行融资决策,即企业投资所需的资金主要依赖于自身实现的现金流,在回归方程中 CF 系数显著为正,估计的系数在一定程度上反映融资约束的程度。而 CF 和 GQI 的交互项反映了政府质量对于融资约束附加的效果,此时融资约束的度量为 $\beta_1 + \beta_3$。如果好的政府可以帮助企业降低融资约束,则本章预计 $\beta_3 < 0$。

表6-6列出了政府质量对上市公司资本投资以及投资-现金流敏感度的影响。本章发现 GQI_property、GQI_court、GQI_inter 等分指数和 GQI_ag 与 CF 的交互项的回归系数为负,并且在5%水平上通过显著性检验,而 GQI_ent 没有通过显著性检验,这些回归结果表明,较高的地方政府质量能够降低企业外部融资成本,进而可以有效地降低投资-现金流敏感度,由此进一步证实了中国地方政府对于企业现金持有的融资约束假设。

政府质量、公司治理与企业资本配置效率

表6-6 政府质量与投资-现金流敏感度回归结果

被解释变量	Capx				
	1	2	3	4	5
	GQI_property	GQI_court	GQI_inter	GQI_ent	GQI_ag
CF	0.094***	0.094***	0.077***	0.046*	0.071***
	(2.854)	(2.843)	(2.589)	(1.856)	(3.235)
GQI	0.016**	0.016**	0.002	0.044**	0.001**
	(2.510)	(2.502)	(0.485)	(2.200)	(2.314)
GQI×CF	-0.055**	-0.055**	-0.024**	-0.122	-0.019**
	(-2.032)	(-2.026)	(-2.199)	(-1.174)	(-2.487)
TobinQ	0.004***	0.004***	0.004***	0.004***	0.004***
	(2.601)	(2.603)	(2.662)	(2.656)	(2.629)
Sale	-0.005**	-0.005**	-0.004**	-0.005**	-0.005**
	(-2.466)	(-2.467)	(-2.400)	(-2.507)	(-2.528)
Size	0.010***	0.010***	0.010***	0.010***	0.010***
	(9.508)	(9.507)	(9.416)	(9.259)	(9.557)
Lev	-0.018***	-0.018***	-0.017***	-0.017***	-0.018***
	(-3.180)	(-3.179)	(-3.055)	(-3.084)	(-3.177)
Industry & Year	Control	Control	Control	Control	Control
观测值	3 025	3 025	3 025	3 025	3 025
Adj. R^2	0.175	0.175	0.175	0.174	0.175

注：***、**和*分别表示在1%、5%和10%的水平上显著。

尽管政府质量能够降低企业的投资现金流敏感度，但笔者仍不清楚地方政府质量降低企业外部融资约束的具体机制。目前中国企业主要依赖于银行借贷融资（Huang，2004），在企业间也存在以应付票据为主要模式的各种商业信贷，这些构成了中国企业外源融资的主要渠道。同时，随着中国对外开放进程的不断加深，外商直接投资（FDI）也成为企业融资的一个重要渠道。如果好的政府可以缓解企业的融资约束，那么这种效应很有可能是通过提高当地政府效率和投资环境、活跃当地的金融市场、降低交易成本，从而促进上述三项渠道在企业外源融资上发挥作用[①]来实现的。为此，本章采用企业的银行贷款（Bank Loan）和商业信贷比例（Notes Payable）即应付票据/（应付票据+应付账款），以及地区层

[①] 《南方周末》2001年10月18日第14版和2002年3月7日第9版对江苏南部的调查报道指出，地方政府的行政管理效率对吸引外资起到重要作用。

面的实际利用外资(Realized FDI)和合同利用外资(Contract FDI)作为融资渠道的代理变量,进一步考察政府质量影响现金持有的中介效应、政府质量跟三项外源融资之间的关系。在公司层面回归中控制了公司规模、负债率、成长能力,在地区层面回归中控制了 GDP 增长率、城市道路里程、城市人口的自然对数、人均教育支出、失业率等变量。本章借助于管理学、心理学、社会学等学科中介变量方法(Baron and Kenny,1986;Shaver,2005),用中介效应检验方法对政府质量影响现金持有行为的影响渠道进行了检验。具体研究步骤参见图 6-2。

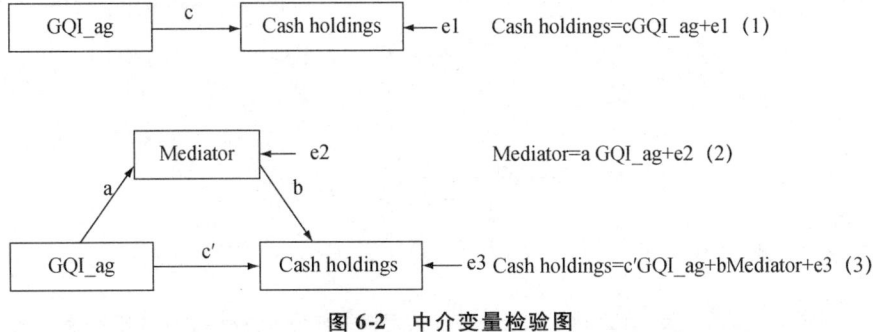

图 6-2 中介变量检验图

第 1 步:通过图 6-2 中的方程(1)检验地方政府质量 GQI_ag 对现金流控制的影响是否显著,回归结果见表 6-3 第 5 列,发现 a 值为 −0.018,在通过显著性检验。

第 2 步:通过图 6-2 中的方程(2)检验 GQI_ag 对中介变量(银行贷款、商业信贷比例、实际利用外资和合同利用外资)的影响是否显著。回归结果列于表 6-7。从表 6-7 回归模型 1—4 容易发现,GQI_ag 显著影响地区 FDI 和企业商业信用模式。

表 6-7 政府质量、地区 FDI 和企业商业信用模式

| | Realized FDI | Contract FDI | Bank Loan | Notes Payable |
	1	2	3	4
GQI_ag	0.136 ***	0.159 ***	0.131 ***	0.0118 ***
	(3.986)	(4.493)	(6.22)	(6.098)
其他控制变量	Control	Control	Control	Control
观测值	354	354	3 025	3 025
Adj. R^2	0.390	0.433	0.697	0.143

注:***、** 和 * 分别表示在 1%、5% 和 10% 的水平上显著。

在图 6-2 中的方程(1)和方程(2)显示出较好的统计结果后,用方程(3)将政府质量、中介变量与公司现金持有三个变量联系起来,考察 FDI 和商业信贷行为变量能否发挥中介效应。回归结果列于表 6-8。本章发现,中介变量 Realized FDI、Contract FDI、Bank Loan 和 Notes Payable 的回归系数显著为正,GQI_ag 变量在表 6-8 回归模型 1—4 中的系数分别为 -0.011、-0.011、-0.009 和 -0.009,虽然绝对值小于表 6-3 模型 5 中对应的结果,但依然显著,所以,地区 FDI 和商业信贷模式部分地传导了地方政府质量与现金持有之间的关系。但这种部分传导的效果能否达到统计上的显著呢?本章使用 Freedman and Schatzkin(1992)提出的判断中介变量效果的度量方法,观察政府质量在图 6-2 中的方程(1)和方程(3)中的系数之差是否显著异于零。统计量的计算方法为:

$$t_{N-2} = \frac{\beta_1 - \beta_2}{\sqrt{\sigma_1^2 + \sigma_2^2 - 2\sigma_1\sigma_2}\sqrt{1-\rho_{xm}}},$$

其中,β_1 和 β_2 分别代表方程(1)和方程(3)中的 GQI_ag 的回归系数。σ_1 和 σ_2

表 6-8 政府质量、地区 FDI 和企业商业信用模式与现金持有:中介效应检验

	Cash holdings			
	1	2	3	4
GQI_ag	-0.011***	-0.011***	-0.009***	-0.009***
	(-3.004)	(-3.036)	(-5.509)	(-4.801)
Realized FDI	-0.002**			
	(-2.020)			
Contract FDI		-0.002**		
		(-2.149)		
Bank Loan			-0.0166***	
			(-4.064)	
Notes Payable				-0.0574***
				(-3.364)
其他控制变量	Control	Control	Control	Control
观测值	354	354	3 025	3 025
Adj. R^2	0.413	0.415	0.231	0.281
T 检验	3.27	4.31	8.89	7.73

注:***、** 和 * 分别表示在 1%、5% 和 10% 的水平上显著。

分别为 β_1 和 β_2 的标准差，ρ_{xm} 为现金持有与中介变量的相关系数。发现每个中介变量效果的统计性检验见表 6-8 最后一行，都通过显著性检验。这说明 FDI 和商业信贷模式在政府质量与现金持有之间的传导关系成立，发挥着部分中介效应。政府质量越高的地区，越能吸引 FDI 流入，促进当地金融市场的发展，帮助企业获得资金。同时，地方政府质量能够显著提高企业的银行贷款和商业信贷比例，这表明较高质量的地方政府，能够提高信任度，节省经济主体之间的交易时间、降低交易成本，帮助企业提高商业信贷比例，从而大大提高了交易方的经济效益与效益。

三、稳健性检验

（一）进一步的检验

本章解释变量地方政府质量只有 2005 年这一年的数据，而采用 2005—2007 年的样本数据进行分析，尽管本章假设地方政府质量在 2005—2007 年间相对稳定，但这还是有可能影响研究结论的稳健性。为此，进一步考察 2005 年政府质量与现金持有的关系，同时，对 2005—2007 年这三年均存在观察值的公司的相关变量取平均值，并以各变量的均值进行回归，来进一步验证政府质量对企业现金持有的影响，回归结果列于表 6-9，发现主要研究结论不变。

表 6-9 2005 年和 2005—2007 年均值回归结果

被解释变量	Cash holdings			
	2005 年		2005—2007 年变量均值	
GQI_ag	-0.089**	(-2.037)	-0.008***	(-5.344)
Liquid	0.066***	(6.471)	0.060***	(10.53)
Size	-0.012***	(-2.521)	-0.014***	(-3.572)
Lev	-0.152***	(-3.611)	-0.113***	(-5.175)
Debtm	-0.098**	(-2.163)	-0.061**	(-2.363)
MB	0.020***	(2.695)	0.060***	(4.252)
Capex	-0.331***	(-3.706)	-0.657***	(-8.870)
Cashflow	0.500***	(5.576)	1.013***	(13.56)
Dividend	0.056***	(4.189)	0.054***	(6.270)
Top1	-0.034	(-0.957)	-0.048***	(-2.585)

（续表）

被解释变量	Cash holdings			
	2005 年		2005—2007 年变量均值	
Deepen	0.052*	(1.827)	0.023*	(1.748)
Pergdp	-0.016	(-1.090)	-0.088	(-1.285)
Industry & Year	Control		Control	
观测值	998		1 187	
Adj. R^2	0.293		0.398	

注：***、**和*分别表示在1%、5%和10%的水平上显著。

（二）政府质量、政治关联与公司现金持有

前文的研究结论认为高质量的政府可以帮助企业获得更多的外源融资从而缓解企业面临的融资约束，相对于国有企业，政府质量对民营企业的影响更为显著。但是，如果政府提供了"扶持之手"，到底是帮助了所有民营企业，还是有选择性地帮助部分企业，尤其是政治关联企业？如果只是帮助部分企业，那么更大程度上不是政府质量问题而是政治关联问题。为此，本章进一步将民营企业分为有政治关联和无政治关联两种类型分样本进行检验。回归结果见表6-10。回归结果显示，不管在有政治关联和无政治关联的企业样本中，政府质量对现金持有的影响都显著为负，这说明政府质量的"扶持之手"在影响民营企业的现金持有行为中占据主导地位。

表6-10 政府质量、政治关联与公司现金持有回归结果

被解释变量	Cash holdings			
	Political Connection = 1		Political Connection = 0	
GQI_ag	-0.009**	(-2.442)	-0.012**	(-2.111)
Liquid	0.075***	(3.221)	0.040***	(3.802)
Size	-0.024*	(-1.842)	-0.013	(-2.000)
Lev	-0.073**	(-2.997)	-0.289***	(-4.649)
Debtm	-0.351***	(-4.789)	-0.028	(-2.245)
MB	0.048*	(1.861)	0.064**	(2.120)
Capex	-0.209	(-1.384)	-0.383**	(-2.063)
Cashflow	0.226**	(2.467)	0.333**	(2.154)
Dividend	0.085***	(3.026)	0.030	(1.306)

(续表)

被解释变量	Cash holdings			
	Political Connection = 1		Political Connection = 0	
Top1	0.085	(1.206)	-0.019	(-0.296)
Deepen	0.091**	(2.349)	0.107**	(2.390)
Pergdp	-0.013	(-0.477)	0.025	(-1.441)
Industry & Year	Control		Control	
观测值	362		539	
Adj. R^2	0.356		0.324	

注：***、**和*分别表示在1%、5%和10%的水平上显著。

（三）内生性检验

OLS 估计的一个根本要求是对不可观测的误差项与每个解释变量之间的不相关性提供一致性估计。当解释变量与误差项不相关是外生的，跟误差项相关就是内生的。内生变量也可能由于忽略的变量、解释变量的测量误差或者是在测量解释变量与被解释变量之间时，两个变量同时被决定（Wooldrige,2001），本章的研究也有可能面临上述问题，故对此逐一进行检验。首先，对于那些可能忽略的解释现金持有的决定因素变量，本章也不可能完全排除。但本章的回归方程中包含以前研究中发现的在国家之间和同一国家内部与公司现金持有变量显著相关的公司层面所有变量，尽可能排除控制变量遗漏的因素。其次，由于本章的解释变量政府质量指数是来自世界银行（2006）的调查数据，很有可能存在误差。因此，对于解释变量的测量误差的检验，本章在回归过程中，借鉴 Francis et al.（2004）的方法，根据四个分指数，构建了综合政府质量指数，尽可能排除单一指数的局限性。最后，另外一种常用的方法就是工具变量法，这种方法也能够解决变量测量误差问题。为此，借鉴 Acemoglu and Johnson（2005）的研究，本章采用地区空气质量良好或优秀的天数（Air Quality）、每单位绿化面积（Green Space）及婴儿死亡率（Infant Mortality）三个变量[①]，有理由相信这三个变量说明了政府为改善社会的福利状况所做的努力，并且和政府质量高度相关。很明显，这些变量和公司现金持有没有直接的关系，本章首先分别检验三个工具变量，然后将这三个变量合并成一个主要的工具变量，采用两步回归法来进行分析。第

---

① 这三个变量数据来自世界银行（2006）和《中国城市年鉴》（2007）。

一阶段,本章将政府质量对工具变量进行回归,得到政府质量的估计值。第二阶段,本章用估计值和现金持有变量进行回归,结果见表6-11。回归结果和本章之前的研究结论类似。因此,通过上述稳健性检验,本章的研究结论具有较强的稳健性。

表6-11 工具变量检测结果

被解释变量	Cash holdings			
	空气质量	人均绿化面积	婴儿死亡率	Aggregate Instrument Variable
Estimated GQI_ag	-0.0301***	-0.0195**	-0.0484**	-0.0117**
	(-4.185)	(-2.206)	(-2.160)	(-2.415)
Liquid	0.0732***	0.0682***	0.0670***	0.070***
	(10.93)	(10.50)	(7.633)	(10.75)
Size	-0.011**	-0.008*	-0.008	-0.009**
	(-2.741)	(-2.783)	(-2.777)	(-2.620)
Lev	-0.087***	-0.107***	-0.112***	-0.100***
	(-3.397)	(-4.163)	(-3.161)	(-3.921)
Debtm	-0.055*	-0.045	-0.042	-0.048*
	(-1.851)	(-1.547)	(-1.376)	(-1.662)
MB	0.054***	0.054***	0.054***	0.054***
	(3.596)	(3.598)	(3.577)	(3.615)
Capex	-0.305***	-0.375***	-0.392***	-0.351***
	(-4.848)	(-5.812)	(-4.074)	(-5.717)
Cashflow	0.573***	0.565***	0.563***	0.567***
	(8.434)	(8.450)	(8.380)	(8.475)
Dividend	0.039***	0.033***	0.032***	0.035***
	(4.599)	(3.864)	(3.223)	(4.249)
Top1	-0.019	-0.023	-0.024	-0.022
	(-0.883)	(-1.085)	(-1.088)	(-1.022)
Deepen	0.052*	0.053*	0.078*	0.016*
	(1.776)	(1.754)	(1.685)	(1.720)
Pergdp	0.032	0.001	0.007	0.011
	(0.791)	(0.0862)	(0.210)	(1.150)
Industry & Year	Control	Control	Control	Control
观测值	3 025	3 025	3 025	3 025
Adj. R^2	0.249	0.276	0.268	0.278

注:***、**和*分别表示在1%、5%和10%的水平上显著。

第五节 本章小结

转型经济中的中国地方政府在地区经济增长中扮演着一个非常重要的角色。市场化进程中的分权化改革赋予了地方政府更多的公共治理职能。地方政府有更多的责任和能力提高当地企业投资效率和资源配置。积极参与和干预微观经济活动便成为解决地方政府公共治理困境的现实选择(郑国坚和魏明海，2007；谭劲松等，2009)。本章以 2005—2007 年间上市公司为样本，基于中国特定的制度背景，从公司现金持有的视角，考察了地方政府质量对企业财务决策的影响机制，提供了来自转轨时期解释中国经济增长奇迹的政府激励制度下的微观机理。

本章的实证研究发现，对于企业的现金持有决策而言，地方政府的"扶持之手"角色发挥着更为重要的作用，即地方政府质量与现金持有显著负相关，这种负相关关系是因为高质量的政府可以帮助企业获得更多的外源融资从而缓解企业面临的融资约束。本章还发现，地方政府对于民营企业的现金持有决策影响更为显著，同时，由于各级政府之间存在利益的博弈，政府质量对国有企业的现金持有的影响随着实际控制人的行政级别提高而减弱。进一步的研究发现，政府质量对企业现金持有的作用机理是通过增加银行贷款、应付票据及外商直接投资来降低企业面临的融资约束。

针对政府影响企业决策的双重角色，本章认为，政府的"扶持之手"和"掠夺之手"同时都会对企业的决策行为有所影响，但是企业在进行决策的时候会对政府的不同作用做出不同的权衡。本章的研究结论证实了政府的"扶持之手"效应要显著占优于"掠夺之手"效应，因此，企业在考虑现金持有决策的时候，最先考虑的是与融资约束密切相关的"扶持之手"效应。本章的理论启示是，考察中国上市公司财务行为及其经济后果时，不仅要关注传统意义上的代理问题对于企业内部人的决策动机的影响，还要关注地方政府与公司层面之间的代理问题。转型中的中国，其主要制度特征之一是政府通过公共政策对经济的干预，同时地区之间发展的不平衡、地方政府质量差异对公司行为有着重要的影响。本章的政策启示是,公司的现金持有,乃至其他财务决策需要以地方政府营造良好的制度环境为基础,而不是仅仅考虑公司财务决策行为本身。在政府推动型的经济增长方式中,要重视政府质量对企业决策的影响。

第七章 政府质量、最终控制人性质与盈余质量

第一节 问题的提出

近年来经济学家开始关注制度对经济增长的重要作用(La Porta et al., 1998; Allen et al., 2005),对于制度影响企业的会计和财务行为方面的研究日益成为公司金融与会计的一个重要研究领域。法与金融学者强调公司与资本市场的发展要依赖于股东和债权人的有效法律保护(Shleifer and Vishny, 1997),其潜在逻辑就是强调法律能够提供投资者保护,阻止内部人侵占,降低来自公司所有权与控制权分离所导致的代理成本。然而,他们的研究仅仅关注管理层权力的滥用作为股东侵占的主要来源,忽略了政府在提供和保障证券市场及企业发展所需的制度基础。许多制度的结果恰恰是阻碍了增长,而不是促进了增长(Shleifer and Vishny, 2003),这些制度的设计者和执行者的政治目标及他们手中的权力影响政府官员利用政府的财产来讨好自己的支持者,而不是服务于大众,形成政府的官僚腐败,追求缺乏经济效益的政治目标。Frye et al. (1997)形象地将政府在经济发展过程中的作用区分为"看不见之手""支持之手"与"掠夺之手",并且强调衡量一个政府有效与否的关键在于,政府能否向企业提供优质的公共产品以保证契约的顺利签订和如实履行。政府质量提供和保证了证券市场发展所需的制度基础,而制度通过政府质量间接地影响企业行为(Nee and Opper, 2009)。政府能够对经济发展做出贡献(Aron, 2000),同时政府也有攫取企业资源的动机(Caprio et al., 2008)。

Stulz(2005)在这方面做了开创性的理论研究工作,他构建了一个由政治家、公司内部人和小股东三人参与的模型,认为中小投资者作为外部投资者面临控

制公司的控制股东(或称内部人)的剥削,作为全部投资者,他们共同受到政府的侵占影响,由此产生双重代理问题。第一重代理问题就是内部人控制下自由支配公司资源。由于任何一个政府官员都会利用其所掌握的政治权力通过财产征收、推动有利于自身的立法保护、禁止某类活动、索贿以及税收再分配等,来侵占公司利益。因此,公司存在政府(官员)和公司所有投资者之间的第二重代理问题,即政府控制下的自由支配公司资源(Stulz,2005)。当公司面对政府侵占时,内部人可能会采取行动规避这种侵占风险,这会影响到公司的会计与财务行为。但到目前为止,鲜有文献从会计报告行为这一视角考察在双重代理框架下政府质量的经济后果。

公司盈余质量取决于高质量财务报告的供给与需求(Ball et al.,2000,2003),其重要性已经被学术界和市场监管者广泛认可。盈余质量在良好的资本市场和有效的投资决策中发挥着重要作用。在公司层面的第一层代理问题框架下,是控股股东与小股东之间的代理问题。Shleifer and Vishny(1997)提出了所有权集中的成本与收益问题,认为大股东一方面有动机监督管理者采取正确的经营决策(激励效应);另一方面有动机侵占中小股东的利益,进行攫取行为(堑壕效应),获取私有收益。在股权普遍集中的情况下,公司治理的主要问题已不再是管理者与外部股东间的代理问题,而是大股东与广大中小股东间的代理问题。终极控制股东通过金字塔结构的方式来增强自己的控制权,造成终极控制股东控制权大于现金流权,即超额控制现象的存在。终极控股股东两权分离度越高,内部人代理问题越严重,控股股东越有动机降低公司盈余质量。

在政府层面的第二重代理问题框架下,当内部人比外部投资者拥有更好的信息时,信息不对称会导致次优的资源配置。投资者保护和产权保护制度越强,资本市场越发达,公司的盈余质量越高,越能够降低外部融资成本,最大化公司的投资效率和经济增长。

但盈余质量的收益在政府侵占风险程度较高的市场中会较低。在政府侵占的国家中,为了在近期获取外部融资需求,并依赖于较高的盈余质量的公司面临政府侵占较高的风险。因为在政府侵占风险较高的国家,产权保护和法律执行效率较低,政府很容易从公司披露的高质量盈余信息中攫取利润。因此,在政府侵占风险程度较高时,为了降低政府侵占的风险,从较高水平的公司盈余质量获取收益的公司可能会选择降低盈余质量,或者政府选择迫使它们去支付经济租金时,它们支付的成本较低。

在中国经济转轨过程中,分权化改革带来了地方政府保护当地私有产权,加快了发展本地经济的激励,扮演着"扶持之手"的角色,但伴随着分税制带来的财政集权,却可能加剧地方政府从"扶持之手"到"掠夺之手"的转变(陈抗等,2002)。经济体制改革之后,中国的经济迅速增长。在此过程中,经济的发展成了当地政府的主要目标,也是衡量官员政绩的主要指标。为了促进经济发展,当地政府有强烈的动机将公司的资源转移出来以支持当地的经济发展。在这种情景下,本章提出如下假设:为了避免当地政府的征用,公司试图通过盈余管理的方式隐藏自己真实的业绩,从而导致较低的盈余质量,这种操纵在政府质量较高的地区不太严重。

因此,笔者认为,在双重代理研究框架下,较高的政府质量会提高公司的盈余质量,同时能够促进经济主体之间交易的信任,降低融资成本,公司内部人也更有动机提高公司盈余质量来获取较低成本的外部资金。因此,较低的第二重代理成本会降低公司的第一重代理成本;相反,较高的第二重代理成本会提高第一重代理成本。

因此,本章利用世界银行(2006)的调查数据,借鉴 La Porta et al. (1999)从干预程度、有效性、公共服务的提供、政府开销及民主化等角度测度各国政府质量水平的方法,从企业税率、法庭信心、娱乐开支和跟政府打交道的时间等四个维度构建地方政府指数,考察镶嵌于政府代理和公司代理双重代理框架下的公司盈余质量决定因素,为中国制度环境下的双重代理问题提供了经验性的证据。

本章的研究旨在为现今的法律和金融研究提供可信的实证性数据的支持。关于这个问题,此前的研究在国与国之间进行分析。但是,考虑到不同的历史、文化和政治体制,基于这类研究得出的结论可能不足以服众。这种情况可能在研究政府行为如何影响企业决策的时候会更严重,因为世界各国的政治体制差异很大。本章的研究就在同一个国家里进行,这样各个地区都有着相同的历史和文化背景,更为重要的是有着相同的政治和法制体制,当然不同地区之间政府的质量仍然存在差异。这样,本章可以通过跨地区的研究来避免跨国的研究可能存在的问题。

本章接下来的部分安排如下:第二节回顾了过去的文献并发展了本章的假

政府质量、公司治理与企业资本配置效率

设;第三节描述了本章实证检验的变量及其度量;第四节对数据及统计结果进行了描述;第五节进行了回归性研究并展示了主要的结果;第六节进行了内生性研究并在第七节得出了结论。

第二节 制度背景、理论分析与研究假设

一、制度背景

从20世纪70年代末的经济体制改革开始,中国的中央政府开始对管理和财政方面放权。地方政府因此在地方资源的分配上拥有了更大的权力,也能在地方的财政收入中获得更大的份额。之后的税收制度改革实现了国税和地税的分离,加大了地方政府追求收益最大化的动机。国有企业的改革则始于20世纪80年代。中央政府试图将企业管理权下放到地方的国有企业手中,但管理权又被地方政府接管,因此它们对当地的国有企业有很强的控制力。20世纪末,中央政府又采取了"抓大放小"的新政策。1999年年末,由中央直接控制的国有企业数量减少到135家,其他国有企业的控制权全部转移给地方政府。

放权的过程打破了计划经济下的发展格局,使得地方政府有着强烈的动机推动当地经济发展,这是中国经济快速增长的一大动力。这样的放权使得地方政府成为当地主要的利益主体并扮演着多重角色。地方政府最主要的角色是当地人民的代理人,关注当地发展、就业及社会稳定,这些自然导致地方政府关注当地的经济发展。"关注经济发展"的政策和以GDP为主要政绩指标的评估体系使地方官员的目标进一步得到明确。本章发现,在2011年进行"政绩评估改革"的福建省厦门市,GDP增长和财政收入排在所有评估政绩的指标的前两位。同样身为当地国有企业所有者的地方政府有强烈的动机利用国有企业作为推动当地经济增长的工具,其中国有上市公司的作用可能更大。

随着金融市场的发展,中国在1990年建立了股票市场。上市公司由于具有强劲的盈利和融资能力,已经成为当地经济增长的主要动力。2006年,所有上

市公司的营业收入占中国GDP的28%,而在2008年,这个数字上升到37.66%,这对地方政府而言很有吸引力。在分配上市公司配额的过程中,地方政府为了从中央政府获得配额并为促使当地国有企业的上市做出了很大的努力。虽然现在上市的审批变得容易一些了,但地方政府仍然为当地企业的上市做出了全面的努力。来自湖北省襄樊市市政府网站上的一则消息指出"为了使更多的公司上市并推进当地经济又快又好地发展,地方政府建立起了预备上市的公司的储备名单并对它们采取了分类和动态的特别管理。还起草了'鼓励企业上市条例',给那些潜在的上市公司更多的支持,包括土地、税收、财产、金融及发展项目各个方面"。

这种支持不会没有代价。一旦获得了这种支持,企业必须负担起一定的责任,包括以推动当地经济发展、解决就业问题、上缴除了正常税负以外的管理费用及承担更多的社会责任的方式来维护社会稳定。由此将从企业到地方政府之间转移资源的通道建成,这将使建立完全市场化的成本增加。地方政府(官员)将各种施政目标引入公司中,比如完成GDP和税收指标、增加雇员数量、摊派公共行政支出等,给公司造成了沉重的政策性负担,拖累了公司业绩,削弱了公司的竞争能力,同时,对政绩的追求也可能促使官员向当地大公司摊派利税指标,引发公司以逃避政府税负为目标的盈余管理行为,因此,公司内部人有动机降低公司盈余质量,隐藏公司业绩,提高政府侵占的成本。

二、理论分析与研究假设

上述的分权行为及地方利益主体的形成促使地方政府通过利用当地企业的资源来推进经济发展。伴随着这样的动机,地方官僚将为了自身的利益干预当地企业的运营,例如为了增加财政收入和就业迫使企业多元化经营,建立起商业王国(Fan et al.,2007)。企业还会通过提供各种社会服务,例如住房、教育、医疗保险及养老金等,承担广泛的社会责任(Perroti et al.,1999)。政府甚至还会通过关联方交易(Perroti et al.,1999)、不利的税负(Cheung et al.,2009)、资金的占用(Li et al.,2006)等手段直接从企业转移资源。政府的征用行为可能在双重代理框架下占主导作用,损害了股东的价值和企业内部人的财富。

面对攫取的风险,企业的内部人有动机隐藏公司的真实业绩,减少信息的透明化。内部人可能操纵业绩使公司不再成为有吸引力的征用目标。尽管这种操纵可能增加内部人和其他投资者之间的信息不对称,从而增加企业再融资的资本成本,但是这种做法保护了内部人和投资者的利益。当政府的代理问题超越内部人的代理问题时,操纵业绩将是内部人最好的选择。

操纵的程度直接和征用风险相关,而征用风险又和政府质量相关。伴随着中国各地不同程度的发展,各地政府的质量不尽相同,有"好"的政府也有"坏"的政府。本章关于政府质量和征用行为含蓄而直观的假设是:"坏"的政府会比"好"的政府征用更多企业的资源。基于这个假设和上述的分析,本章提出研究假设 1。

假设 1　在政府质量较高的地区的公司盈余质量更高

尽管公司面临征用风险,公司的其他治理特征仍然会影响到这种风险的大小。一个重要的因素就是公司的最终所有者。国有企业有政府作为其最终的所有者,那么政府攫取自己资产的动机就会相对较小,因此国有企业将面临较小的征用风险,其操纵盈余的动机也小。与之形成对比的是,民营企业的资产由民营企业家所有,因此地方官员有强烈的动机征用这些资产。为了保护自己的资产,民营企业的所有者将比国有企业更为严重地操纵盈余。

国有企业由于分属中央、省政府及市政府,其自身也表现出不同的特点。为了分配资源,市政府将和省政府及中央政府博弈。因此,地方政府的质量将对不同的最终所有者的国有企业的行为产生不同的影响。本章提出研究假设 2。

假设 2　相对于民营企业,地方政府质量对国有企业盈余质量影响较小,并且对于最终控制人行政级别不同的国有企业,地方政府的影响也不相同

当所有权分散时,由于监督的成本和困难,股东没有较强的激励去监督管理者(Jensen and Meckling,1976)。控制性所有权更有可能依赖于私人沟通渠道,而不是公共的信息披露。作为一种降低股东和管理者之间的信息不对称的方式,这会降低对公司盈余质量的需求(Ball and Shivakumar,2005;)。Bebchuk (1999)认为所有权与控制权的分离跟集中的股权结构相关。Francis et al. (2005)考察了英国、法国、荷兰等国上市公司的所有权与控制权分离的所有权结构,La Porta et al. (1999)认为这种所有权结构分离在法律提供较弱的外部投资者保护的国家更为常见。所有权与控制权的分离受到金字塔结构的影响,金字塔结构是所有权与控制权分离的主要机制。通过所有权与控制权的分离,控制人能够侵占小股东的财富,获取私人收益。同时,金字塔结构让控股股东创造内部资本市场用来融资项目(Willamson,1995),内部资本市场能够以较低的成本获取资金。

一方面,随着控股股东和所有权的两权分离,小股东和市场会理性地认为控股股东会侵占小股东利益。因此,它们会提高风险溢价,公司将会面临较高的外部融资成本(Sheifer and Vishny,1986;Classens et al.,2000;Faccio et al.,2001)。外部融资成本的提高会使公司更有可能求助于通过金字塔结构创造的内部资本市场来资助公司的成长,这会导致对公司盈余质量需求的降低。另外,所有权与控制权的分离度的提高会加大控股股东对他们控股地位稀释的担忧。当现任控股股东有较小的现金流权时,这种威胁特别明显,他会被新进入的大股东轻易地降低股东级别。为了避免这种稀释效应,控股股东更有可能依赖于内部资本市场来资助公司项目,降低对公司盈余质量的需求。而且,对公司内部资本市场的偏好会提高管理层与控股股东分享信息的激励,使得管理者和股东之间的信息不对称更多的是通过私人信息渠道来解决。

另一方面,控股股东两权分离度越高,终极控制股东攫取私有收益的动机就越强烈(Claessens et al.,2002);而公司较低的盈余质量能够降低外部股东的监管水平,阻止竞争者获取公司专有信息,并能避免不必要的社会和政治审查,从而便利了控股股东的攫取行为。因此,盈余质量作为控制股东隐匿控制权收益的一个机制,终极控制股东为了掩盖其利益攫取行为、减少诉讼成本和专有信息流失,就有强烈的动机来降低盈余质量,提高盈余管理,尤其是当超额控制程度较大时,这种动机就更为强烈。因此,综上所述,控股股东的控制权和现金流权分离跟公司盈余质量存在负相关关系。本章提出研究假设3。

假设3 终极控股股东两权分离度越大,公司盈余质量越低

在存在政府官员对公司利益侵占的可能情况下,内部人有动机去防范政府侵占行为以维护自身利益。政府官员会利用其所掌握的权力来谋取利益,这种行为会影响到投资者与公司内部人的利益,内部人(控股股东)的自我保护激励增强,如果公司提高信息披露质量,会降低政府侵占公司利益的成本,导致更严重的政府侵占行为。因此,在政府侵占程度较高的地区,控股股东为了降低政府侵占的概率、提高侵占成本,降低公司盈余质量的动机进一步增强;而在政府质量较高的地区,控股股东降低公司盈余质量的动机可能会因受到外部市场完善的产权保护和法律执行力度而降低,同时,较高的政府质量也能够提高经济主体之间的商业信任,降低交易成本和公司的融资成本,提高对公司盈余质量的需求。因此,在政府质量较高的地区,两权分离度所导致降低公司盈余质量的动机会下降,控股股东有动机提高公司盈余质量。基于上述分析,本章提出研究假设4。

假设4 终极控股股东两权分离度与公司盈余质量的负相关性会随着政府质量的提高而降低

第三节 研究设计

一、主要变量定义

(一) 政府质量

和政府相关的数据主要来源于世界银行的调查报告《政府治理、投资环境及和谐社会——中国120个城市竞争力的提升》。这项调查涵盖了中国120个城市的12 400个公司,提供了关于不同城市的城市特点、政府有效性及和谐化社会的进程方面的细节数据。这120个城市分布于除西藏以外的所有省、市、自治区,GDP占全国的70%—80%。本章相信这些数据是有代表性的并且相对完整。

继La Porta et al.(1999)之后,笔者借鉴本书第五章用自己的方法计量的政府质量指标,分别从企业承担的有效税负和管理费用、企业在旅游和娱乐上的花费、企业每年和政府互动的平均天数和对法院的信心四个指标借鉴Francis et al.(2004)的研究,本章随后建立了政府质量指数。首先,本章把每年的变量进行排序,形成十分位数。对于税率、旅游、娱乐花费及政府互动变量,排名靠前的10%得分最高,排名垫底的10%得分最低。对于司法信息指数,则以相反的方式排名。其次,本章计算四个变量的平均数,构成综合政府质量指数。在这种方式下,综合指数高意味着政府质量高。Francis et al. (2004)指出"用每个属性的十分位数排名而非原始数据,减轻了极端观察值的影响,并且让本章能把得出的系数估计值解释成和相邻的十分位数相关的风险溢价"。

(二) 盈余质量

为了避免股票收益中噪音对实证结果的影响,区别以盈余和股票收益关系刻画盈余质量的研究,本章以应计质量(Franci et al.,2005;Dechow and Dichev,2002)和可操控应计(Dechow et al.,1995)作为盈余质量的度量。

1. 应计质量

$$\Delta WC_{i,t} = \alpha_0 + \alpha_1 CFO_{i,t-1} + \alpha_2 CFO_{i,t} + \alpha_3 CFO_{i,t+1} + \varepsilon \quad (1)$$

其中,$\Delta WC_{i,t}$表示营运资本的变化,即公司i第$t-1$年与第t年间(应收账款变化+存货变化-应付账款变化-应付税款变化+其他流动资产变化)/当期平均资产;$CFO_{i,t-1}$、$CFO_{i,t}$和$CFO_{i,t+1}$分别表示公司i第$t-1$年、第t年和第$t+1$年的经营现金流量与当期平均总资产的比值。

本章对模型(1)进行分年度和行业的截面性回归以得到该模型的线性回归残差项,然后将第t年应计质量定义为第$t-4$年至第t年间模型(1)中残差项的标准差,然后分别将上述标准差乘以-1获得每个公司的会计信息质量指标AQ_{it}。AQ_{it}越大,意味着应计质量越高,公司会计信息质量也相应越高。

2. 可操控应计

借鉴Jones(1991)模型的可操控应计的质量,采用中国的面板数据和Jones模型相结合,本章可以更好地估计非可操控应计。本章使用了如下模型:

$$\frac{TACC_{i,t}}{Asset_{i,t-1}} = \alpha_1 \frac{1}{Asset_{i,t-1}} + \alpha_2 \frac{\Delta Rev_{i,t}}{Asset_{i,t-1}} + \alpha_3 \frac{\Delta PPE_{i,t}}{Asset_{i,t-1}} + \varepsilon_{i,t} \quad (2)$$

其中,$TACC_{i,t}$表示公司i第t年总应计利润,定义为线下项目税前利润与经营净现金流量之差;$Asset_{i,t-1}$表示公司i第t年年初总资产;$\Delta Rev_{i,t}$表示第$t-1$年与第t年间销售收入的变化;$\Delta PPE_{i,t}$表示公司i第t年年末固定资产原值;$\varepsilon_{i,t}$是公司i第t年Jones模型的回归残差,代表各公司应计利润中操纵性应计利润部分(可操控应计数越小,会计稳健性越高)。

考虑到证券市场的会计稳健性定义为第$t-4$年至第t年间模型(2)分年度分行业线性回归残差平均值的负数,因此,DA_{it}越大,会计稳健性越高,则上市公司会计信息质量也相应越高。

(三) 会计信息质量指数

为使样本信息含量最大化和各种度量会计信息指标间的权衡,借鉴 Francis et al. (2004)的计算方法,本章使用一种简单的加权平均百分位数赋值方法建立了综合的盈余指数(AEQI),AEQI 值越大,会计信息质量越高。具体而言,本章将 $AQ_{i,t}$ 和 $AC_{i,t}$ 两个指标分别按照大小排序,并赋予其所在为此的百分位数值,然后将所得数值相加构造一个综合得分函数,即

$$AEQI_{i,t} = \frac{D(AQ_{i,t}) + D(DA_{i,t})}{2} \quad (3)$$

其中, $D(AQ_{i,t})$ 和 $D(DA_{i,t})$ 分别表示模型(1)和模型(2)计算的应计质量和可操控应计稳健性的分位数。

(四) 终极控制权与所有权分离

根据 La Porta et al. (2000)关于控制权和现金流权的定义和终极控股股东的原则,本章按以下方式定义、计算终极控股股东及其控制权和现金流权:第一,控股股东为终极控股股东,即不再为其他股东所控制;控制权包含直接控制和间接控制;在每一条控制链中,有效的控制权为链条中的最小值;为了保证控股股东的有效控制,按照大多数研究所采用的标准,本章以10%为控制权标准。第二,现金流权。首先计算出每条控制链(包含直接控制和间接控制)中控制权的乘积,然后将此乘积进行相加。此数据来源于对公司年报的人工收集、整理。具体计算如下:

控制权: $Controlrights = \sum Min(C_{i1}, C_{i2}, \cdots, C_{it})$

现金流权: $Cashflowrights = \sum \prod C_{it}$

超额控制: $Wedge = Controlrights - Cashflowrights$

(五) 控制变量

根据前人的研究,本章把公司规模、财务杠杆、公司成长性、第一大股东持股比例、股权制衡度、经营波动性、董事长与 CEO 两职分离作为控制变量。同时,本章还控制年份和行业效应。主要研究变量定义如表7-1所示。

表 7-1 控制变量定义

变量符号	变量名称	变量定义
Size	公司规模	公司总资产的自然对数
Lev	负债比率	负债总额与总资产比例
Growth	公司成长性	销售收入增长率
Vcfo	公司经营波动性	第 $t-2$ 年至第 t 年经营性现金流的标准差
Largest	第一大股东持股比例	第一大股东持股数量与总股本的比值
Balance	股权制衡度	第二至第五大股东持股数量之和与第一大股东持股数量之比
Duality	两职分离	如果公司董事长同时为总经理,Duality = 1,否则 Duality = 0
Year	年份虚拟变量	以 2005 年为基础,其余年份分别设置虚拟变量
Industry	行业虚拟变量	基于证监会行业分类定义的行业虚拟变量

二、样本选择和数据来源

本章选择 2005—2007 年沪深交易所上市的所有 A 股上市公司为初始样本。首先,考虑到金融类和公共事业类上市公司的特殊性,本章剔除了这两类上市公司样本。其次,剔除了其他相关数据缺失的公司,并把不属于本章调查报告上的 120 个城市的公司剔除。本章要求每个城市至少每年拥有 10 个公司的观察值。最后,对于本章所使用到的主要连续变量,为消除极端值的影响,本章还对处于 0—1% 和 99%—100% 的极端值样本进行了 Winsorize 处理,最终得到了来自 89 个城市的 2005—2007 年的 2 801 个观察值。公司治理结构和财务数据来自 CSMAR 数据库。公司的终极所有权和控制权数据来自对公司年报的人工收集、整理和计算。地方政府质量的数据来源于世界银行,详见变量定义部分。

参照徐浩萍等(2006)和夏立军等(2005)的研究,本章首先根据控股股东性质,将样本上市公司终极产权分为私有产权(民营、外资和自然人)和国有产权;同时,根据所有权实际运行主体,若最终控制人为县级或县级以上各级政府的有关政府机构(政府、国有资产监督管理局、财政厅等),则认定其为相应级别的政府控制,将国有产权进一步分为中央、省级、市级(含县级及其以下)政府控制。

政府质量、公司治理与企业资本配置效率

第四节 实证检验结果与分析

一、描述性统计

表7-2报告了主要研究变量的描述性统计结果。政府质量平均值为5.149,最大值为9.250,最小值为1.250,标准差为2.029。政府质量的各分指数值变化范围也很大,这说明样本所在地区政府质量之间存在显著差异性。公司盈余质量平均值为50.557,标准差为21.387。公司规模平均值为21.386,标准差为1.131。公司财务杠杆比率平均值为0.583,标准差为0.421。这说明样本公司之间差异不太显著。

表7-2 主要研究变量描述性统计

	观测值	平均值	中位数	标准差	最小值	最大值
GQI_ag	267	5.149	4.750	2.029	1.250	9.250
AEQI	267	50.557	51.500	21.387	1.000	100.000
GQI_ent	267	1.176	1.200	0.460	0.300	2.400
GQI_tax	267	4.910	5.100	1.430	1.700	8.700
GQI_inter	2 801	0.047	0.046	0.014	0.006	0.089
GQI_court	2 801	60.263	61.000	15.785	27.000	98.000
DA	2 801	0.023	0.037	0.499	−2.625	1.948
AQ	2 801	−0.006	0.023	1.085	−4.553	4.580
Size	2 801	21.386	21.331	1.131	18.601	24.887
Lev	2 801	0.583	0.540	0.421	0.075	3.520
Growth	2 801	0.218	0.142	0.590	−0.852	3.788
Largest	2 801	37.465	35.370	15.360	9.220	75.000
Balance	2 801	0.573	0.388	0.557	0.004	3.567
Duality	2 801	0.121	0.000	0.326	0.000	1.000

表7-3报告了主要研究变量的相关性。从表中容易发现,盈余质量和政府质量总指数正相关,和娱乐开支、税率、与政府打交道时间分指数变量负相关。

同时,本章还发现政府质量的变量之间相关,比如税率更高的地方,公司在旅游和娱乐上的开销更大,公司对法院的信心不足。相关性研究初步支持了本章上文的推论,不过,由于相关性分析没有控制其他因素的影响,因此在进行回归分析前,对这一结论尚需要保持谨慎。

表 7-3 主要研究变量相关性分析

	GQI_ag	GQI_ent	GQI_tax	GQI_inter	GQI_court	AEQI	AQ	DA
GQI_ag	1.000							
GQI_ent	-0.674***	1.000						
	0.000							
GQI_tax	-0.741***	0.749***	1.000					
	0.000	0.000						
GQI_inter	-0.474***	-0.028	0.048**	1.000				
	0.000	0.128	0.012					
GQI_court	0.820***	-0.455***	-0.456***	-0.313***	1.000			
	0.000	0.000	0.000	0.000				
AEQI	0.044***	-0.028	-0.001	-0.027	0.065***	1.000		
	0.000	0.139	0.939	0.149	0.001			
AQ	0.035*	-0.038**	-0.038**	-0.012	0.040**	0.721***	1.000	
	0.068	0.044	0.044	0.536	0.033	0.000		
DA	0.012	0.027	0.044**	-0.041**	0.037*	0.666***	0.142***	1.000
	0.524	0.158	0.019	0.032	0.052	0.000	0.000	

注:***、**和*分别表示在1%、5%和10%的水平上显著。

二、实证分析

(一)好的政府能提高盈余质量吗

本章首先采用 OLS 回归考察了政府质量对盈余质量的影响。表 7-4 至表 7-6 分别报告了公司层面政府质量总指数、分指数与公司盈余质量总指数、分指数的回归结果。表 7-4 中的回归结果显示,政府质量总指数跟公司盈余质量总指数和各分指数分别在 1% 水平上显著正相关,验证支持了本章的研究假设 1,高质量的政府会提高公司的盈余质量。

表 7-4　政府质量总指数与公司盈余质量:公司层面分析

被解释变量	AEQI	AQ	DA
GQI_ag	0.853***	0.015***	0.017***
	4.56	3.12	3.90
Size	2.576***	0.143***	0.011
	7.25	14.7	1.09
Lev	-18.050***	-0.445***	-0.418***
	-17.7	-12.6	-15.00
Growth	-2.5092***	-0.090***	-0.0350*
	-3.67	-3.60	-1.70
Vcfo	0.157***	0.007***	0.002**
	6.77	7.34	2.31
Largest	0.124***	-0.001	0.0020**
	3.64	-0.77	-2.4
Balance	2.068**	-0.010	0.027
	2.25	-0.45	-1.22
Duality	-2.414**	-0.015	-0.0652**
	-2.14	-0.47	-2.16
Industry & Year	Control	Control	Control
Observations	2 801	2 801	2 801
Adj. R^2	0.23	0.32	0.13

注：***、**和*分别表示在1%、5%和10%的水平上显著。

本章将政府质量总指数分解为企业承担的有效税负和管理费、娱乐开支跟政府打交道时间、法庭信心四个分指数。政府质量分指数跟公司盈余质量回归结果列于表7-5和表7-6。从表中容易发现,有效税率分指数和盈余质量负相关,这说明公司面临更大程度的地方政府税收攫取时,内部人会更多地操纵盈余,降低公司透明度,保护公司资源。政府娱乐开支分指数与公司盈余质量显著负相关,这也验证了本章的研究假设1。这个变量代表政府的腐败程度,它和盈余质量的负相关,说明"坏"的政府可能会要求更多的来自企业的隐性贿赂,因此企业会呈现出低质量的盈余来保护自己的资产。本章还在政府互动的变量上发现了一致的证据,回归结果显示,花更多时间和政府打交道的公司,盈余质量更低。对法院信心分指数的回归结果显示,相信法院会保护它们财产的公司,会呈现出更高的盈余质量。上述结果说明,单个政府质量维度变量与公司盈余质量显著正相关,验证了本章的研究假设1。

表7-5 政府质量分指数与公司盈余质量(1):公司层面分析

被解释变量	AEQI			
	Ⅰ	Ⅱ	Ⅲ	Ⅳ
GQI_inter	-66.858**			
	-2.54			
GQI_ent		-2.285***		
		-2.85		
GQI_tax			-0.590**	
			-2.24	
GQI_court				0.129***
				5.56
Size	2.552***	2.460***	2.488***	2.6339***
	7.21	6.91	7.00	7.39
Lev	-17.658***	-17.949***	-17.897***	-18.043***
	-17.40	-17.60	-17.70	-17.60
Growth	-2.478***	-2.458***	-2.422***	-2.550***
	-3.61	-3.59	-3.54	-3.73
Vcfo	0.161***	0.159***	0.167***	0.163***
	6.94	6.86	7.19	6.97
Largest	0.131***	0.120***	0.120***	0.128***
	3.82	3.51	3.52	3.76
Balance	2.301**	2.032**	2.026**	2.218**
	2.52	2.21	2.20	2.40
Duality	-2.526**	-2.350**	-2.415**	-2.445**
	-2.21	-2.07	-2.12	-2.18
Industry & Year	Control	Control	Control	Control
观测值	2 801	2 801	2 801	2 801
Adj. R^2	0.23	0.23	0.23	0.23

注:***、**和*分别表示在1%、5%和10%的水平上显著。

表 7-6 政府质量分指数与公司盈余质量(2):公司层面分析

被解释变量	AQ				DA			
	I	II	III	IV	V	VI	VII	VIII
GQI_inter	-2.595***				-0.485			
	-3.89				-0.76			
GQI_ent		-0.091**				-0.071***		
		-2.04				-3.66		
GQI_tax			-0.022				-0.023***	
			-1.47				-3.70	
GQI_court				0.003***				0.002***
				4.36				3.95
Size	0.144***	0.169***	0.170***	0.145***	0.010	0.008	0.009	0.012
	14.9	8.23	8.28	14.80	0.98	0.80	0.88	1.17
Lev	-0.437***	-0.364***	-0.361***	-0.446***	-0.411***	-0.419***	-0.419***	-0.417***
	-12.5	-3.73	-3.70	-12.60	-14.60	-14.90	-15.10	-14.90
Growth	-0.090***	0.231***	0.233***	-0.091***	-0.034	-0.034*	-0.033	-0.036*
	-3.61	3.55	3.56	-3.65	-1.64	-1.65	-1.59	-1.72
Vcfo	0.007***	-0.012***	-0.012***	0.007***	0.002**	0.002**	0.004**	0.002**
	7.32	-4.99	-4.90	7.40	2.40	2.24	2.62	2.41
Largest	-0.001	0.002	0.002	-0.001	0.002**	0.003**	0.002**	0.0021**
	-0.52	1.20	1.21	-0.69	2.49	2.22	2.18	2.49
Balance	-0.004	0.006	0.006	-0.008	0.030	0.024	0.022	0.030
	-0.18	0.12	0.13	-0.33	1.38	1.11	1.03	1.36
Duality	-0.018	-0.007	-0.009	-0.015	-0.067**	-0.063**	-0.065**	-0.066**
	-0.58	-0.10	-0.13	-0.49	-2.19	-2.07	-2.12	-2.19
Industry & Year	Control	Control	Control	Control	Control	Control	Control	Control
观测值	2 801	2 801	2 801	2 801	2 801	2 801	2 801	2 801
Adj. R^2	0.32	0.09	0.09	0.32	0.13	0.13	0.13	0.13

注:***、**和*分别表示在1%、5%和10%的水平上显著。

对于控制变量,本章的结论和之前的经验研究基本保持一致。本章发现公司的规模越大、杠杆水平越低、增长率越低,其盈余质量越高;还发现最大股东控股数越多、股东平衡数越大、董事长和总经理越是两职分离,其盈余质量越高。

除了公司层面的回归,本章还根据 Caprio et al. (2008) 的研究,对地区层面政府质量和公司盈余质量之间的关系进行了回归,结果如表 7-7 所示。本章选取了 2005—2007 年间每个城市公司观测值的中位数,最终得到了有 267 个观测值的城市层面的面板数据。正如 Caprio et al.（2008）指出,地区层面的分析将减少由某个区域拥有的公司数最大而造成的偏见。地区层面的回归和公司层面的回归结论一致,综合政府质量指数及对法院的信心和盈余质量正相关,有效税收、在旅游及娱乐方面的花费和与政府的互动等分指数与公司盈余质量呈负相关。

表 7-7　政府质量与盈余质量:地区层面的分析

被解释变量	AEQI				
	Ⅰ	Ⅱ	Ⅲ	Ⅳ	Ⅴ
GQI_ag	0.810**				
	2.33				
GQI_inter		-0.079**			
		-2.44			
GQI_ent			-2.438*		
			-1.71		
GQI_tax				-0.024	
				-0.05	
GQI_court					0.115***
					-2.87
Size	-0.288	0.668	1.035	-0.296	0.258
	-0.17	0.45	0.71	-0.17	0.14
Lev	-31.261***	-27.804***	-26.659***	-31.281***	-29.228***
	-4.43	-4.25	-4.04	-4.36	-4.30
Growth	-7.546	-3.660	-2.984	-7.994*	-6.803
	-1.64	-0.91	-0.75	-1.82	-1.48
Vofo	0.240**	0.240**	0.247**	0.247**	0.229**
	2.12	2.27	2.3	2.14	2.11
观测值	267	267	267	267	267
Adj. R^2	0.15	0.13	0.12	0.15	0.15

注:***、**和*分别表示在 1%、5% 和 10% 的水平上显著。

(二) 最终控制人性质、政府质量与盈余质量

本章进一步考察了在终极产权不同性质和国有产权不同行政级别下,政府质量对盈余质量的影响。将样本按最终控制人的不同分组,表7-8报告了政府质量总指数与公司盈余质量的回归结果。笔者发现政府质量对公司盈余质量的影响在非国有企业和国有企业之间存在差异。相对于国有企业而言,政府质量总指数和民营企业的盈余质量更为显著,同时,相关系数的比较进一步证实地方政府的质量对民营企业的盈余质量的影响更强。表7-9报告了各政府质量分指数与公司盈余质量的回归结果,从中可以发现,政府娱乐开支、跟政府打交道时间和法庭信心分指数对民营企业盈余质量的影响要强于国有企业。

表7-8 最终控制人性质、政府质量与公司盈余质量(1)

被解释变量	AEQI				
	非国有企业	国有企业	中央政府控制	省级政府控制	市级政府控制
GQI_ag	1.460***	0.452**	-0.857*	1.272***	0.406
	4.60	1.98	-1.85	3.40	0.98
Size	4.156***	1.523***	-0.238	2.517***	0.934
	5.64	3.27	-0.37	3.06	1.05
Lev	-15.092***	-19.388***	-13.883***	-24.000***	-23.682***
	-12.00	-9.73	-3.82	-5.65	-9.80
Growth	-1.870**	-3.142***	-2.312	-4.148***	-4.214*
	-2.15	-3.20	-1.43	-2.96	-1.85
Vcfo	0.134***	-52.132**	-144.923***	-8.286	-86.225**
	-4.82	-2.07	-9.02	-0.45	-2.07
Largest	0.099	0.127***	0.132*	0.067	0.179**
	1.42	3.24	1.91	1.05	2.39
Balance	3.182**	1.952*	3.623*	0.608	1.094
	1.97	1.70	1.67	0.33	0.59
Duality	-2.186	-3.004**	-4.663	-6.510***	3.424*
	-1.22	-2.19	-1.60	-2.65	-1.76
Industry & Year	Control	Control	Control	Control	Control
观测值	875	1 926	575	749	602
Adj. R^2	0.36	0.21	0.26	0.27	0.32

注:***、**和*分别表示在1%、5%和10%的水平上显著。

表 7-9　终极产权、政府质量与公司盈余质量(2)

被解释变量	AEQI				
	非国有企业	国有企业	中央政府控制	省级政府控制	市级政府控制
	Panel A				
GQI_inter	-22.417***	1.729	18.178***	-6.354	-1.927
	-5.22	0.55	3.03	-1.29	-0.35
Control Variables	Included	Included	Included	Included	Included
观测值	875	1926	575	749	602
Adj. R^2	0.36	0.21	0.27	0.26	0.32
	Panel B				
GQI_ent	-3.978***	-0.948	3.122*	-4.451***	-0.304
	-2.94	-0.98	-1.74	-2.73	-0.18
Control Variables	Included	Included	Included	Included	Included
观测值	875	1926	575	749	602
Adj. R^2	0.34	0.21	0.26	0.26	0.32
	Panel C				
GQI_tax	-0.686	-0.355	-0.301	-2.711***	0.8831
	-1.57	-1.10	-0.55	-4.31	1.49
Control Variables	Included	Included	Included	Included	Included
观测值	875	1926	575	749	602
Adj. R^2	0.34	0.21	0.25	0.27	0.32
	Panel D				
GQI_court	0.194***	0.084***	-0.115**	0.116**	0.163***
	4.82	3.01	-2.00	2.58	3.16
Control Variables	Included	Included	Included	Included	Included
观测值	875	1926	575	749	602
Adj. R^2	0.36	0.21	0.26	0.26	0.33

注：***、**和*分别表示在1%、5%和10%的水平上显著。

从表7-9中，本章还发现了国有企业终极控制人行政级别不同，政府质量分指数对其所控制的公司盈余质量影响存在差异。政府质量影响公司盈余质量更多地体现在省级政府控制的上市公司，而跟中央政府和市级政府控制的上市公司盈余质量相关性不太显著。笔者认为这些结果显示了不同政府层级之间的博弈以及双重代理框架下公司面临不同的征用风险时的行为模式，中央所属的国有企业由中央政府直接控制，并且和国家利益联系紧密，地方政府质量难以影响公司的盈余质量，并且国有企业的内部人比起地方官员来说权利更大，他们对公司的征用风险更大。在这种情况下,政府层面的代理问题影响程度要低于内部人的代理问题。此时主导型的问题变成中央政府控制下的股东和少数股东。这种代理问题越严重,公司呈现出的盈余质量就越低,因为控制性的股东有动机通过隐藏真实的业绩攫取少数股东的利益。

对于省级政府控制下的国有企业,当地市政府将有能力就征用其治下的公司的资源。对于同一省内为获得升迁而相互竞争的市政府官员们来说,这加强了他们一同分享省政府所有的"蛋糕"的动机。在这种情况下,政府的代理问题超越了内部人的代理问题,因此本章观察到政府质量和盈余质量呈正相关关系。

对于由市级政府所有的国有企业而言,征用风险又有所不同。上文已经提到地方政府征用公司资源的目的是推动当地经济发展。由市级政府控制的国有企业对当地经济的发展做出了很大的贡献。对于当地政府而言,将其所属的国有企业的资源转移到支持当地经济建设的边际效用很小,这就解释了政府质量对市政府所属的国有企业的微弱影响。

(三)政府质量、终极控制权和现金流权分离度与公司盈余质量

在双重代理研究框架下,上市公司首先面对的是控股股东控制的第一重代理问题。与多数国家相似,中国的大多数上市公司也属于股权集中型并且绝大多数处于金字塔结构的控制下(Fan et al.,2013),那么在股权集中的情况下,上市公司终极所有者是否通过降低公司盈余质量来隐匿控制权收益呢?内部人在面对政府侵占的第二重代理问题时,第一重代理问题是否会有所变化?为此,本章考察了终极所有权与控制权两权分离与公司盈余质量的关系,表7-10报告了回归结果。

表7-10 政府质量两权分离与公司盈余质量

被解释变量	AEQI		
	全体样本 (1)	GQI_ag > Median (2)	GQI_ag < Median (3)
Wedge	-0.125**	-0.089*	-1.074***
	-2.49	-1.89	-2.67
Size	2.424***	2.486***	2.126***
	-6.73	-4.88	-3.81
Lev	-17.90***	-15.12***	-24.37***
	-16.59	-12.86	-7.67
Growth	-2.37***	-2.790***	-2.062**
	-3.40	-2.64	-2.25

(续表)

被解释变量	AEQI		
	全体样本 (1)	GQI_ag > Median (2)	GQI_ag < Median (3)
Vcfo	0.169***	0.104***	-38.26***
	6.90	3.90	2.91
Largest	0.129***	0.0641	0.156***
	-3.73	-1.21	-3.24
Balance	1.928**	-1.057	3.777***
	-2.05	-0.778	-2.86
Duality	-2.362**	2.462	-7.200***
	-2.03	1.56	-4.32
Industry & Year	Control	Control	Control
观测值	2 755	1 304	1 451
Adj. R^2	0.22	0.285	0.243

注：***、**和*分别表示在1%、5%和10%的水平上显著。

从表7-10回归(1)容易发现，终极控制股东两权分离变量与公司盈余质量在1%水平上显著负相关，验证了研究假设3。这说明，终极控股股东超额控制越强，公司盈余质量越低。控股股东的超额控制现象的存在增强了终极控股股东侵占其他股东利益、进行攫取的行为动机，而较低的公司盈余质量便利了这种行为，从而终极控股股东具有操纵公司盈余质量来实现其控制权收益的动机。终极控股股东超额控制程度越大，其获取控制权收益的动机就越大，降低公司盈余质量的动机也就越强烈。本章根据地区政府质量中位数，将样本分为高政府质量和低政府质量两部分，分别进行回归分析，以检验政府层面第二重代理问题是否会影响内部人第一重代理成本。表7-10中的回归(2)和回归(3)报告了结果，本章发现，在政府质量较高的地区样本回归中，两权分离度与公司盈余质量的负相关性程度有所降低，而在政府质量较高的样本中，两权分离度与公司盈余质量在1%水平上显著负相关，验证了研究假设4。这表明，较高的政府质量通过提高产权保护和法律执行力，在一定程度上能够抑制控股股东的侵占动机，同时，较高质量的地方政府能够降低当地经济主体之间的交易成本，提高商业信任，降低投资者的预期风险，因此，会降低企业的外部融资成本，控股股东因此也有动机来提高公司盈余质量，减少过多依赖于内部资本市场的融资。而在政府质量较低的地区,面对政府侵占公司利益的风险,控股股东有动机转移公司资源,进一步降低公司盈余质量。因此,终极控股股东所有权与控制权分离度所导致的第一重代理问题随着政府层面第二重代理问题的提高而降低。

三、稳健性检验

内生性问题是实证研究过程中常遇到的问题,本章的结论也面临内生性的考验。解决内生性问题的一种方法是引入工具变量。本章引进了三个来自世界银行报告的关于和谐化社会进程的变量。与 Acemoglu and Johnson(2005)类似,本章用了空气质量良好或优秀的天数、每单位绿化面积及婴儿死亡率三个变量。有理由相信这三个变量说明了政府为改善社会的福利状况所做的努力,并且和政府质量高度相关。很明显,这些变量和盈余质量没有直接的关系,将这三个变量合并成一个主要的工具变量,本章用了两阶段最小二乘法来进行回归分析。第一阶段,将政府质量对工具变量进行回归,得到政府质量的估计值。第二阶段,用估计值和盈余质量进行回归。结果如表7-11所示,也和本章之前的结论类似。本章的结论被一致的工具变量的结果支持。

表 7-11 工具变量回归检验

被解释变量	AEQI 2SLS		AQ 2SLS		DA 2SLS	
	Coeff.	T-value	Coeff.	T-value	Coeff.	T-value
Instrumental GQI_ag	0.628*	1.94	0.009**	2.09	0.019**	2.43
Size	2.576***	7.24	0.143***	14.60	0.011	1.15
Lev	-17.960***	-17.51	-0.443***	-12.55	-0.419***	-15.00
Growth	-2.521***	-3.67	-0.087***	-3.46	-0.038	-1.83
Vcfo	0.159***	6.88	-0.007***	7.43	0.002**	2.29
Largest	0.125***	3.69	-0.001	-0.77	0.002**	2.45
Balance	2.090**	2.29	-0.009	-0.41	0.026	1.20
Duality	-2.421**	-2.15	-0.017	-0.53	-0.064**	-2.12
Industry & Year	Control		Control		Control	
观测值	2 801		2 801		2 801	
Adj. R^2	0.23		0.32		0.14	

注:***、**和*分别表示在1%、5%和10%的水平上显著。

第五节 本章小结

本章采用来自世界银行（2006）数据库的数据，构建对地方政府质量的度量指标，从公司盈余质量的视角，考察了地方政府质量、上市公司内部人和投资者之间形成的双重代理问题，提出解释我国上市公司盈余质量的双重代理假设，揭示镶嵌于地方政府质量和终极控股股东超额控制双重代理理论框架下公司盈余质量的决定因素。

研究发现，较高的政府质量会提高上市公司的盈余质量；相对于国有企业，政府质量对民营企业盈余质量的影响更为显著；不同行政级别政府之间的利益博弈导致其所控制的国有企业对地方政府的质量的反应也不尽相同；终极控股股东所有权与控制权分离所导致的第一重代理问题越大，公司盈余质量越低，但这种第一重代理问题随着政府层面第二重代理问题的提高而降低。本章的理论启示是，考察中国上市公司会计行为时，不仅要关注公司内部人的代理风险问题，还要关注政府代理风险对公司行为的影响。转型中的中国，其主要制度特征之一是政府通过公共政策对经济的干预，同时，地区之间发展的不平衡、地方政府质量差异对公司行为有着重要的影响。公司行为是国家代理风险和公司内部人代理风险共同作用的产物。本章的政策启示是，地方政府（官员）积极参与到侵占公司利益行动之中，因此，公司的会计行为要以地方政府营造良好的制度环境为基础，而不是仅仅考虑公司会计行为本身。对于盈余质量，政府制定的规章固然重要，政府本身作为政策的制定者和执行者，也同样重要。在双重代理问题共同影响公司的决策的情况下，地方政府（官员）不应该仅仅通过改善监管环境来限制内部人的行为，还需要提高地方政府的质量来减少公司面临的征用风险。

第八章　社会资本、政府质量与金字塔结构内生决定

第一节　引　言

金字塔结构作为一种基础性的所有权结构和公司治理机制,一直是国际公司治理领域的重要研究内容。特别是从20世纪90年代起,以法与金融分析为代表的第二代国际性公司治理文献研究发现,金字塔结构的家族控制模式是世界范围内具有代表性的所有权结构模式(La Porta et al.,1999;Almeida and Wolfenzon,2006)。家族企业公司治理开始成为相关研究关注的重点之一,并且其所关注的治理问题逐渐从所有者与管理者的代理冲突转变为控制性家族股东侵占中小股东利益。纵观现有家族金字塔结构的相关研究,绝大部分文献研究了金字塔结构下终极控制权与现金流权比例及其两者的分离程度对控制性股东各种侵占行为的激励约束效应和经济后果的影响,其主要观点是,金字塔结构能够赋予终极控制人超过现金流权的控制权,产生代理冲突,特别是对小股东利益的侵占问题,导致公司价值折价(Bertrand et al.,2002;Claessens et al.,2002;Lemmon and Lins,2003;谷祺等,2006;毛世平,2008)。既然金字塔结构存在严重的代理问题,为何其能在世界范围内广泛存在,没有被更有效率的组织结构所代替? 因此,关于金字塔结构的成因吸引了国内外学者的广泛兴趣(Bebehuk et al.,2000;Almeida and Wolfenzon,2006;Fan et al.,2007;郑志刚,2005;李增泉等,2008;毛世平,2008)。金字塔控制结构能够让控股股东产生内部资本市场,缓解融资约束,克服资本市场摩擦(Khanna and Palepu,2000)。因此,金字塔结构是公司面对不同的经济和制度约束的理性反应,它们并不一定会导致公司价值的下降或社会福利的降低。

第八章 社会资本、政府质量与金字塔结构内生决定

中国三十多年市场化改革的成功,在很大程度上归因于民营家族企业的发展。民营家族企业的成长壮大对中国社会经济持续发展意义重大,直接带动了出口、就业和推动市场化转型。当前中国家族企业的所有权和控制权基本上为家族或泛家族成员控制,普遍被置入金字塔控股结构之中(刘芍佳等,2003;Fan et al.,2009)。转型经济下的中国家族企业在发展过程中面临资金短缺和融资约束现象,缺乏外部融资的有效途径。在外部融资环境对企业融资行为形成较强约束的情况下,家族企业有较强动机通过金字塔结构构建内部资本市场,缓解外部融资约束,促进企业发展。在此背景下,家族企业金字塔结构内生决定的动因是什么?哪些因素通过作用于家族企业的融资能力影响金字塔结构选择?现有研究对金字塔结构的内生性决定机制研究不足。公司治理结构内生于其所处的制度环境(Williamson,2000;陈信元等,2004;夏立军和方轶强,2005),了解家族企业控制权安排的制度动因,有助于了解家族企业建立金字塔结构的动机。

制度包括正式制度和非正式制度。经济发展的一个根本因素是国家官僚行政体制的效率与质量(李稻葵,2002)。在转型经济下,中国家族企业的发展在很大程度上受到地方政府的影响,地方政府通过公共治理的制度(产权保护水平、地方企业对当地法庭信心、政府廉洁程度、行政效率等)作用于经济主体,影响家族企业的行为偏好。因此本章研究的第一个主题是,中国地方政府质量对家族企业的治理行为会产生怎样的影响?家族企业又如何通过其治理结构的调整来适应中国转轨过程中的地方政府提供的公共治理环境?就本章的研究问题而言,中国地方政府质量水平差异是否会影响以及如何影响该地区家族上市公司的金字塔结构特征?

Allen et al.(2005)提出了著名的"中国之谜"(Puzzle of China),认为中国存在相应的法律保护替代机制,其中,信任、声誉和关系是最重要的替代机制。在地方政府这种正式的制度安排之外,制度对家族企业的影响还存在"正式制度的灰色地带",单单依靠政府正式的外部约束固然重要,但难以较为准确或全面地考察企业的行为动机。如何依靠社会资本的积累,通过提高社会诚信、社会道德水平来影响企业家动机,已成为一个越来越重要的研究课题。诚信和道德规范属于社会资本概念的范畴(Putnam,1993)。社会资本作为法律制度、经济制度这些正式制度之外的一种非正式制度(戴亦一,2009),利用其所包含的信任

和社会网络规范,影响企业家的动机。对于处于转型经济中的中国,通过考察正式制度之外的非正式制度安排,有利于本章更加全面地认识家族企业金字塔结构构建的真正动机。因此,本章第二个主题是,在法律制度等正式制度不充分的情况下,非正式制度是否起到替代法律制度等正式制度的治理效应?就本章的研究问题而言,中国各省区的社会资本水平差异是否会影响以及如何影响该地区家族上市公司的金字塔结构选择?在中国政府质量较差的地区,社会资本对家族企业金字塔结构选择的作用是否更加显著?

本章认为,从地方政府质量和社会资本视角解释中国家族企业的外部融资特别是债务融资受到较大约束的情况下,考察家族企业金字塔结构选择机制更具有现实意义。中国自改革开放以来,尽管民营经济已经迅速发展为国民经济的重要组成部分,但在尚不完善的各种市场环境下,民营企业无论在债务融资还是权益融资方面都受到更多的体制性歧视(孙铮等,2005),民营企业的融资困难是一个不争的事实。因此,民营企业具有更强的动机通过金字塔结构,建立内部资本市场,缓解融资约束。而这些行为要受到其所镶嵌的地区政府质量和社会资本的影响。

以中国沪深两市 2003—2008 年间家族上市公司为研究样本,本章提供了支持上述解释的经验证据。研究发现,地方政府质量越高,公司金字塔层级越低,控制权和现金流权分离度越低;地方社会资本越高,金字塔层级越低,两权分离度越低;政府质量与社会资本之间存在替代关系。在地方政府质量较高的地区,社会资本对家族企业金字塔结构的影响更为显著。

本章对已有文献的贡献主要体现在两个方面。首先,从地方政府质量正式制度和社会资本非正式制度视角,对家族企业金字塔结构的成因给出了一个更具普适性的解释,对已有文献无法解释的现象提供了合理解释。其次,为地方政府质量如何影响公司治理结构的研究提供了进一步的经验证据,同时,丰富了社会资本与政府质量替代关系的研究。

第二节 制度背景、理论分析与研究假设

一、制度背景

转型经济过程中的财政联邦制对地方政府形成了发展经济的激励,但不同地区由于历史条件和要素资源禀赋的差异,使得地方政府经济发展条件不同,地方政府质量存在较大的差异。经过近三十年的发展,中国民营家族企业在经济转型过程中不断成长壮大,企业规模不断扩大,公司业务能力不断增长,其对中国经济增长的贡献度不断增强。然而,在转轨经济背景下,企业产权性质不同,面临的融资约束程度存在差异,其所承担的政策性负担程度高低不同,可能得到的商业银行贷款额度以及便利程度存在差异。家族企业在发展过程中面临最大的"瓶颈"是企业的融资问题。融资渠道不畅已经成为家族企业生存与发展的重要制约因素。家族企业融资偏好内源融资,融资顺序大致为企业积累、亲戚朋友筹款、民间借贷、银行或信用社贷款和其他途径。无论是创业初期还是成长期,当需要从外部融资时,家族企业往往通过负债融资。然而,中国家族企业面临严重的外源融资渠道狭窄问题。四大国有商业银行垄断了近70%的金融资源,但这些金融资源大多贷给了国有企业。虽然政府已经出台相关政策鼓励商业银行增加对私营企业的贷款,然而国有商业银行仍然存在对民营企业的"歧视"现象,在贷款发放要求、贷款审批程序和效率、不良贷款处理、信贷人员责任承担等方面对民营企业的要求极为苛刻,远远超过国有企业。而其他城市商业银行、股份制银行、农村信用社等非国有金融机构由于自身的局限,也很少为民营企业贷款。2005年民营企业在全国短期贷款中的比例为11%左右,2006年下降到9%,2008年下半年金融危机爆发后民营企业贷款更加困难,作为民营企业主要组成部分的家族企业也深受其害,大量企业经营困难甚至破产。Fan et al. (2007)研究发现,由于家族企业在中国刚开始发展,存在众多不规范之处,中国有关法规对待家族企业是不公正的,其中包括对家族企业外部融资的条件更为苛刻,而且中国的金融部门同样不愿意向家族企业提供贷款,因此,家族企业

的股权融资和债务融资相对较难,缺乏有效的外部融资途径,在此情境下,它们有动机通过构建金字塔持股结构解决资金短缺和缓解融资约束。一方面,家族企业可以通过金字塔结构利用内部资本市场的融资平台,为企业发展提供所需资金,获取内部资本市场融资优势;另一方面,家族企业可以利用金字塔结构控制多家上市公司,实现融资的放大。当终极家族控股股东通过构建金字塔式企业集团来对其他企业进行控制时,就可以用当初少量的资金来控制更多的财富。持股层次越多,终极控股股东对下层公司拥有的现金流量就越少,但与此同时,终极控股股东所掌握的资金数额却在不断增长。如果再通过含多链条控制以及交叉持股的复杂金字塔结构安排整个企业集团的所有权结构,资金放大的能力还会继续加强,能够缓解企业融资约束。

二、理论分析与研究假设

(一)政府质量与金字塔结构

地方政府通过其所提供的公共治理制度安排,如产权保护水平、地方企业对当地政府的司法信心、地方税负水平和政府行政效率来影响企业的治理行为。政府质量较高的地区通过其所提供的产权保护、法律执行力度,构建经济主体之间的交易信任关系,能够促进当地企业金融信贷市场的发达,降低交易成本,有助于提高企业的资源配置效率,进而降低企业的外部融资成本。地方政府提供的公共治理制度安排能够缓解企业的融资约束(朱红军,2006)。陈德球等(2011)的研究发现,地方政府质量能够显著提高企业的银行贷款和商业信贷比例,较高质量的地方政府,能够提高信任程度,节省经济主体之间的交易时间、降低交易成本,帮助企业提高商业信贷比例,从而大大提高交易方的经济效益与效益。在家族企业的组织结构选择中,当项目投资成本大,投资人可供使用的自由流动资金较少时,往往会选择金字塔结构。如果不使用金字塔结构,而是直接投资,则意味着家族必须从现有的产业中转移出相应的大额资金才能满足现有投资的需要,当可供投资的自由流动资金紧张的时候,这种矛盾变得非常突出,而金字塔结构则恰恰可以缓解这种矛盾(Johnson et al.,2000)。家族企业控股股东通过构建多层壳公司来实现收购,形成复杂的结构,其中很重要的一个动因便是形成内部资本市场,利用下层公司的融资能力,缓解融资约束。在政府质量较高的地区,公共治理制度安排在很大程度上保证了交易合约的顺利签订与履行,降低了经济主体之间的交易成本,该地区企业将采用更具有较低成本的商业信用模式,家族企业面临的外部融资约束会缓解,其构建金字塔结构、建立内部资本市场、缓解融资约束的动机会降低。因此,基于上述理论分析,本章提出研究假设1。

假设1 地方政府质量与家族金字塔结构负相关

(二) 社会资本与家族金字塔结构

社会资本是一个社会学概念,主要指社会组织的一些特征,如信任、规范和网络,这通过人们的相互合作来提高社会效率,主要体现为社会中人们基于相互信任和合作的社会效率最大化倾向。社会资本的概念在20世纪90年代被社会学家介绍到经济学的研究领域,逐渐被经济学家所接受。社会资本是潜在利益的交换,有助于合作,使经济主体之间的交易更容易开展,降低交易成本,提高其他资本如金融资本的效率(Guiso et al., 2004)。已有的研究发现社会资本能够促进当地经济发展(Knack and Keefer, 1995)和金融发展(Guiso et al., 2004)。根据现有的文献,本章认为社会资本能够促进债券市场的发展。债券是一个强制性的合约,它不仅需要来自法律的有效支持,也需要较好的社会资本来促进自身的健康发展。从整体上看,中国各地区之间存在地理和文化环境上的差异,导致在各地区之间的社会资本也存在差异(张维迎和柯荣柱,2002)。

社会资本通过信息共享、互惠的集体行动和决策机制来影响经济行为。La Porta et al. (1997)与Knack and Keefer(1995)利用世界银行调查数据,研究发现婴儿死亡率在较高信任度的社会中较低,大公司的规模与人们之间的信任度而不是收入正相关。社会资本主要由一系列与信任、互惠和合作相关的态度与价值组成。在较好的社会资本地区,人们相互信任与合作。社会资本作为一种道德资源,是一种公共财产而不是私有财产,通过信任与互惠能够降低机会主义和免费搭车行为,督促交易双方彼此诚实守信合作,减少不确定性,最终促进合作行为的产生。Almeida and Wolfenzon(2006)发展了一个金字塔结构的融资优势模型,认为金字塔结构与平行结构的区别在于其具有融资优势。金融的实质就在于以今日的钱财换取一个将来获得更多钱财的承诺,此项交易发生与否不仅取决于契约的法律执行力,而且依赖于借贷者对融资者的信任。因此,社会资本作为决定信任度高低的一个重要因素,必然会对金融发展产生影响。社会资本在促成某项交易活动的达成和有效实施过程中都起着关键性的作用。对于转型经济环境下的家族企业而言,如果公司所在地方的社会资本较高,控股股东侵占小股东的动机和行为会降低,同时,公司外部投资者认为他们的权益和利益能得到较好的保护,投资者愿意为公司融资提供资金,缓解企业的融资约束。因此,根据以上理论分析,本章提出研究假设2。

假设2 地区社会资本与家族金字塔结构负相关

（三）社会资本与政府质量之间的替代作用

中国改革的相对成功,一个本质性的原因是改革开放以来政府行为的改变。制度特别是政治制度对经济增长起作用必然离不开政治组织在其中扮演的角色。如果公司所在地的政府质量较低,公共服务的质量、官僚机构的质量、公务员能力对上市公司机会主义行为和侵占动机约束较少,不能够保护投资者的权益,经济主体之间的交易行为将更多地依赖于交易双方的信任程度。商业合同的执行力度也将更多地依赖于交易双方的信任与合作,此时,社会资本在规范经济主体之间的交易行为、降低交易成本、促成交易等方面发挥着重要作用。Knack and Keefer(1995)研究发现,在信任和民间合作较强的国家中,产权在非正式制度(如信任度)较强的国家和地区能够得到有效的保护。Guiso et al. (2004)在对意大利各省的研究中发现,在司法效率很低的省份,社会资本在金融发展中所起的作用比司法效率高。Allen et al. (2005)在对中国的研究中发现,中国法律制度和金融体系比较薄弱,然而中国经济却实现了持续的增长,这种经济增长的奇迹背后是因为存在建立在关系和声誉基础上的非正式制度促进民营家族企业的发展,民营家族企业可以通过这种非正式的制度安排(声誉、关系、信任)向亲戚、朋友、民间互助会、民间非正式金融机构进行短期借贷,缓解企业的融资约束。因此,社会资本在一定程度上弥补了地方政府所提供的公共治理机制的薄弱性。潘越等(2009)认为社会资本与法律保护在公司IPO盈余管理决策中所起的作用是替代的。由此,根据上述理论分析,本章提出研究假设3。

假设3 社会资本与政府质量在影响家族企业金字塔结构内生决定方面存在替代关系,即在政府质量较低的省份或地区,社会资本对金字塔结构的影响更加显著;反之亦然

第三节 研究设计

一、样本来源和数据选择

本章以2003—2008年上市公司为研究样本,剔除金融业、公共事业、ST、PT以及一些数据缺失的公司,最终样本为1 275家,各年的上市公司数目分别为95家、180家、206家、255家、268家和273家。对中国家族上市公司样本的确定标准为:(1)最终控制者能追踪到自然人或家族;(2)最终控制者直接或间接持有的公司必须是被投资上市公司第一大股东。

笔者所获取的世界银行的报告涵盖120个城市,本章将不属于120个城市中的上市公司剔除,同时要求每个城市至少每年包含10个公司的观察值;同时本章剔除了金字塔结构及主要相关数据缺失的公司;最后,对于本章所使用到的主要连续变量,为消除极端值的影响,对回归模型中的被解释变量终极控制权和现金流权上下的1%样本进行Winsorize处理,最终获得1 275个观测值;上市公司治理数据和财务相关数据来自CSMAR数据库;公司的终极所有权和控制权数据来自对公司年报的人工收集、整理和计算;地方政府质量的数据来源于世界银行(2006),详见变量定义部分。

二、变量定义与检验模型

(一)政府质量的定义及其度量

政府质量的相关数据来源于世界银行的调查报告《政府治理、投资环境及和谐社会——中国120个城市竞争力的提升》。这项调查涵盖了中国120个城市的12 400个公司,提供了关于不同城市的城市特点、政府有效性及和谐化社会的进程方面的细节数据。这120个城市的GDP占全国GDP的70%—80%。因此,数据具有代表性并且相对完整。通过与上市公司数据的整合,本章最终选择了89个城市的数据。

政府质量主要体现在提供法律和秩序的维持、宏观经济的稳定、基础设施的有效提供以及公开公平的税收管理体制和规制管理的制度框架(Hellman et al., 2002)。本章借鉴第五章政府质量的度量指标,从产权保护水平、当地企业对法庭的信心、企业娱乐开支和企业跟政府打交道的时间四个维度来测度地方政府质量。

为了便于理解上的一致性,本章分别将 GQI_ent 和 GQI_inter 分指数改变符号,GQI_ent 和 GQI_inter 值越大,说明政府质量越高,与 GQI_property 和 GQI_court 分指数保持一致。借鉴 Francis et al. (2004) 的研究方法,本章在各政府质量分指数的基础上,建立综合政府质量指数(GQI_ag)。首先,把每年的变量从低到高进行排序,形成十分位数。排名垫底的 10% 得分最高,排名靠前的 10% 得分最低。其次,计算四个变量的平均数构成综合政府质量指数,在这种方式下,综合指数高意味着地方政府质量高,对政府质量的具体定义见表 8-1。

(二) 社会资本的定义及其度量

直接度量社会资本非常困难,但不是没有可能。实证研究需要代理变量。遗憾的是,现有的研究者对社会资本的代理变量没有达成一致的意见。本章发现,普遍让大家接受的代表社会资本的变量包括信任的程度、关系的数量和类型、文化组织的数量。Putman(1993)以地区是否具有公德心的居民来度量这个地区的社会资本。Guiso et al. (2004) 以意大利为样本,用公司参与选举活动、无偿献血等指标来直接度量意大利各省的社会资本。

本章要研究地区社会资本与家族企业金字塔结构之间的关系,因此,对社会资本的度量是研究的关键。根据现有的经济文献和社会资本特征,由于在理论与实践中,高社会资本与高信任度相关联,信任是度量社会资本的一项重要指标,在社会学与经济学中得到广泛应用。因此,本章借鉴张俊生和曾亚敏(2005)、潘越等(2009)的研究,采用张维迎和柯荣柱(2002)提供的地区信任数据。张维迎和柯荣柱(2002)在 2000 年委托"中国企业家调查系统"对中国 15 000 家企业做了信任度调查,据此对 31 个省、市、自治区的信用度做了排名,对社会资本的具体定义见表 8-1。

表 8-1 主要变量定义

变量类型	变量符号	变量名称	变量定义
社会资本	Social Capital	地区信任度指数	信任度是度量社会资本的一项重要指标,对30个省、市、自治区的信用度做了排名,高社会资本与高信任度相关联
政府质量	GQI_property	产权保护水平	较高的产权保护水平,说明地方政府质量较高
	GQI_ent	企业娱乐开支	每年企业在旅游和娱乐上的花费,相当于企业对于政府官员的一种灰色支出
	GQI_inter	企业跟政府打交道的时间	每年企业和政府互动的平均天数,衡量了政府的干预程度和政府的效率
	GQI_court	企业对法庭的信心	衡量了对产权的保护和政府对司法系统的影响
	GQI_ag	综合政府质量指数	前四个变量的平均数综合,指数高意味着地方政府质量高
金字塔结构	Layer	金字塔层级	金字塔底端上市公司追溯到金字塔顶端终极控制人所经历的层次数量
	Wedge	控制权与现金流权的分离度	控制权与现金流权之差

(三) 金字塔结构的定义及其度量

金字塔结构是一种股权结构形式,它是指企业的终极控制人通过掌握一家公司的控制权,而后者又掌握另一家公司的控制权,形成终极控制人位于金字塔的顶端,由其控制第一层级公司,再由第一层级公司控制第二层级公司,第二层公司再控制第三层级公司,以此类推。借助这种金字塔结构的控制形式,终极控制人的终极控制权以几何级数的形式放大。参考 La Porta et al. (1999) 和 Fan et al. (2009) 的研究,本章从金字塔层级和控制权与现金流权的分离度等二个维度来度量金字塔结构。首先,金字塔层级是从金字塔底端上市公司追溯到金字塔顶端终极控制人所经历的层次数量。其次,控制权是终极控制人对其所控制公司的重大决策的表决权,这种权力可以通过对公司董事会和管理层的内部控制来进行,又可以通过诸如金字塔结构的控股关系来实施。控制权的度量是终极控制人控制其上市公司的各条控制链最小控制权比例之和。现金流权是指实际控制人投入其所控制的公司的资金占公司总投资的比例所决定的终极控制人能享有公司收益的权力,为各条控制链上的控制权比例的乘积之和。假设各级控制链的持股比例为 S_i,则终极所有者的控制权为 $\text{Min}(S_1,S_2,S_3,\cdots,S_i)$,而其现金流权为 $\prod_{i=1}^{n} S_i$。随着控制链的增加,现金流权相对于控制权会逐渐减少,控制权与现金流权将发生分离,这也是终极控制人对上市公司的超额控制。因此,分离系数本章采用终极控制人的控制权与现金流权的分离度来度量,即控制权与现金流权之差,对被解释变量的具体定义见表 8-1。

(四) 控制变量的定义及其度量

根据现有研究文献(Anderson et al.,2003),本章选取了公司规模(Size)、财务杠杆(Lev)、公司增长性(Growth)滞后一期作为控制变量,同时引入公司是否完成股权分置改革(Reform)作为控制变量,数据来源于 CSMAR 数据库。宏观经济因素主要包括年份(Year)和行业(Industry)。

(五) 研究模型

为检验本章提出的理论假设,构造了三个基本检验模型。

模型 1:金字塔结构与政府质量等变量的线性关系

$$\text{Pyrmid} = \beta_0 + \beta_1 \text{GQI} + \beta_2 \text{Firmcontrol} + \beta_3 \text{Industrycontrol} + \beta_4 \text{Year} + v \tag{1}$$

模型 2:金字塔结构与社会资本等变量的线性关系

$$\text{Pyrmid} = \beta_0 + \beta_1 \text{Socialcapital} + \beta_2 \text{Firmcontrol} + \beta_3 \text{Industrycontrol} + \beta_4 \text{Year} + v \tag{2}$$

模型 3:金字塔结构与社会资本以及政府质量等变量之间的线性关系

$$\text{Pyrmid} = \beta_0 + \beta_1 \text{Socialcapital} + \beta_2 \text{Socialcapital} \times \text{GQI} + \beta_3 \text{Firmcontrol} + \beta_4 \text{Industrycontrol} + \beta_5 \text{Year} + v \tag{3}$$

模型 1 用于验证政府质量对家族企业金字塔结构的影响。根据本章的理论预期,在政府质量相对较高的地区,政府质量对公司金字塔结构选择的影响力会大大增强;反之亦然。如果假设成立,则可以预期模型 1 中的 β_1 显著为负。模型 2 用于检验中国 30 个省、市、自治区的社会资本对家族上市公司金字塔结构内生选择的影响。根据本章的理论假设,这 30 个省、市、自治区的社会资本会显著地影响当地家族上市公司组织结构决策:在社会资本水平较高的地区,公司选择金字塔结构的动机较弱,金字塔层级和两权分离度较低;如果假设成立,则可以预期模型 2 中的 β_1 显著为负。模型 3 用于验证社会资本和政府质量在家族企业金字塔结构选择中的替代作用。根据本章的理论预期,在政府质量较低的地区,社会资本对公司金字塔结构选择的影响力会大大增强;反之亦然。如果假设成立,则模型 3 中交乘项 Social Capital × GQI 的系数 β_2 会显著为正,而同时社会资本 Social Capital 的系数 β_1 仍然显著为负,则表明政府质量较高地区的公司其金字塔结构选择决策对社会资本的依赖程度要显著低于法律保护较弱地区的公司。

第四节　实证结果与分析

一、变量描述性统计

(一) 社会资本指数的描述性统计

图 8-1 描述了各地区社会资本水平的基本情况。地区信任度指数均值为 81.010,中位数为 77.7,标准差为 67.008,最小值为 4.1,最大值为 218.9,这说明不同地区之间的信任度存在很大的差异。从图 8-1 中,本章容易发现社会资本代理变量——信任度(张维迎和柯荣住,2002)在全国各地区的分布情况。如图 8-1 所示,社会资本水平在不同地区存在较大的差异。在经济发展水平较高

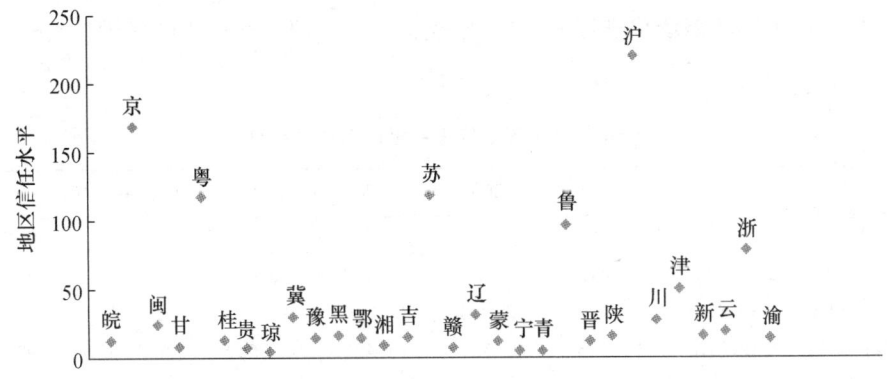

图 8-1　各地区社会资本水平

的地区,社会资本水平较高;在经济落后地区,社会资本水平较低。

(二)政府质量指数的描述性统计

表 8-2 报告了政府质量指数的描述性统计结果。GQI_property 的平均值(中位数)为 0.605(0.612);GQI_court 的平均值(中位数)为 0.603(0.610);GQI_ent 的平均值(中位数)为 1.176(1.200);GQI_inter 的平均值(中位数)为 0.047(0.046);GQI_ag 的平均值为 5.149,最大值为 9.250,最小值为 1.250,标准差为 2.029。政府质量的各分指数值变化范围也很大,这说明样本所在地区政府质量之间存在显著差异性。

表 8-2 政府质量指数变量描述性统计

	观测值	平均值	中位数	标准差	最小值	最大值
GQI_ag	267	5.149	4.750	2.029	1.250	9.250
GQI_property	267	0.605	0.612	0.158	0.269	0.982
GQI_court	267	0.603	0.610	0.158	0.27	0.98
GQI_ent	267	1.176	1.200	0.460	0.300	2.400
GQI_inter	267	0.047	0.046	0.014	0.006	0.089

(三)金字塔结构等变量的描述性统计

表 8-3 报告了样本公司金字塔结构特征变量的历年描述性统计特征。样本公司金字塔层级(Layer)平均值为 3.573,终极控制权为 31.618%,所有权比例为 19.997%,终极控制权与现金流权分离度(Wedge)为 11.511。在 2003—2008 年间,家族上市公司金字塔层级和终极控制权与现金流权分离度逐年下降,这表明,随着中国经济市场化进程的加快,家族企业控制权配置产生的代理冲突逐渐降低,这可能是一系列公司治理改革的结果。

表 8-3 金字塔结构等变量的描述性统计

年份	2003	2004	2005	2006	2007	2008	总计
观测值	93	180	206	255	268	273	1 275
Layer	3.641	3.615	3.551	3.493	3.457	3.394	3.573
Control	32.221	31.795	32.285	30.886	31.019	31.499	31.618
Ownership	22.018	18.346	19.169	19.489	20.042	20.915	19.997
Wedge	13.262	13.159	12.541	11.293	10.821	10.390	11.511

表 8-4 将总样本按照社会资本水平的高低(以信任度衡量)分成两组,得到相关变量的描述性统计结果。由表 8-4 可以看出,平均而言,高社会资本地区的家族企业金字塔结构层级和控制权与现金流权分离度均要显著低于低社会资本地区的家族公司,这一结果初步证实了本章的研究假设。

表 8-4 变量描述性统计特征(社会资本)

变量	低社会资本			高社会资本			均值检验
	最小值	最大值	平均值	最小值	最大值	平均值	P 值
Layer	2.000	7.000	3.523	2.000	7.000	3.279	<0.0001
Wedge	0.000	35.013	11.928	0.000	34.134	10.980	<0.0001
Size	18.839	23.137	20.659	18.838	24.288	20.913	0.0001
Lev	0.084	2.341	0.595	0.084	2.341	0.604	0.0005
Growth	-0.829	4.226	0.278	-0.827	4.226	0.251	0.2510

表 8-5 将总样本按照综合政府质量高低分成两组,发现高政府质量地区的家族企业金字塔结构层次和两权分离度均要低于低质量地区的家族企业。另外,从公司特征变量来看,在社会资本较发达和政府质量较高的地区,公司规模更大,财务杠杆更高。

表 8-5 变量描述性统计特征(政府质量)

变量	低政府质量			高政府质量			均值检验
	最小值	最大值	平均值	最小值	最大值	平均值	P 值
Layer	2.000	7.000	3.441	2.000	7.000	3.313	0.011
Wedge	0.000	35.013	12.057	0.000	35.013	11.014	0.015
Size	18.838	23.510	20.793	18.839	24.288	20.756	0.034
Lev	0.084	2.342	0.597	0.084	2.342	0.602	0.025
Growth	-0.828	4.226	0.288	-0.828	4.226	0.241	0.213

二、回归结果分析

(一)政府质量与金字塔结构

表 8-6 和表 8-7 分别报告了金字塔结构代理变量(金字塔层级和终极两权分离度)和政府质量之间的回归结果。从表 8-6 的回归结果中容易发现,在控制了公司特征变量、行业和年份的虚拟变量后,政府质量各分指数(GQI_ property、GQI_court、GQI_ent、GQI_inter)和综合指数(GQI_ag)与金字塔层级显著负相关,这表明公司所在地区的政府质量越高,企业的外部融资约束会越低,家族企业建立金字塔结构的动机会降低,金字塔层级会较低。政府质量提供的产权保护和法庭信心等指数的作用不仅在于限制控股股东的侵占行为,更重要的是促进市场公平竞争,降低公司的融资约束,这一结论支持本章的研究假设1。

表8-6 政府质量与家族企业金字塔层级回归结果

被解释变量	Layer				
	GQI_property	GQI_court	GQI_ent	GQI_inter	GQI_tax
GQI	-0.027**	-0.026**	-0.013*	-0.013**	-0.016**
	(0.018)	(0.019)	(0.061)	(0.027)	(0.021)
$Size_{t-1}$	0.0154***	0.0154***	0.0155***	0.0154***	0.0156***
	(0.000)	(0.000)	(0.000)	(0.000)	(0.000)
Lev_{t-1}	0.130***	0.130***	0.124***	0.122***	0.127***
	(0.002)	(0.002)	(0.004)	(0.005)	(0.003)
$Growth_{t-1}$	-0.005*	-0.005*	-0.009*	-0.007*	-0.002*
	(0.081)	(0.081)	(0.027)	(0.072)	(0.091)
Reform	-0.004**	-0.004**	-0.003**	-0.001**	-0.002**
	(0.020)	(0.023)	(0.031)	(0.041)	(0.038)
Industry & Year	Control	Control	Control	Control	Control
观测值	1 275	1 275	1 275	1 275	1 275
Adj. R^2	0.213	0.213	0.222	0.212	0.213

注:***、**和*分别表示在1%、5%和10%的水平上显著。括号内为P值。

控制变量的回归结果中,公司特征变量Size与金字塔结构显著正相关,这说明规模越大的公司,越容易面临融资约束。Lev与金字塔结构显著正相关,其可能存在的原因是,由于负债较高,家族企业面临较高的破产成本威胁,家族希望通过构建金字塔结构获取更多的金融资源对陷入财务危机的公司进行支持(Propping),同时也可能通过子公司的债务融资增加整个集团的负债比例,进而增强控制财富的规模,因此,建立金字塔控制的动机也较强。公司增长机会Growth与金字塔结构代理变量显著负相关,这表明伴随着公司的成长性增强,其融资能力逐步得到缓解,家族企业内部资本市场构建动机也在下降。股权分置改革变量与金字塔结构代理变量显著为负,这表明家族企业在股权分置改革完成以后,市场流动性增强,在一定程度上推动了公司治理的完善,企业外部融资成本降低。

从表 8-7 的回归结果中发现,在以终极控制权和现金流权分离度为金字塔结构代理变量的回归结果中,政府质量总指数(GQI_ag)和各分指数(GQI_property、GQI_court、GQI_ent、GQI_inter)与金字塔结构代理变量(Wedge)显著负相关,这表明地方政府所提供的公共治理制度安排(产权保护、政府行政能力、官员腐败和司法力度等)提供激励因素,影响家族企业的控制权偏好。面对地方政府提供的公共治理制度安排,家族企业在微观层面上给予回应,其控制权模式内生于其所在的制度环境,这一结论支持本章的研究假设 1。控制变量中的回归结果与前文保持一致。

表 8-7 政府质量与两权分离度回归结果

被解释变量	Wedge				
	GQI_property	GQI_court	GQI_ent	GQI_inter	GQI_tax
GQI	-0.032**	-0.029**	-0.019***	-0.022**	-0.023**
	(0.021)	(0.023)	(0.002)	(0.017)	(0.017)
Size	0.0148***	0.0148***	0.0111**	0.0109***	0.0112***
	(0.000)	(0.000)	(0.000)	(0.000)	(0.000)
Lev_{t-1}	0.121**	0.121**	0.103**	0.135**	0.157**
	(0.015)	(0.017)	(0.017)	(0.036)	(0.014)
$Growth_{t-1}$	-0.004**	-0.003**	-0.009*	-0.002*	-0.005**
	(0.033)	(0.038)	(0.065)	(0.069)	(0.027)
Reform	-0.012**	-0.012**	-0.011**	-0.013**	-0.013**
	(0.023)	(0.023)	(0.033)	(0.022)	(0.031)
Industry & Year	Control	Control	Control	Control	Control
观测值	1 275	1 275	1 275	1 275	1 275
Adj. R^2	0.147	0.148	0.146	0.145	0.146

注:***、**和*分别表示在1%、5%和10%的水平上显著。

(二)社会资本与金字塔结构

表 8-8 的结果显示,在控制了公司层面和宏观经济因素变量后,社会资本与公司金字塔层级(Layer)和终极控制权与现金流权分离度(Wedge)显著负相关。

其可能存在的原因是,地区的社会资本较高,能够提高当地公司利益相关者之间的信任度,降低经济活动的交易成本。对于家族企业而言,能够提高公司的外部投资者尤其是借贷者对公司的信任,降低外部融资成本,缓解企业融资约束。因此,家族企业建立金字塔结构的动机和程度会降低,支持了本章的研究假设 2。控制变量的回归结果与研究模型 1 保持一致。

表 8-8　社会资本与金字塔结构回归结果

被解释变量	Layer	Wedge
Social Capital	-0.009**	-0.010***
	(0.029)	(0.004)
$Size_{t-1}$	0.0442***	0.0542***
	(0.009)	(0.000)
Lev_{t-1}	0.152***	0.191**
	(0.000)	(0.016)
$Growth_{t-1}$	-0.008***	-0.002***
	(0.005)	(0.004)
Reform	-0.002**	-0.016**
	(0.023)	(0.018)
Industry & Year	Control	Control
观测值	1 275	1 275
Adj. R^2	0.102	0.051

注:***、**和*分别表示在1%、5%和10%的水平上显著,括号内为 P 值。

（三）社会资本与政府质量的替代作用

表 8-9 和表 8-10 进一步检验了在家族企业控制权结构决策过程中社会资本与政府质量的替代关系。表 8-9 报告了金字塔层级作为代理变量的回归结果,本章容易发现,Social Capital 的影响系数始终显著为负,而交互项 GQI × Social Capital 的回归系数为正值,并通过显著性检验。这一结果表明,在家族企业金字塔结构的内生选择过程中,社会资本与政府质量这两种影响机制是可替代的:在政府质量较低的地区,社会资本对家族企业构建金字塔结构的影响作用会大大加强;而在政府质量较高的地区,社会资本的作用就要小得多,甚至可能不发挥作用。这一结论支持本章的研究假设 3。此外,模型 3 中控制变量的影响与模型 1 和模型 2 基本一致。

表 8-9　政府质量、社会资本与金字塔层级回归结果

被解释变量	Layer GQI_property	Layer GQI_court	Layer GQI_ent	Layer GQI_inter	Layer GQI_ag
Social Capital	-0.004**	-0.004**	-0.011*	-0.007*	-0.009**
	(0.043)	(0.044)	(0.061)	(0.069)	(0.032)
GQI × Social Capital	0.009**	0.009**	0.007*	0.004*	0.006**
	(0.033)	(0.034)	(0.063)	(0.056)	(0.041)
$Size_{t-1}$	0.0155***	0.0155***	0.0154***	0.0154***	0.0152***
	(0.000)	(0.000)	(0.000)	(0.000)	(0.000)
Lev_{t-1}	0.130***	0.130***	0.121***	0.1300***	0.133***
	(0.004)	(0.004)	(0.003)	(0.006)	(0.006)
$Growth_{t-1}$	-0.003*	-0.003*	-0.002*	-0.002*	-0.002*
	(0.083)	(0.083)	(0.087)	(0.099)	(0.066)
$Reform_{t-1}$	-0.006**	-0.005**	-0.003**	-0.003**	-0.008**
	(0.022)	(0.022)	(0.029)	(0.027)	(0.028)
Industry & Year	Control	Control	Control	Control	Control
观测值	1 275	1 275	1 275	1 275	1 275
Adj. R^2	0.151	0.151	0.157	0.151	0.153

注：***、**和*分别表示在1％、5％和10％的水平上显著。

表 8-10　政府质量、社会资本与两权分离度回归结果

被解释变量	Wedge GQI_property	Wedge GQI_court	Wedge GQI_ent	Wedge GQI_inter	Wedge GQI_ag
Social Capital	-0.003**	-0.003**	-0.003*	-0.018*	-0.024**
	(0.043)	(0.043)	(0.064)	(0.079)	(0.048)
GQI × Social Capital	-0.016**	-0.016**	-0.008*	-0.009*	-0.013**
	(0.023)	(0.024)	(0.056)	(0.064)	(0.043)
$Size_{t-1}$	0.0132***	0.0132***	0.0143***	0.0139***	0.0146***
	(0.000)	(0.000)	(0.000)	(0.000)	(0.000)
Lev_{t-1}	0.124**	0.123**	0.128**	0.120**	0.123**
	(0.014)	(0.014)	(0.013)	(0.016)	(0.016)
$Growth_{t-1}$	-0.002*	-0.002*	-0.004*	-0.009*	-0.005*
	(0.068)	(0.068)	(0.072)	(0.059)	(0.071)
$Reform_{t-1}$	-0.016***	-0.015***	-0.013***	-0.013***	-0.012***
	(0.002)	(0.002)	(0.009)	(0.000)	(0.008)
Industry & Year	Control	Control	Control	Control	Control
观测值	1 275	1 275	1 275	1 275	1 275
Adj. R^2	0.151	0.151	0.157	0.151	0.153

注：***、**和*分别表示在1％、5％和10％的水平上显著。

表8-9报告了家族企业控制权与现金流权分离度作为金字塔结构代理变量的回归结果,Social Capital 的影响系数始终显著为负,而交互项 GQI × Social Capital 的回归系数为正值,并通过显著性检验,这与以 Layer 作为代理变量的金字塔结构回归结果一致,这说明,社会资本与政府质量在影响家族企业控制权结构决策方面存在替代关系。当地方政府质量较低时,社会资本对家族企业金字塔结构影响显著,但当地方政府质量较高时,家族企业可以通过政府提供的公共治理机制,对企业交易行为中不守信行为实施行政法律惩罚机制来减少合作中违约现象的发生,降低企业之间的交易成本,缓解企业融资约束。因此,家族企业在金字塔结构决策时会比较多地依赖政府质量,较少甚至不考虑投资地区社会资本水平的高低。这一结论支持本章的研究假设3。此外,模型3中控制变量的影响与模型1和模型2基本一致。

(四) 基于融资约束效应的进一步检验

前文的结果证实了政府质量与社会资本通过企业的外部融资约束,影响家族构建金字塔结构动机。本章将进一步证实政府质量和社会资本与家族企业融资约束之间的关系。采用 Fazzari et al.(1988)的投资-现金流敏感度模型检验地方政府和社会资本是否会降低家族企业的融资约束程度。

$$Capx = \beta_0 + \beta_1 CF + \beta_2 GQI + \beta_3 CF \times GQI(\text{Social Capital}) + \beta_4 TobinQ + \beta_5 Control + u_{it} \quad (4)$$

其中,Capx 为公司资本支出,CF 为公司现金流,GQI 为政府质量变量,Social Capital 为社会资本变量,TobinQ 为公司价值,u_{it} 为残差项,同时,控制公司净销售收入、规模、财务杠杆等变量。Fazzari et al.(1988)认为由于外部融资成本显著高于内部融资,当企业面临更为严重的融资约束时,将会更多依赖于内部资金进行融资决策,即企业投资所需的资金主要依赖于自身实现的现金流,在回归方程中 CF 系数显著为正,估计的系数在一定程度上反映融资约束的程度。而 CF 和 GQI(Social Capital) 的交互项反映了政府质量(社会资本)对于融资约束附加的效果,此时融资约束的度量为 $\beta_1 + \beta_3$。如果好的政府可以帮助企业降低融资约束,则预计 $\beta_3 < 0$。

表8-11列出了政府质量(社会资本)对上市公司资本投资以及投资-现金流敏感度的影响。本章发现 GQI_property、GQI_court、GQI_ent、GQI_inter 等分指数和 GQI_ag 与 CF 的交互项的回归系数为负,并且在5%的水平上通过显著性检

验;Social Capital 指数与 CF 的交互项的回归系数显著为负,并且在 1% 的水平上通过显著性检验。这些回归结果表明,较高的地方政府质量和较高的社会资本能够降低家族企业外部融资成本,进而可以有效地降低投资-现金流敏感度,影响家族构建金字塔结构的动机。

表 8-11 政府质量与投资-现金流敏感性回归结果

被解释变量	Capx					
	GQI_property	GQI_court	GQI_ent	GQI_inter	GQI_ag	Social Capital
CF	0.146***	0.127***	0.142***	0.131***	0.123**	0.175**
	(0.004)	(0.001)	(0.003)	(0.006)	(0.011)	(0.012)
GQI(Social Capital)	0.013**	0.014**	0.164**	0.151**	0.123**	0.123**
	(0.024)	(0.021)	(0.018)	(0.019)	(0.017)	(0.027)
GQI(Social Capital) × CF	-0.147**	-0.129**	-0.181**	-0.194**	-0.173**	-0.097***
	(0.029)	(0.014)	(0.016)	(0.023)	(0.015)	(0.002)
Tobin Q	0.011	0.009	0.013	0.007	0.010	0.013
	(0.19)	(0.14)	(0.13)	(0.18)	(0.17)	(0.21)
Sale	0.021***	0.022***	0.017***	0.019***	0.019***	0.023***
	(0.000)	(0.000)	(0.000)	(0.000)	(0.000)	(0.000)
Lev	-0.064***	-0.062***	-0.060***	-0.062***	-0.062***	-0.062***
	(0.000)	(0.000)	(0.000)	(0.000)	(0.000)	(0.000)
Size	0.025***	0.021***	0.019***	0.020***	0.023***	0.019***
	(0.000)	(0.000)	(0.000)	(0.000)	(0.000)	(0.000)
Industry & Year	Control	Control	Control	Control	Control	Control
观测值	1 275	1 275	1 275	1 275	1 275	1 275
Adj. R^2	0.12	0.12	0.12	0.12	0.12	0.11

注:***、**和*分别表示在 1%、5% 和 10% 的水平上显著。

(五)稳健性检验

OLS 估计的一个根本要求是对不可观测的误差项与每个解释变量之间的不相关性提供一致性估计。当解释变量与误差项不相关是外生的,跟误差项相关就是内生的。内生变量也可能由于忽略的变量、解释变量的测量误差或者是在测量解释变量与被解释变量之间时,两个变量同时被决定(Wooldrige,2001),本章的研究也有可能面临上述问题,故对此逐一检验。首先,对于那些可能忽略的解释金字塔结构的决定因素变量,本章并不排除。但本章的回归方程中包含以前研究中发现的在国家之间和同一国家内部与金字塔结构变量显著相关的公司层面所有变量,尽可能排除控制变量遗漏的因素。其次,由于本章的解释变量政府质量指数是来自世界银行(2006)的调查数据,很有可能存在误差。因此,对于解释变量的测量误差的检验,本章在回归过程中,借鉴 Francis et al. (2004)的方法,根据四个分指数,构建了综合政府质量总指数(GQI_ag),尽可能排除单一指数的局限性。再次,对于解释变量和被解释变量可能同时被其他因素所决定这一问题,一种常用的方法是用解释变量的滞后一期来估计,由于解释变量地方政府质量,本章只有2005年这一年的数据,因此,本章对于3年均存在观察值的公司的相关变量取平均值,并以各变量的均值进行回归,来进一步验证政府质量对家族企业金字塔结构的影响,主要研究结论不变。最后,另外一种常用的方法就是运用工具变量法,这种方法也能够解决变量测量的误差。为此,借鉴 Acemoglu and Johnson(2005)的研究,本章采用地区空气质量良好或优秀的天数(Air Quality)、每单位绿化面积(Green Space)及婴儿死亡率(Infant Mortality)三个变量①,有理由相信这三个变量说明了政府为改善社会的福利状况所做的努力,并且和政府质量高度相关。很明显,这些变量和公司金字塔结构没有直接的关系,本章首先分别检验三个工具变量,然后将这三个变量合并成一个主要的工具变量(Aggregate Instrument Variable),再采用两步回归法来进行分析。第一阶段,将政府质量对工具变量进行回归,得到政府质量的估计值。第二阶段,用估计值和金字塔结构变量进行回归,结果见表8-12。回归结果和本章之前的研究结论类似。因此,通过上述稳健性检验,笔者认为本章的研究结论具有较强的稳健性。

表8-12 稳健性检验结果——工具变量法

被解释变量	Wedge			
	Air Quality	Green Space	Infant Mortality	Aggregate Instrument Variable
Estimated GQI_ag	-0.034**	-0.043**	-0.022**	-0.033**
	(0.020)	(0.027)	(0.043)	(-0.038)
Size	0.023***	0.022***	0.021***	0.021***
	(0.000)	(0.000)	(0.000)	(0.000)

---

① 这三个变量数据来自世界银行(2006)和《中国城市年鉴》(2008)。

(续表)

被解释变量	Wedge			
	Air Quality	Green Space	Infant Mortality	Aggregate Instrument Variable
Lev	0.141**	0.141**	0.138**	0.139**
	(0.024)	(0.024)	(0.039)	(0.042)
Growth	-0.007*	-0.006*	-0.008*	-0.007*
	(0.059)	(0.055)	(0.061)	(0.068)
Reform	-0.011**	-0.010**	-0.011**	-0.012**
	(0.038)	(0.041)	(0.043)	(0.047)
Industry & Year	Control	Control	Control	Control
观测值	1 275	1 275	1 275	1 275
Adj. R^2	0.179	0.179	0.182	0.179

注：***、**和*分别表示在1%、5%和10%的水平上显著。

第五节 本章小结

从融资约束的视角，本章实证检验了地方政府质量和社会资本水平对家族企业金字塔结构形成机理的影响。研究发现，地方政府质量和社会资本水平显著地影响着金字塔结构特征。相比较地方政府质量和社会资本较低的地区，在地方政府质量和社会资本较高地区的家族企业，其构建的金字塔层级较低，终极控制权与现金流权两权分离度较低。同时，在地方政府质量较低的地区，政府提供的公共治理机制对上市公司的硬性约束力比较小，公司的投资者更多地依赖于非正式的契约执行机制，如地区的社会诚信和道德水准等。

随着家族企业在中国经济发展的贡献度越来越高，家族企业的财务决策和治理行为越来越引发理论界和实务界的思考。而家族企业的融资问题和控制权结构是家族企业财务行为及内部治理问题的重中之重。因此，缓解家族企业的融资困境、优化控制权结构，对于改善家族企业的公司治理绩效、促进中国资本市场的健康发展至关重要。结合有关文献研究结果和本章的研究，现提出以下几点政策建议：

一是要完善地方政府的公共治理水平,为家族企业发展营造良好的政治生态环境。中国经济转轨以国有企业民营化和本土民营家族企业的成长为两大基本特征,伴之以地方政府职能的转变和市场机制的不断完善。家族企业在中国经济发展中的地位越来越高,但在发展过程中面临的融资难问题由来已久,已形成信贷歧视。近年来随着信贷政策的调整和金融危机的影响,家族企业融资难问题再一次成为人们关注的焦点。随着市场化进程的加快,地方政府将不得不运用一种更加市场化的创新思维和方式来进行运作,提高其公共治理水平,影响家族治理模式和控制偏好。政府对微观经济活动的干预方式将随着地方官员公共治理责任的变化而发生变化。本章的研究发现,地方政府质量能够帮助企业寻找更多的投资机会,降低融资约束程度,进而影响家族企业的治理结构。因此,地方政府的政策目标不仅是规范公司行为,更重要的是放松公司的融资约束、促进企业的成长。地方政府应该具有更多的责任和能力缓解当地家族企业的融资约束难问题,这将有助于提高资源在地方的配置效率并促进经济增长。地方政府要通过产权保护、司法效率、政府行政效率和清正廉洁等公共治理行为,一方面建立信贷担保体系,分散银行贷款风险,降低信息不对称,帮助家族企业找到融资机会;另一方面降低道德风险,保证企业融资契约的履行机制,深化金融体制改革,引导资源的合理配置,营造公平、公正的市场环境,真正解决国有金融与民营经济的结构性矛盾,最终实现国民经济又好又快地发展。

二是要发展以信任为基础的社会资本,为家族企业的发展提供制度激励。社会资本在经济增长中扮演着一个非常重要的角色,影响资本市场上关键交易者之间的契约关系以及中国上市公司的会计与财务特征。以信任为基础的社会资本是商业伦理的基本要求,是维护契约、改变契约的重要条件,将会对契约结构产生影响。信任是市场经济社会的基石和灵魂,是构成和谐最重要的元素,它规范企业行为的基本准则,减少交易成本和管理费用。家族企业融资难的一个根本原因是中国目前广泛存在的低诚信度,这既与民营企业自身不重视信任体制建设有关,也与当前转轨条件下对家族企业的歧视环境有关。随着家族企业的进一步发展,仅仅依靠家族之间的信任,利用家族内部的资源,很难使企业得到快速成长。现代化的家族企业治理模式应该充分利用社会资本,取得社会信任。面对严重的政府干预市场,以及较弱的市场制度和法律保护制度,中国家族企业倾向于建立在以声誉和信任为基础的社会资本非正式制度上,而不是在公共的会计信息和法律文件基础上签订合同。因此,一方面,中国家族企业必须加快适应市场经济运行的诚信制度,构建整体诚信机制,提高契约的自我履行机制;另一方面,大力培养社会资本,增加社会中人与人之间的信任关系,发挥社会资本对企业商业信用模式的影响,保证契约的签订与履行。

三是要优化家族企业控制权结构,保护中小股东利益。尽管金字塔结构能够调动更多的资金,建立内部资本市场,缓解融资约束,但金字塔结构也会造成家族控股股东控制权和现金流权之间的分离,从而极易引发家族企业的第二重代理问题,提高控股股东通过隧道行为侵占外部股东利益的可能性。在有限责任原则下,家族控股股东为自己创造了保护性外壳。本章的研究发现较高的地方政府质量和社会资本能降低家族企业的金字塔层级和控制权、现金流权之间的分离度,缓解企业的代理问题。因此,应该充分发挥地方政府提供的公共治理机制干预微观经济活动的动机,提高地方政府质量,同时,建立良好的信任环境,开拓多种融资渠道,适当降低控股股东的控制权,保持适度的控制权与现金流权的分离度,优化家族企业控制权结构。

第九章 研究结论

本章对全书进行总结,主要由以下三部分组成:(1)研究结论与启示;(2)研究贡献与局限;(3)未来研究方向。以下分而述之。

第一节 研究结论与启示

改革开放以来,中国经济的持续高速增长举世瞩目,同时由经济增长所推动的社会发展、综合国力的提升也验证了改革开放这项战略决策的历史重要性和现实必要性。近年来,探寻中国经济持续发展背后的因素、规律、本质等问题,已成为当前经济研究的热点之一。本书从制度分析入手,强调不同转型经济结构间制度结构的供给差异,特别是不同级别政府间财政安排在改革中发挥的作用。制度对经济增长的重要作用受到经济学家的普遍关注(North and Thomas,1973;North,1981;La Porta et al.,1998)。源于诺斯的开创性贡献,经济学家逐渐认识到制度的优劣是一国长期经济增长最基础的来源,资本积累和技术进步只是经济增长的结果而非原因。政府作为国家权力的垄断者和终极实施者,政府组织的质量高低不仅能够解释过去1 000年里欧洲各国的兴衰(North,1981),而且也能够解释过去几十年中世界各国经济增长的差异(Knack and Keefer,1995)。

一国的法律制度对金融市场和经济的发展有着巨大影响。然而这些重要文献的相继问世愈加凸显 Allen et al.(2005)提出的中国经济在过去三十年间保持高速增长的"中国增长之谜"。即尽管中国目前的司法制度、金融体系、会计标准在世界范围内处于相对落后的位置,但是它却在过去三十年里展现了许多国家都无法企及的强势增长,这一矛盾该如何解释?周黎安(2007)指出,中国高速增长的背后一定有与之相对应的强大激励和提供这些激励的制度安排。经济改革中的行政与财政分权以及官员晋升评价机制等制度安排为中国的地方政府

(官员)提供了"世界范围内罕见的"推动地方经济增长的强烈动机,这也正是薄弱制度下中国经济高速增长的重要动因。中国经济之所以能够取得高速增长,一个很重要的原因就是地方政府在经济发展的过程中发挥了重要作用。

基于已有的研究文献和中国经济增长的现实制度需求,本书从地方经济分权、政府激励与企业资本配置的视角构建起一个地方政府质量、公司治理与企业行为的双重代理分析框架,并从产权保护水平、当地企业对法庭的信心、企业娱乐开支和企业跟政府打交道的时间四个维度来测度地方政府质量,进一步从上市公司的资本投资、投资效率、现金持有、盈余管理等视角,考察了地方政府质量对企业资本配置效率的影响及其在不同公司治理结构下的差异性特征。主要研究发现,针对地方政府影响企业决策的双重角色,政府的"扶持之手"和"掠夺之手"同时都会对企业的决策行为有所影响,但是企业在进行决策的时候会对政府的不同作用给予不同的权衡。研究结果发现:第一,较高的地方政府质量能够降低政府官僚导向行政干预,提高市场配置资源能力,在事前,产生管理层激励,降低内部代理问题,帮助企业识别好的投资机会,保证公司将有限的资金投入到好的投资项目中,提高投资与托宾 Q 值的敏感性。同时,较高的政府质量能够节约经济主体之间的交易成本,减少行政干预,推进市场化进程,降低企业的外部融资约束,减弱投资与现金流敏感度。在事后,由政府质量提供的公共治理机制影响的托宾 Q 敏感系数和现金流敏感系数能够提高金融资本的配置效率,提高企业的销售收入,促进企业成长。进一步研究发现,产权约束不同的上市公司投资绩效对于地方政府质量敏感度存在显著的差异性特征:相对于国有企业,民营企业的投资效率和资金配置效率对地方政府质量更为敏感;相对于中央政府国有企业,地方政府国有企业对地方政府质量更为敏感。

第二,对于企业的现金持有决策而言,地方政府的"扶持之手"发挥着更为重要的作用,即地方政府质量与现金持有显著负相关,这种负相关关系是因为高质量的政府可以帮助企业获得更多的外源融资从而缓解企业面临的融资约束。本章还发现,地方政府对于民营企业的现金持有决策影响更为显著,同时,由于各级政府之间存在利益的博弈,因此地方政府的影响力对于不同层级控股的企业也不尽相同。

第三,较高的政府质量会提高上市公司的盈余质量;相对于国有企业,政府质量对民营企业盈余质量的影响更为显著;不同行政级别政府之间的利益博弈导致其所控制的国有企业对地方政府的质量的反应也不尽相同;终极控股股东所有权与控制权分离所导致的第一重代理问题越大,公司盈余质量越低,但这种第一重代理问题随着政府层面第二重代理问题的提高而降低。

第四,在民营家族企业样本中,家族超额控制阻碍了公司内部人从股票价格中获取相应的信息以优化其投资决策的动机,降低了公司投资与股价之间的敏感性。地方政府质量作为外部治理机制影响家族企业内部人的控制权偏好,降低了民营家族企业超额控制与投资股价之间的敏感性。家族企业超额控制降低了投资对公司业绩的贡献程度。

第五,较高的地方政府质量会缓解当地企业的融资约束,帮助企业获得更多的银行借款,提高当地上市公司的信贷资本配置效率,这种效应在民营企业中更为显著。

上述研究结论说明,在中国,考察上市公司财务行为及其经济后果时,不仅要关注传统意义上的代理问题对企业内部人的决策动机的影响,还要关注地方政府与公司层面之间的代理问题。

第二节 研究贡献与局限

本书的主要创新点如下:一是从微观视角采用综合政府质量指数,考察政府治理质量对企业层面资本配置效率的影响,提供了解释政府推动型经济增长方式对改革进程影响的微观证据,对理解中国经济增长中存在的诸多问题提供了新的认识。二是相对于现有政府对企业影响的文献,从微观主体出发,从融资约束和代理成本视角考察政府质量影响资源配置的机制,并进一步考察终极控制人性质对资本配置效率与政府质量之间敏感度的影响,为理解政府质量对企业投资的影响和资本市场监管效率提供了政策启示。三是针对同一国家不同地区政府治理水平差异程度的比较分析,在更大程度上控制了国家政治体制、历史文化等因素的影响,对已有跨国研究进行了有益补充,在现有跨国研究(Caprio et al.,2008;Mclean et al.,2011)的基础上提供了针对新兴市场的经验证据。

本书的研究发现具有较强的理论启示和政策含义。理论启示是:考察中国上市公司财务行为及其经济后果时,不仅要关注传统意义上的代理问题对于企业内部人的决策动机的影响,还要关注地方政府与公司层面之间的代理问题。转型中的中国,其主要制度特征之一是政府通过公共政策对经济进行干预,同时由于地区之间发展的不平衡,地方政府质量差异对公司行为有着重要的影响。政策含义是:公司的资本配置行为需要以地方政府营造良好的制度环境为基础,而不是仅考虑公司财务决策行为本身。在政府推动型的经济增长方式中,要重视政府质量对企业决策的影响。基于中国特定的制度背景,本书从企业资本配置效率的视角,考察了地方政府质量对企业财务决策的影响机制,提供了转轨时期中国经济增长奇迹下的政府激励制度的微观机理。

第三节 未来研究方向

三十多年的改革开放并没有从根本上改变地方政府在地区发展中的关键性地位,它们的决策与行为直接和间接地影响着地区经济资源的配置与效果。政府环境构成了企业外在环境的重要部分,其指定的经济政策对企业的生存和发展以及企业之间的竞争都发挥着很重要的作用。如何应对政府环境、处理与政府的关系也就构成了企业战略决策和经营行为的重要方面(张建君和张志学,2005)。本书从地方政府质量的视角考察了中国经济增长的微观基础,然而在地方政府治理中,地方官员一直扮演着极为重要的角色,他们可以通过国家法律以及政府规章制度在其所辖区域内制定部分经济政策。但官员具有异质性特征,其个体不同的偏好会导致不同的政策偏向。当地方官员发生更替、政治权力发生转移时,传递着一种政策的风险信号,导致经济政策的不确定性增加。由于外部环境的不确定性提高,企业必须时刻关注对公司政策有影响的政府领导人的变化。政治将通过不确定性和不稳定性来影响微观层面企业的决策。特别是,与地方政府政策或地方领导人变化相关的激励和不确定性对政治家和企业之间的行为有一些影响。这种政策的不确定性在短期影响投资,在长期形成监管和经济政策,由此导致政策不确定性成为近年来学术界和实践领域关注的焦点之一(Julio and Yook,2012)。

政府质量、公司治理与企业资本配置效率

因此,要理解地方政府质量对经济增长的全面效果,为有关中国模式的讨论提供理论与经验证据,不能跳过其中的行为主体——微观层面企业的财务行为。面对地方政府政策不确定性的增强和激励动机的转变,其所在地区的企业如何回应?从微观层面而言,长期经济增长是由企业进行研发投资、平均生产率提高,以及投入要素在企业之间的优化配置来实现的(Hsieh and Klenow,2010; Jones,2011)。如果地方政府促进了经济增长,那么必定是微观层面企业的行为受到了地方政府的一系列政策的正面影响。如果说地方政府政策导致该地区粗放型投资扩张、产业升级缓慢以及资源配置效率低等问题,那么企业会表现出对研发的忽视、长期生产率的损失以及低效率的资源配置。因此,从官员更替视角,基于政治权力转移路径,考察地方政府政策对企业资本配置效率影响的微观机制是深入讨论中国模式的基础。这也将是公司金融与财务行为领域未来的重要研究方向。

参 考 文 献

[1] 奥尔森:《通往经济成功的一条暗道》,《比较》,2004年第11期。
[2] 北京大学中国经济研究中心宏观组:《产权约束、投资低效和通货紧缩》,《经济研究》,2004年第9期。
[3] 伯格洛夫:《转轨经济中的公司治理结构:理论及其政策含义》,见青木昌彦、钱颖一:《转轨经济中的公司治理结构——内部人控制和银行的作用》,中国经济出版社。
[4] 陈德球、金鑫、刘馨:《政府质量、社会资本与金字塔结构》,《中国工业经济》,2011年第7期。
[5] 陈德球、李思飞、王丛:《政府质量、终极产权与公司现金持有》,《管理世界》,2011年第11期。
[6] 陈冬华:《地方政府、公司治理与补贴收入:来自我国证券市场的经验证据》,《财经研究》,2003年第9期。
[7] 陈刚:《财政分权与地方政府质量》,《广东商学院学报》,2013年第2期。
[8] 陈刚、李树:《政府如何能够让人幸福?——政府质量影响居民幸福感的实证研究》,《管理世界》,2012年第8期。
[9] 陈刚、李树、余劲松:《援助之手还是攫取之手?——关于中国式分权的一个假说及其验证》,《南方经济》,2009年第7期。
[10] 陈抗、Arye L. Hillman、顾清扬:《财政集权与地方政府行为变化—从援助之手到攫取之手》,《经济学》(季刊),2002年第1期。
[11] 陈清泰:《国有企业改革与公司治理》,《南开管理评论》,2009年第5期。
[12] 陈晓、李静:《地方政府财政行为在提升上市公司业绩中的作用探析》,《会计研究》,2001年第12期。
[13] 陈信元、陈冬华、时旭:《公司治理与现金股利:基于佛山照明的案例研究》,《管理世界》,2003年第8期。
[14] 陈信元、陈冬华、朱凯:《股权结构与公司业绩:文献回顾与未来研究方向》,《中国会计与财务研究》,2004年第4期。
[15] 陈信元、黄俊:《政府管制与企业垂直整合——刘永行"炼铝"的案例分析》,《管理世界》,2006年第2期。
[16] 程仲鸣、夏新平、余明桂:《政府干预、金字塔结构与地方国有上市公司投资》,《管理世

界》,2008 年第 9 期。
[17] 戴亦一、张俊生、曾亚敏、潘越:《社会资本与企业债务融资》,《中国工业经济》,2009 年第 8 期。
[18] 杜传忠、郭树龙:《经济转轨期中国企业成长的影响因素及其机理分析》,《中国工业经济》,2012 年第 1 期。
[19] 樊纲、王小鲁、朱恒鹏:《中国市场化指数——各地区市场化相对进程报告》,经济科学出版社,2011 年版。
[20] 方军雄:《民营上市公司真的面临银行贷款歧视吗?》,《管理世界》,2010 年第 11 期。
[21] 傅勇、张晏:《中国式分权与财政支出结构偏向:为增长而竞争的代价》,《管理世界》,2007 年第 3 期。
[22] 高雷、何少华、仪垂林:《国家控制、政府干预、银行债务与资金侵占》,《金融研究》,2006 年第 6 期。
[23] 谷棋、邓德强、路倩:《现金流权与控制权分离下的公司价值——基于我国家族上市公司的实证研究》,《会计研究》,2006 年第 4 期。
[24] 何晓星:《再论中国地方政府主导型市场经济》,《中国工业经济》,2005 年第 1 期。
[25] 胡旭阳:《民营企业家的政治身份与民营企业的融资便利——以浙江省民营百强企业为例》,《管理世界》,2006 年第 5 期。
[26] 霍尔·E.罗伯特、帕佩尔·H.戴维著,沈志彦译:《宏观经济学:经济增长、波动和政策》(第六版),中国人民大学出版社,2008 年版。
[27] 华锦阳、许庆瑞、金雪军:《制度决定抑或技术决定》,《经济学家》,2002 年第 3 期。
[28] 〔德〕柯武刚、史漫飞:《制度经济学》,商务印书馆,2000 年版。
[29] 贾明、张喆、万迪昉:《控制权私人收益相关研究综述》,《会计研究》,2007 年第 6 期。
[30] 李稻葵:《官僚体制的改革理论》,见吴敬琏:《比较》(第 7 辑),中信出版社,2002 年版。
[31] 李涛、周开国、乔根平:《企业增长的决定因素——中国经验》,《管理世界》,2005 年第 12 期。
[32] 李维安、邱艾超、牛建波、徐业坤:《公司治理研究的新进展:国际趋势与中国模式》,《南开管理评论》,2010 年第 6 期。
[33] 李维安:《现代企业制度建设新阶段:深化公司治理改革》,《南开管理评论》,2008 年第 1 期。
[34] 李增泉、孙铮:《制度、治理与会计——基于中国制度背景的实证会计研究》,上海三联出版社,2009 年版。
[35] 李增泉、辛显刚、于旭辉:《债务融资约束与金字塔结构》,《管理世界》,2008 年第 1 期。

[36] 李增泉、余谦、王晓坤:《掏空、支持与并购重组——来自我国上市公司的经验证据》,《经济研究》,2005 年第 1 期。

[37] 廖义刚、王艳艳:《大股东控制、政治联系与审计独立性》,《经济评论》,2008 年第 5 期。

[38] 林毅夫:《信息、非正规金融与中小企业融资》,《经济研究》,2005 年第 7 期。

[39] 刘汉民:《所有制、制度环境与公司治理效率》,《经济研究》,2002 年第 6 期。

[40] 刘芍佳、孙霈、刘乃全:《终极产权论、股权结构及公司绩效》,《经济研究》,2003 年第 3 期。

[41] 刘启亮、李增泉、姚易伟:《投资者保护、控制权私利与金字塔结构——以格林柯尔为例》,《管理世界》,2008 年第 12 期。

[42] 罗伯特·E.霍尔、戴维·H.帕佩尔:《宏观经济学》,中国人民大学出版社,2008 年版。

[43] 毛世平:《金字塔控制结构的影响因素及其经济后果》,经济科学出版社,2008 年版。

[44] 潘红波、夏新平、余明桂:《政府干预、政治关联与地方国有企业并购》,《经济研究》,2008 年第 4 期。

[45] 潘越、戴亦一、吴超鹏、刘建亮:《社会资本、政治关系与公司投资决策》,《经济研究》,2009 年第 11 期。

[46] 齐绍洲:《公司治理、融资效率与经济增长》,《证券市场导报》,2007 年第 2 期。

[47] 乔尔·赫尔曼、马克·施克曼:《转型国家的政府干预、腐败与政府被控——转型国家中企业与政府交易关系研究》,《经济社会体制比较》,2002 年第 5 期。

[48] 青木昌彦著,周黎安译:《比较制度分析》,上海远东出版社,2001 年版。

[49] 世界银行研究报告:《政府治理、投资环境与和谐社会——中国 120 个城市竞争力的提升》,中国财政经济出版社,2006 年版。

[50] 孙铮、刘凤委、李增泉:《市场化程度、政府干预与企业债务期限结构——来自我国上市公司的经验证据》,《经济研究》,2005 年第 5 期。

[51] 谭劲松、郑国坚、彭松:《地方政府公共治理与国有控股上市公司控制权转移——1996—2004 年深圳市属上市公司重组案例研究》,《管理世界》,2009 年第 10 期。

[52] 唐丽萍:《我国地方政府竞争中的地方治理研究》,复旦大学博士学位论文,2007 年。

[53] 陶然、陆曦、苏福兵、汪晖:《地区竞争格局演变下的中国转轨:财政激励和发展模式反思》,《经济研究》,2009 年第 7 期。

[54] 田伟:《考虑地方政府因素的企业决策模型——基于企业微观视角的中国宏观经济现象解读》,《管理世界》,2007 年第 5 期。

[55] 万华林、陈信元:《治理环境、企业寻租与交易成本——基于中国上市公司非生产性支出的经验证据》,《经济学》(季刊),2010 年第 2 期。

[56] 王凤翔、陈柳钦:《地方政府为本地竞争性企业提供财政补贴的理性思考》,《经济研究参考》,2006年第33期。

[57] 王守坤、任保平:《财政联邦还是委托代理:关于中国式分权性质的经验判断》,《管理世界》,2009年第11期。

[58] 吴敬琏:《建立有效的公司治理结构》,《天津社会科学》,1996年第1期。

[59] 吴敬琏:《当代中国经济改革》,上海远东出版社,2004年版。

[60] 夏立军、方轶强:《政府控制、治理环境与公司价值——来自中国证券市场的经验证据》,《经济研究》,2005年第5期。

[61] 辛宇、徐莉萍:《公司治理机制与超额现金持有水平》,《管理世界》,2006年第5期。

[62] 许年行、吴世农:《我国上市公司股权分置改革中的锚定效应研究》,《经济研究》,2007年第1期。

[63] 许成钢:《中国经济改革的制度基础》,《世界经济文汇》,2010年第4期。

[64] 许成钢:《政治集权下的地方分权与中国改革》,《比较》,2005年第36辑。

[65] 徐浩萍、吕长江:《政府角色、所有权性质与权益资本成本》,《会计研究》,2007年第6期。

[66] 杨兴全、张照南:《制度背景、股权性质与公司持有现金价值》,《经济研究》,2008年第12期。

[67] 姚洋:《财政联邦化导致地方政府商业化和机会主义倾向》,《领导决策信息》,2003年第8期。

[68] 伊迪丝·彭罗斯著,赵晓译:《企业成长理论》,上海三联书店、上海人民出版社,2007年版。

[69] 余明桂、潘红波:《政治关系、政府干预与民营企业贷款》,《管理世界》,2008年第8期。

[70] 张建君、张志学:《中国民营企业家的政治战略》,《管理世界》,2005年第7期。

[71] 张军、周黎安:《为增长而竞争——中国增长的政治经济学》,格致出版社,2008年版。

[72] 张俊生、曾亚敏:《社会资本与区域金融发展》,《财经研究》,2005年第4期。

[73] 张维迎:《中国股票市场存在什么问题》,《港澳经济》,1999年第7期。

[74] 张维迎、柯荣住:《信任及其解释:来自中国的跨省调查分析》,《经济研究》,2002年第10期。

[75] 张五常:《中国的经济制度》,中信出版社,2010年版。

[76] 郑国坚、魏明海:《公共治理、公司治理与大股东的内部市场——基于我国上市公司的实证研究》,《中大管理研究》,2007年第2期。

[77] 郑志刚:《新兴市场分散投资者投资"金字塔结构公司"的激励》,《经济研究》,2005年

第 4 期。

[78] 周黎安:《中国地方官员的晋升锦标赛模式研究》,《经济研究》,2007 年第 7 期。

[79] 周黎安、李宏彬、陈烨:《相对业绩考核:关于中国地方官员晋升的一项经验研究》,《经济学报》,2005 年第 1 期。

[80] 周勤业、夏立军、李莫愁:《大股东侵害与上市公司资产评估偏差》,《统计研究》,2003 年第 10 期。

[81] 周雪光:《"逆向软预算约束":一个政府行为的组织分析》,《中国社会科学》,2005 年第 2 期。

[82] 朱红军、陈继云、喻立勇:《中央政府、地方政府和国有企业利益分歧下的多重博弈与管制失效——宇通客车管理层收购案例研究》,《管理世界》,2006 年第 4 期。

[83] 朱义坤:《公司治理制度的多元结构》,《暨南学报(哲学社会科学)》,1998 年第 4 期。

[84] Abiad, Abdul and AshokaMody, "Financial Reform: What Shakes It? What Shapes It?", American Economic Review, 2005, pp. 66—88.

[85] Acemoglu, and Daron, *Introduction to Modern Economic Growth* Princeton University Press, 2009.

[86] Acemoglu, D., and S. Johnson, "Unbundling Institutions", Journal of Political Economy, 2005 (113), pp. 949—995.

[87] Acemoglu, Daron, Simon Johnson, and James A. Robinson, "The Colonial Origins of Comparative Development: An Empirical Investigation", American Economic Review, 2001 (91), pp. 1369—1401.

[88] Acemoglu, Daron, Simon, Johnson and James, Robinson A., "Institutions as a Fundamental Cause of Long-run Growth", in *Handbook of Economic Growth*, Philippe Aghion, and Steven N. Durlauf (editors), Amsterdam: North-Holland, 2005, pp. 384—473.

[89] Aguilera, R. V., and Jackson, G., "The Cross-national Diversity of Corporate Governance: Dimensionsand Determinants", Academy of Management Review, 2003 (38), pp. 447—465.

[90] Alchian A., "Some Economics of Property Rights, Politico", *Economic Forces at Work* Indianapolis: Liberty Press, 1977, pp. 816—829.

[91] Ali Ashiq, and L. S. Hwang, "Country-specific Factors Related to Financial Reporting and the Value Relevance of Accounting Data", Journal of Accounting Research, 2000 (38), pp. 1—21.

[92] Allen, F., Qian, J., and Meijun Qian, "Law, Finance, and Economic Growth in China", Journal of Financial Economics, 2005 (77), pp. 57—116.

[93] Almeida, H., and D. Wolfenzen, "A Theory of Pyramidal Ownership and Family Business

Groups", *Journal of Finance*, 2006(61).

[94] Almeida, H., and D., Wolfenzon, "Should Business Groups Be Dismantled? The Equilibrium Costs of Efficient Internal Capital Markets", *Journal of Financial Economics*, 2006(79).

[95] Almeida, H., and Campello, M., "Financial Constraints, Asset Tangibility and Corporate Investment", *Revie of Financial Studies*, 2007(20), pp. 1429—1460.

[96] Almeida, Heitor, Murillo Campello, and Michael Weibach, "The Cash Flow Sensitivity of Cash", *Journal of Finance*, 2004(59), pp. 1777—1804.

[97] Anderson, R., Reeb, D., "Founding Family Ownership, Corporate Diversification, and Firm Leverage", *Journalof Law and Economics*, 2003(46).

[98] Aron J., "Growth and Institutions: A Review of the Evidence", *The World Bank Research Observer*, 2000(15), pp. 99—135.

[99] Bai, and Lixin Colin Xu, "Incentives for CEOswith Multitasks: Evidence from Chinese State-owned Enterprise", *Journal of Comparative Economics*, 2005(33), pp. 517—539.

[100] Ball, R., A. Robin, and J. S. Wu, "Incentives versus Standards: Properties of Accounting Income in Four East Asian Countries", *Journal of Accounting and Economics*, 2003(36), pp. 235—270.

[101] Ball, R., S. P. Kothari, and A. Robin, "The Effect of International Institutional Factors on Properties of Accounting Earnings", *Journal of Accounting and Economics*, 2000(29), pp. 1—51.

[102] Ball, R., and Shivakumar, L., "Earnings Quality in U. K. Private Firms: Comparative Loss Recognition Timeliness", *Journal of Accounting and Economics*, 2005, 39(1), pp. 83—128.

[103] Bardhan, P., "Decentralization of Governanceand Development", *Journal of Economic Perspectives*, 2002, 16(4).

[104] Baron, R. M., and Kenny, D. A., "The Moderator-mediator Variable Distinction in Social Psychological Research: Conceptual, Strategic and Statistical Considerations", *Journal of Personality and Social Psychology*, 1986(51), pp. 1173—1182.

[105] Barro, R. J., "Economic Growth in a Cross Section of Countries", *Quarterly Journal of Economics*, 1991, 106(2), pp. 407—443.

[106] Bates, T. W., Kahle, K. M., and Stulz, R. M., "Why do U. S. Firms Hold so Much More Cash than They Used to?", *Journal of Finance*, 2009(64), pp. 1985—2021.

[107] Bebchuk, "A Rent-protection Theory of Corporate Ownership and Control", NBER Working Papers 7203, National Bureau of Economic Research, 1999.

[108] Bebchuk, L. Arye, Kraakman, R. , "Triantis, G. Stock Pyramids, Cross-ownership, and Dual Class Equity: the Mechanisms and Agency Costs of Separating Control from Cash-flow Rights", In *Concentrated Corporate Ownership*. R. K. Morck ed. Chicago: University of Chicago press, 2000.

[109] Bekaert, Geert, "Campbell R. Harvey and Chris Lundblad", Does Financial Liberalization Spur Growth", *Journal of Financial Economics*, 2005(77), pp. 3—56.

[110] Berle, Adolf Augustus and Means, Gardiner Coit, *The Modern Corporation and Private Property* United States: Transaction Publishers, 1932.

[111] Bertrand, M. , P. Mehta, and S. Mullainathan, "Ferreting Out Tunneling: an aApplication to Indian Business Group", *The Quarterly Journal of Economics*, 2002(117).

[112] Bertrand, M. , Kramarz, F. , Schoar, A. , Thesmar, D. , "Politically Connected CEOs and Corporate Outcomes: Evidence from France", Working Paper, 2004.

[113] Bhattacharya, Utpal and Ravikumar, B. , 2001. "Capital Markets and the Evolution of Family Businesses", *The Journal of Business*, University of Chicago Press, 2001(4), 74(2), pp. 187—219.

[114] Bilsen, Valentijn and Konings, Jozef, "Job Creation, Job Destruction, and Growth of Newly Established, Privatized, and State-owned Enterprises in Transition Economies: Survey Evidence from Bulgaria, Hungary, and Romania", *Journal of Comparative Economics*, 1998, 26 (3), pp. 429—445.

[115] Black, B. , Jang, H. , and Kim, W. , "Does Corporate Governance Predict Firms' Market Values? Evidence from Korea", *Journal of Law, Economics, and Organization*, 2006, 22(2), October, pp. 366—413.

[116] Bortolotti, Bernardo, and Mara Faccio, *Government Control of Privatized Firms*, Review of Financial Studies forthcoming, 2008.

[117] Boubakri, Narjess H. Smaoui and M. Zamiti, "Privatization and Economic Growth", *Journal of Business and Policy Research*, January, 2010.

[118] Boycko, M. , A. , Shleifer, and R. M. , Vishny, "A Theory of Privatization", *The Economic Journal*, 1996(106), pp. 309—319.

[119] Bruno, V. , and Claessens, "S1 Corporate Governance and Regulation: Can't Here be Too Much of A good Thing?", World Bank PolicyResearch Working Paper , No. 4140, 2007.

[120] Buchanan, J. , Tollison, R. and Tullock, G. , *Toward a Theory of the Rent—seeking Society* College Station: Texas A&M Press, 1980.

[121] Burkart, M., Panunzi, F., and Shleifer, A., "Family Firms", *Journal of Finance*, 2003, LVIII, pp. 2167—2202.

[122] Bushman R. M., and J. D. Piotroski, "Financial Reporting Incentives for Conservative Accounting: The Influence of Legal and Political Institutions", *Journal of Accounting and Economics*, 2006(42), pp. 107—148.

[123] Cai, H., and D., Treisman, "Does Competition for Capital Discipline Governments? Decentralization, Globalization and Public Policy", *American Economic Review*, 2005, 95(3), pp. 817—830.

[124] Cai, H., Fang, H., and Xu, C. L., "Eat, Drink, Firms and Government: an Investigation of Corruption from Entertainment and Travel Costs of Chinese Firms", NBER Working Paper, 2005.

[125] Caprio, L., M. Faccio, and J. McConnell, "Sheltering Corporate Assets from Political Extraction", Purdue University, Working Paper, 2008.

[126] Castren, Olli and Takalo, Tuomas, "Capital Market Development, Corporate Governance and the Credibility of Exchange Rate PEGs", European Central Bank, Working Paper Series, 2000.

[127] CespaG., and Cestone G., "Stakeholder Activism, Managerial Entrenchment and the Congruence of Interests between Shareholders and Stakeholders", Economics Working Papers634, Department of Economics and Business, Universitat Pompeu Fabra, 2002.

[128] Chandler, Alfred D., Jr., *Scale and Scope. Cambridge, MA* The Belknap Press of? Harvard University Press, 1990.

[129] Chari, Anusha and Nandini Gupta, "Incumbents and Protectionism: Firm level Evidence from India", *Journal of Financial Economics*, 2008, 88(3), pp. 633—656.

[130] Chen, J. P., Li, Z., and Su, X., "Rent Seeking Incentives, Political Connections andOrganizational Structure: Empirical Evidence from Listed Family Firms in China", WorkingPaper, City University of Hong Kong, and Shanghai University of Finance and Economics, 2005.

[131] Chen, H., Hu, Y., Xiao, Z., "Universitat Pompeu Fabra Corporate Accounting Scandals in China", in *Michael Jones* (ed). CreativeAccounting, Fraud and International Accounting Scandals, John Wiley & Sons, Chapter 9, 2010, pp. 163—184.

[132] Cheung, Y., Rau P. R., Stouraitis, A., "Helping Hand or Grabbing Hand? Central vs. Local Government Shareholders in Chinese Listed Firms", Working Paper, 2009.

[133] Chow, C. K. W., and Fung, M. K. Y., "Ownership Structure, Lending Bias, and Liquidity

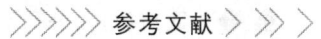

Constraints: Evidence from Shanghai's Manufacturing Sector", *Journal of Comparative Economics*, 1998(26), pp. 301—316.

[134] Claessens, S., "Corporate Governance and Development, WorldBank Research Observer", 2006, 21(1), pp. 91—122.

[135] Claessens, S., Djankov, S., and Lang, L., "The Separation of Ownership and Control in East Asian Corporations", *Journal of Financial Economics*, 2000(58), pp. 81—112.

[136] Claessens, S., Djankov, S., Fan, J., Lang, L. H. P., "Disentangling the Incentive and Entrenchment Effects of Large Shareholdings", *Journal of Finance*, 2002(57).

[137] Claessens, S., and L. Laeven, "Financial Development, Property Rights, and Growth", *Journal of Finance*, 2003(58), pp. 2401—2436.

[138] Coase, R., "The Nature of the Firm", *Economica*, 1937(4), pp. 386—405.

[139] Coffee, J. C., "The Future as History: The Prospects for Global Convergence in Corporate Governance and its Implications", Center for Law and Economic Studies. Columbia University, Working Paper, 1999.

[140] Crook, Richard and James Manor, "Democratic Decentralization", OED Working Paper Series No. 11, Summer 2000, World Bank, Washington, DC.

[141] Dahya, J., Dimitrov O., and McConnell J., "Dominant Shareholders, Corporate Boards, and Corporate Value: A Cross-country Analysis", *Journal of Financial Economics*, 2008(87), pp. 73—100.

[142] Davis, Gerald F., and Mark S. Mizruchi, "The Money Center Can Not Hold: Commercial Banks in the U. S. System of Corporate Governance", *Administrative Science Quarterly*, 1999(44), pp. 215—239.

[143] Dechow P. M., D. Dichev, "The Quality of Accruals and Earnings: The Role of Accrual Estimation Errors", *The Accounting Review*, 2002(77), pp. 35—59.

[144] Dechow, P. M., R. G. Sloan, and A. P. Sweeney, "Detecting Earnings Management", *The Accounting Review*, 1995(70), pp. 193—225

[145] DeFond, M. L, Hung, M., "Investor Protection and Corporate Governance: Evidence from Worldwide CEO Turnover", *Journal of Accounting Research*, 2004(42), pp. 269—312.

[146] DeLong, J. Bradford, and Andrei Shleifer, "Princes and Merchants: European City Growth before the Industrial Revolution", *Journal of Law and Economics*, October, 1993, 36(2), pp. 671—702.

[147] Denis and Sibilkov, "Financial Constraints, Investment and the Value of Cash Holdings", Ss-

rn Working Paper, 2007.

[148] Desai, M., A. Dyck, and L. Zingales, "Theft and Taxes", *Journal of Financial Economics*, 2007(84), pp. 591—623.

[149] Dharwadkar, R., George, G. and Brandes, P. "Privatization in Emerging Economies: An Agency Theory Perspective", *Academy of Management Review*, 2000(25), pp. 650—669.

[150] Diamond. D., "Monitoring and Reputation: The Choice between Bank Loans and Directly Placed Debt", *Journal of Political Economy*, 1991, 99(4), pp. 689—721.

[151] Dima, Bogdan, Ioan, Cuzman and Dima, Stefana, *New Empirical Evidences on the Linkages between Governance and Growth* 2010.

[152] Dinc and Gupta, "The Decision to Privatize: Finance and Politics", *Journal of Finance*, 2011, pp. 241—270.

[153] Dittmar, A., J. Mahrt-Smith, and H. Servaes, "International Corporate Governance and Corporate Cash Holdings", *Journal of Financial and Quantitative Analysis*, 2003 (38), pp. 111—133.

[154] Djankov, S. and Murrell, P., "Enterprise Restructuring in Transition: a Quantitative Survey", *Journal of Economic Literature*, 2002(40), pp. 739—792.

[155] D'Orio, Giovanni and Tsvetomira, Tsenova, *Growth and Corporate Governance in Transition Economies: An Adaptation of the Ramsey Model* 2006.

[156] Durnev, A., and L. Fauver, "Stealing from Thieves: Firm Governance and Performance when States are Predatory", Working paper, McGill University, 2008.

[157] Dyck and Zingales, "Private Benefits of Control: An International Comparison", *Journal of Finance*, 2004(59), pp. 537—600.

[158] Easterly, W., Levine, R., "Africa's Growth Tragedy: Policies and Ethnic Divisions", *The Quarterly Journal of Economics*, 1997(112), pp. 1203—1250.

[159] Efendic, Adnan, Pugh, Geoff and Adnett, Niek, *Institutionsand Economic Performance: System GMM Modellong of Institutional Effects in Transition* 2009.

[160] Emirbayer A., and Goodwin J., "Network Analysis, Culture, and the Problem of Agency Mustafa Source", *The American Journal of Sociology*, 1994, 99(6), pp. 1411—1454.

[161] Faccio, M., "Politically Connected Firms", *American Economic Review*, 2006 (96), pp. 369—386.

[162] Faccio, M., Lang, L. and Young, L., "Dividends and expropriation", *American Economic Review*, 2001(91), pp. 54—78.

[163] Faccio, M., Ronald W. Masulis and John J. McConnell, "PoliticalConnections and Corporate Bailout", *Journal of Finance*, 2006, 61(6), pp. 2597—2635.

[164] Fama, E. F. and M. C. Jensen, "Separation of Ownership and Control", *Journal of Law and Economics*, 1983, 26(2), pp. 301—325.

[165] Fan J. P. H., J. Huang, F. Oberholzer-Gee, and M. Zhao, "Corporate Diversification in China: Causes and consequences", Working Paper, The Chinese University of Hong Kong, 2007.

[166] Fan J. P. H., Rui O., and Zhao M., "Public Governance and Corporate Finance: Evidence from Corruption Cases", *Journal of Comparative Economics*, 2008(36), pp. 343—364.

[167] Fan J. P. H., J., Wei, K. C. J., and X. Xu, "Corporate Finance and Governance in Emerging Markets: A Selective Review and an Agenda for Future Research", *Journal of Corporate Finance*, 2011(17), pp. 207—214.

[168] Fan, J. P. H., Wong, T. J., and Zhang, T., "Politically Connected CEOs, Corporate Governance and Post-IPO performance of China's Partially Privatized Firms", *Journal of Financial Economics*, 2007(84), pp. 330—357.

[169] Fan J., Wong T. J., Zhang T., "Institutions and Organizational Structure: the Case of State-owned Corporate Pyramids", Working Paper, *Journal of Law, Economics and Organizations*, forthcoming, 2013.

[170] Fazzari, StevenM., Hubbard, R. Glenn and Petersen, Bruce C., "Financing Constraints and Corporate Investment", Brookings Papers on Economic Activity, 1988(1).

[171] Ferris S., and Sarin A., "Security Analysis and Corporate Diversification", *Advances in Financial Economics*, 2000(5), pp. 139—158.

[172] Fisman, R., "Estimating the Value of Political Connections", *American Economic Review*, 2001(91), pp. 1095—1102.

[173] Fisher S., Sahay R., and Vegh C. A., "Economies in Transition: The Beginning of Growth", AEA Papers and Proceedings, May, 1996.

[174] Fligstein, N., *The Transformation of Corporate Control* Cambridge, MA: Harvard University Press, 1990.

[175] Fligstein, N. and Robert Freeland, "Theoretical and Comparative Perspectives on Corporate Organization", *Annual Review of Sociology*, 1995(21), pp. 21—43.

[176] Francis J., R. Lafond, P. M. Olsson, and K. Schipper, "Cost of Equity and Earnings Attributes", *The Accounting Review*, 2004(79), pp. 967—1010.

[177] Francis, J., R. LaFond, P. Olsson, and K. Schipper, "The Market Pricing of Accruals Quality", *Journal of Accounting and Economics*, 2005(39), 295—327.

[178] Freeman, R. Edward, *Strategic Management: a Stakeholder Approach* Boston: Pitman. Cambridge University Press, 2010.

[179] Freedman, L. S., and Schatzkin, A., "SampleSize for Studying Intermediate Endpoints within InterventionTrials or Observational Studies", *American Journal of Epidemiology*, 1992(136), pp. 1148—1159.

[180] Frye, T., and A. Shleifer, "The Invisible Hand and the Grabbing Hand", *American Economic Review*, 1997(87), pp. 354—358.

[181] Goergen, Marc, Brewster, Chris and Wood, Geoffrey, "Corporate Governance Regimes, Investments in Human Capital and Economic Growth", European Corporate Governance Institute, Working Paper, No. 188, 2007.

[182] Gordon, James, "The Macroeconomic Benefits of Good Corporate Governance", Lecture speech, 2002.

[183] Goyer, Michel, "Corporate Governance and the Innovation System In France 1985—2000", *Industry and Innovation*, 2001, 8(2), February, pp. 135—158.

[184] Guiso, L., Sapienza, P., Zingales, L., "The Role of Social Capital in Financial Development", *American Economic Review*, 2004(94).

[185] Gurgur, Tugrul and Anwar Shah, "Localization and Corruption: Panacea or Pandora's Box?", in Ehtisham Ahmad and Vito Tanzi, eds., *Managing Fiscal Decentralization*, London and New York: Routledge Press, 2002, pp. 46—67.

[186] Hail, L. and Leuz, C., "International Differences in the Cost of Equity Capital: Do Legal Institutions and Securities Regulation Matter?", *Journal of Accounting Research*, 2006(44), pp. 485—531.

[187] Hall, Peter and Soskice, David, "Varieties of Capitalism: The Institutional Foundations of Comparative Advantage", in Peter Hall and David Soskice (eds.), *Varieties of Capitalism* New York: Oxford University Press, 2011.

[188] Hall, R. E. and Jones, C. I, "Why do Some Countries Produce so Much More Output Per Worker than Others?", *Quarterly Journal of Economics*, 1999, 114(1), February, pp. 83—116.

[189] Hallward-Driemeier, M., Wallsten S., and Xu, L. C., "Ownership, Investment Climate and Firm Performance", *Economics of Transition*, 2006, 14(4).

[190] Hart,O. D. ,"the Market Mechanism As An Incentive Scheme",*The Bell Journal of Economics*,1983(14),pp. 366—382.

[191] Hart,Oliver D,"Optimal Labour Contracts under Asymmetric Information: an Introduction", *Review of Economic Studies*,Wiley Blackwell,1983,50(1),3—35.

[192] Hart,O. ,Firms,*Contracts and Financial structure*. Oxford University Press,1995.

[193] Hart,O. D. ,A. ,Shleifer,and R. W. Vishny,"The Proper Scope of Government: Theoryandan Application to Prisons",*The Quarterly Journal of Economics*, 1997 (112), pp. 1127—1161.

[194] Hashi and Toci,"Financing Constraints,Credit,Rationing,and Financing Obstacles: Evidence From firm Level Data in South Eastern Europe",*Economic and Business Review*,2010, 12(1).

[195] Hayek,F. A. ,"The Use of Knowledge in Society",*The American Economic Review*,1945, pp. 519—530.

[196] Hellwig,Martin F,"Financial Intermediation with Risk Aversion",*Review of Economic Studies*,Wiley Blackwell,2000,67(4),pp. 719—742.

[197] Hellman,J. ,Jones,G. ,Kaufmann,D. ,and Schankerman,M. ,"Measuring Governance Corruption,and State CaptureHow Firms and Bureaucrats Shape the Business Environmentin Transition Economies",EBRD and the World Bank working paper,2000.

[198] Hermalin, Benjamin E, "Heterogeneity in Organizational Form: Why Otherwise Identical Firms Choose Different Incentives for Their Managers", *Journal of Economics*,The RAND Corporation,1994,25(4),pp. 518—537.

[199] Hoskisson,R. E. ,Eden,L. ,Lau,C. M. and Wright,M. ,"Strategy in Emerging Economies", *Academyof Management Journal*,2000(43),pp. 249—267.

[200] Hsieh,C. ,and P. J. Klenow,"Development Accounting",*American Economic JournalMacroeconomics*,2010,2(1),pp. 207—223.

[201] Huang,Y. ,*Selling China*. Cambridge University Press,2004.

[202] Huson,Mark R. ,Robert Parrino,and Laura T. Starks,"Internal MonitoringMechanisms and CEO Turnover: A Long-term Perspective" , *Journalof Finance*,December 2001,55 (6),pp. 2265—2297.

[203] Huther,Jeff and Anwar Shah,"Anti-corruption Policies and Programs: a Framework for Evaluation",Policy Research Working Paper 2501,Washington: World Bank,2000.

[204] James S. Ang,Rebel A. Cole and James Wuh Lin,"Agency Cost and Ownership Structure",

Journal of Finance,2000,55,pp. 81—106.

[205] Jensen,M. C.,"Agency Costs of Free Cash Flow,Corporate Finance,and Takeovers",*American Economic Review*,1986(76),pp. 323—329.

[206] Jensen,Michael C.,"The Modern Industrial Revolution,Exit,and the Failureof Internal Control Systems",*Journal of Finance*,1993,48(3),pp. 831—880.

[207] Jensen,M,and Meckling,W.,"Theory of the Firm: Managerial Behavior,Agency Costs,and Ownership Structure",*Journal of Financial Economics*,1976(3),pp. 305—360.

[208] Jiang,G.,Lee,C. M. C.,Yue,H.,"Tunneling through Intercorporate Loans: the Chinese Experience",*Journal Finance. Economics*,2010(98),pp. 1—20.

[209] Jin,H.,Y. Qian,and B. R. Weignast,"Regional Decentralization and Fiscal Incentives: Federalism,Chinese Style",*Journal of Public Economics*,2005(89),pp. 1719—1742.

[210] Johnson,S.,D.,Kaufmann,J.,McMillan,and C. Woodruff,"Why do Firms Hide? Bribes and Unofficial Activity after Communism",*Journal of Public Economics*,2000(76),pp. 495—520.

[211] Johnson,S.,Kaufmann,D.,Shleifer,A.,"The Unofficial Economy in Transition",Brookings Papers on Economic Activity,1997(2),pp. 159—239.

[212] Johnson,S.,and Mitton,T.,"Cronyism and Capital Controls: Evidence from Malaysia",*Journal of Financial Economics*,2003(67),pp. 351—382.

[213] Jones,C. I.,"Misallocation,Economic Growth,and Input-Output Economics",NBER Working Paper,2011.

[214] Jones,J. J.,"Earnings Management during Import Relief Investigations",*Journal of Accounting Research*,1991(29),pp. 193—228.

[215] Julio,B.,Yook,Y.,"Political Uncertainty and Corporate Investment Cycles",*TheJournal of Finance*,2012,67(1),pp. 45—84.

[216] Kaufmann,Daniel and Aart,Kraay,"Growth without Governance",World Bank Policy Research Working Paper,2928,2002.

[217] Kaufmann,Daniel,Kraay,Aart and Mastruzzi,Massimo,"Governance Matters VIII: Aggregate and Individual Governance Indicators 1996—2008,World Bank Development Research Group,Macroeconomics and Growth Team",Policy Research Working Paper,WPS4978,2009.

[218] Kaufmann,Daniel,Kraay,Aart and Zoido-Lobat6n,Pablo,"GovernanceMatters,World Bank Development Research Group,Macroeconomics and Growth Team",Policy Research Working Paper,WPS2196,1999.

[219] Keefer, P. and Knack, S., "Institutions and Economic Performnce: Cross-country Tests Using Alternative Institutional Measures", *Economics and Politics*, 1995, 7(3), pp. 207—227.

[220] Khanna, T., and K. Palepu, "Is Group Affiliation Protectable in Emerging Markets? An Analysis of Diversied Indian Business Groups", *Journal of Finance*, 2000(55).

[221] Kirkpatrick, Grant, "The Corporate Governance Lessons from the Financial Crisis", *Financial Market Trends*, OECD, 2009(1).

[222] Klapper, Leora F., and Love, Inessa, "Corporate Governance, Investor Protection, and Performance in Emerging Markets", *Journal of Corporate Finance*, 2004, 10(5), pp. 703—728.

[223] Krueger, AnnO., "Political Economy of the Rent-Seeking Society", *American Economic Review*, 1974(64).

[224] La Porta, Rafael, Florencio Lopez-di-Silanes, Andrei Shleifer and Robert W. Vishny, "Legal Determinants of External Finance", *Journal of Finance*, 1997(6), pp. 1131—1150.

[225] La Porta, Rafael, Florencio Lopez-di-Silanes, Andrei Shleifer and Robert W. Vishny, "Law and Finance", *Journal of Political Economy*, 1998(12), pp. 1133—1155.

[226] La Porta, Rafael, Lopez-de-Silanes, Shleifer, and R. Vishny, "The Quality of Government", *Journal of Law, Economics and Organizations*, 1999(15), pp. 222—279.

[227] La Porta, R., Lopez-de-Silanes, F., Shleifer, A., "Corporate Ownership around the World", *Journal of Finance*, 1999(54).

[228] La Porta, Rafael, Florencio Lopez-de-Silanes, Andrei Shleifer, and Robert W. Vishny, "Agency Problems and Dividend Policies around theWorld", *Journal of Finance*, 2000(52), pp. 1—33.

[229] La Porta, R., Lopez-de-Silanes, F., Shleifer, A., Vishny, R., "Investor Protection and Corporate Governance", *Journal of Financial Economics*, 2000(58), pp. 3—27.

[230] La Porta, R., F. Lopez-de-Silanes, A. Shleifer, and R. W. Vishny, "Government Ownership of Banks", *Journal of Finance*, 2002, 51(1), pp. 265—301.

[231] La Porta, R., Lopez-de-Silanes, F., Shleifer, A., Vishny, R. W., "Investor Protection and Corporate Value", . *Journal of Finance*, 2002(57).

[232] Lazoniek, Williamand o'sullivan, Mary, *Corporate Governance, Innovation, and Economic Performance in the EU*, European institute ofBusiness Administration June, 2000.

[233] Lemmon, M. L., and Lins, K. V., "Ownership Structure, Corporate Governance, and Firm Value: Evidence from the East Asian Financial Crisis", *Journal of Finance*, 2003(58).

[234] Leuz, C., Oberholzer-Gee, F., "Political Relationships, Global Financing, and Corporate Transparency", *Journal Finance. Economics*, 2006(81), pp. 411—439.

[235] Levine, Ross, "Bank-based or Marketed-based Financial Systems: Which is Better?", *Journal of Financial Intermediation*, 2002(11), pp.1—30.

[236] Levine, Ross, and Zervos, Sara, "Stock Market, Banks and Economic Growth", *American Economic Review*, 1998(88), pp.537—558.

[237] Li, H., L. Meng and J. Zhang, "Why Do Entrepreneurs Enter Politics? Evidencefrom China", *Economic Inquiry*, 2006(44), pp.559—657.

[238] Li H. and Li. Zhou, "Political Turnover andEconomic Performance: The Incentive Role of Personnel Control in China", *Journal of Public Economic*, 2005(89), pp.1743—1762.

[239] Li Hongbin, Lingsheng Meng, Qian Wang, Li-An Zhou, "Political Connections, Financing and Firm Performance: Evidence from Chinese Private Firms", *Journal of Development Economics*, 2007(87), pp.283—299.

[240] Li Hongbin, Lingsheng Meng and Junsen Zhang, "Why Do Entrepreneurs Enter Politics", *Economic Inquiry*, 2006, 44(3), July, pp.559—578.

[241] Lian Y., Y. Xu and K. Zhou, "How and WhyDo Firms Adjust Their Cash Holdings toward Targets? Evidence from China", Working Paper, SunYat-Sen University, 2010.

[242] Lin, J. Y. and Z. Liu, "Fiscal Decentralization and Economic Growth in China", *EconomicDevelopment and Cultural Change*, 2000, 49(1), pp.1—21.

[243] Lubatkin, Michael, Juan Florin, and Peter Lane, "Learning Together and Apart: A Model of Reciprocal Interfirm Learning", *Human Relations*, 2001(54), pp.1353—1382.

[244] Machlup, F., "Theories of The Firm: Marginalist, Behavioral, Managerial", *American Economic Review*, 1967(57), pp.1—33.

[245] Mar, P. and M. N. Young., "Corporate Governance in Transition Economies: A Case Study of Two Chinese Airlines", *Journal of World Business*, 2001, 36 (3), pp.280—302.

[246] Mauro, P., "Corruption and Growth", *The Quarterly Journal of Economics*, 1995(110), pp.681—712.

[247] McLean, Tianyu Zhang, Mengxin Zhao, "Why Does the Law Matter? Investor Protection and its Effects on Investment, Finance, and Growth", *Journal of Finance*, forthcoming, 2011.

[248] McMillan, J., and C. Woodruff, "The Central Role of Entrepreneurs in Transitional Economics", *Journal of Economic Perspectives*, 2002, 16(3), pp.153—170.

[249] Megginson, Nash, and Randenborgh, "The Financial and Operating Performance ofNewly Privatized Firms: An International Empirical Analysis", *Journal of Finance*, 1994(49), pp.403—452.

[250] Meyer, Marshall and Zucker, Lynne, *Permanently Failing Organizations* Newbury Park, CA: Sage, 1989.

[251] Miller M. H. , Orr D. , "A Model of the Demand for Money by Firms", *The Quarterly Journal of Economics*, 1966(80), pp. 413—435.

[252] Modigliani F and Miller M. , "The Cost of Capital, Corporation Finance and the Theory of Investment", *The American Economic Review*, 1958(48), pp. 261—297.

[253] MontinolaR. , Barry R. , Weingast and Yingyi Qian, "Federalism, Chinese Style: the Political Basis for Economic Success in China", *World Politics*, 1995(10), pp. 50—81.

[254] Morck, RandallBernard Yeung, and Wayne Yu, "The Information Content of Stock Markets: Why do Emerging Markets have Synchronous Stock Price Movements?", *Journalof Financial Economics*, 2000(58), pp. 215—260.

[255] Morck, RandallK. , Wolfenzon, Daniel and Yeung, Bernard, "Coporate Governanee, Economic Entrenehment, and Growth", *Journal of Economic, Literature*, 2005, 43(3), pp. 655—720.

[256] Myers, S. and Majluf, N. , "Corporate Financing and Investment Decisions when Firms have Information that Investors do not have", *Journal of Financial Economics*, 1984(13), pp. 187—222.

[257] Myers, S. , and R. Rajan, "The Paradox of Liquidity", *Quarterly Journal of Economics*, 1998 (113), pp. 733—771.

[258] NeeV. , and Opper S. , "Bureaucracy and Financial Markets", Working Paper, 2009.

[259] Niskanen, *Bureaucracy and Representative Government* Aldine-Atherton, 1971.

[260] North, Douglas C. , *Structure and Change in Economic History* New York: Norton, Co. , 1981.

[261] North, Douglass C. and Robert Paul Thomas, *The Rise of the Western World: A New Economic History* Cambridge University Press, 1973.

[262] North, Douglass C. , "Institutions", *Journal of Economic Perspectives*, American Economic Association, 1991, 5(1), pp. 97—111.

[263] Oates. W E, *Fiscal federalism* New York: Harcourt Brace Jovanovich, 1972.

[264] Olson, Maneur, *The Rise and Decline of Nations: Economics Growth, Stagflation , and Soeial Rigidities.* Yale University Press, 1982.

[265] Olson, Maneur JR. , Sarna, Naveen and Swamy, Anand V. , "Governance and Growth: ASimpleH ypothesis Explaining Cross-country Difference in Productivity Growth", *Public Choice*, 2000(3), pp. 341—364.

[266] Opler, T. , Pinkowitz, L. , Stulz, R. , Williamson, R. , "The Determinants and Implications of

Corporate Cash Holdings", *Journal of Financial Economics*, 1999(52), pp. 3—46.

[267] O'Sulivan, M., "The Political Economic of Comparative Corporate Governance", *Review of International Political Economy*, 2003, 10(1), pp. 23—72.

[268] Ozkan, Aydin and Ozkan, Neslihan, "Corporate Cash Holdings: An Empirical Investigation of UK Companies", *Journal of Banking & Finance*, 2004(9), pp. 2103—2134.

[269] Pagano, M. and Volpin, P. F., "Managers, Workers, and Corporate Control", *The Journal of Finance*, 2005, 60(2), pp. 841—868.

[270] Pagano, M. and Volpin, P. F., "The Political Economy of Corporate Governance", *The American Economic Review*, 12005, 95(4), pp. 1005—1030.

[271] Peng, M. W., "Institutional Transitions and Strategic Choices", *Academy of Management Review*, 2003(28), pp. 275—296.

[272] Perotti, E. C., L. Sun, and L. Zou, "State-owned versus Township and Village Enterprises in China", *Comparative Economic Studies*, 1999(41), pp. 151—170.

[273] Perotti, E. C., and von Thadden, E.-L., "The Political Economy of Corporate Controland Labor Rents", *Journal of Political? Economy*, 2006, 114(1), pp. 145—174.

[274] Petersen, Mitchell, "Estimating Standard Errors in Finance Panel Data Sets: Comparing Approaches", *Review of Financial Studies*, 2009(22), pp. 435—480.

[275] Piotroski, J., Wong, T. J., Zhang, T. Y., "Political Incentives to Suppress Negative Financial Information: Evidence from Chinese Listed Firms, Working Paper, 2011.

[276] Poncet, "Protectionism and Industry localization in Chinese Provinces", with Cécile Batisse, *Journal of Chinese Economic and Business Studies*, 2004, 2 (2), pp. 133—154.

[277] Putnam, R., *Marking Democracy Work Civic Traditions in Modern Italy* Princeton University Press, 1993

[278] Qian, Roland, "Federalism and the Soft Budget Constraint", *American Economic Review*, 1998, 88(5), pp. 1143—1162

[279] Rajan, R., and Luigi Zingales, "Financial Dependence and Growth", *American Economic Review*, 1998(88), pp. 559—586.

[280] Rajan, R., and Luigi Zingales, "Banks and Markets: The Changing Character of European Finance", NBER Working Papers9595, National Bureau of Economic Research, 2003.

[281] Rauch. J. E. and P. Evans, "Bureaucratic Structure and Bureaucratic Performance in Less Developed Countries", *Journal of Public Economics*, 2000, 75(1), pp. 49—71.

[282] Roe, Mark J., "Political Determinants of Corporate Governance: Political Context, Corporate

Impact", *OUP Catalogue*, Oxford University Press, 2006.

[283] Sappington, J. E. Stiglitz, "Privatization, Information and Incentives", *Journal of Policy Analysis and Management*, 1987, 6(4).

[284] Shaver, J. M., "Testing for Mediating Variables in Management Research Concerns, Implications and Alternative Strategies", *Journal of Management*, 2005(1), pp. 330—353.

[285] Shirley, Mary. M., "Institutions and Development", *Handbook of New Institutional Economies*, Springer, 2005.

[286] Shleifer, A., "State versus Private Ownership", *The Journal of Economic Perspectives*, 1998 (12), pp. 133—150.

[287] Shleifer, Andrei, and R. Vishny, "Politicians and Firms", *Quarterly Journal of Economics*, 1994(109), pp. 995—1025.

[288] Shleifer, Andrei, and Robert Vishny. *The Grabbing Hand: Government Pathologies and Their Cures* Harvard University Press, Cambridge, 1998.

[289] Shleifer, Andrei and Vishny, Robert W., "Large Shareholders and Corporate Control, Large? Shareholders and Corporate Control", *Journal of Political Economy*, 1986, pp. 461—488.

[290] Shleifer, Andrei and Vishny, R. W., "ASurveyofCorporateGovernance", *Journal of Finance*, 1997, 52 (2), pp. 737—783.

[291] Shleifer, Andrei andVishny, Robert W., "Stock Market Driven Acquisitions", *Journal of Financial Economics*, Elsevier, 2003, 70(3), pp. 295—311.

[292] Shleifer, Andrei, and Vishny, Robert W., "Corruption", *The Quarterly Journal of Economics*, 1993, 108(3), pp. 599—617.

[293] Shleifer, Andrei and Wolfenzon, D., "Investor Protection and Equity Markets", *Journal of Financial Economics*, 2002(66), pp. 3—27.

[294] Stein, J., "Agency, Information and Corporate Investment", in Constantinides, G. M., Harris, M., Stulz, R. (Eds.), *Handbook of the Economics of Finance* North Holland, Amsterdam, the Netherlands, 2003.

[295] Stulz, R., "The Limits of Financial Globalization", *Journal of Finance*, 2005 (60), pp. 1595—1938.

[296] Tam, O. K., *The Development of Corporate Governance Development in China* Cheltenham, UK. and Northampton, MA, U. S. A, 1999.

[297] Tandon, P., "Welfare Effects of Privatization: Some Evidence from Mexico", *Boston University International Law Journal*, 1995, 13(2), pp. 329—349.

[298] Tanzi, Vito, and Hamid Davoodi, "Corruption, Public Investment, and Growth", IMF Working Paper WP/97/139, Washington DC, IMF, 1997.

[299] Tieboutc, "A Pure Theory of Local Expenditures", *Journal of Political Economy*, 1956(64), pp. 416—424.

[300] Tirole, J., "Corporate governance", *Econometrica*, 2001(1), 69, pp. 1—35.

[301] Treisman. Daniel S., "The Causes of Corruption: A Cross National Study", *Journal of Public Economics*, June, 2000, 76(3), pp. 399—445.

[302] Tobin, James, "AGeneral Equilibrium Approach to Monetary Theory", *Journal of Money Credit and Banking*, 1969(1), pp. 15—29.

[303] Villalonga, B., and Amit, R., "How do Family Ownership, Management and Control Affect Firm Value?", *Journal of Financial Economics*, Forthcoming, 2006.

[304] Walder, "Local Governments as Industrial Firms: an Organizational Analysis of China's Transitional Economy", *American Journal of Sociology*, 1995(101).

[305] Wang Q., T. J. Wong, and L. Xia, "State Ownership, the Institutional Environment, and Auditor Choice: Evidence from China", *Journal of Accounting and Economics*, 2008(46), pp. 112—134.

[306] Williamson, O. E., "The New Institutional Economics: Taking Stock, Looking Ahead", *Journal of Economic Literature*, 2000(38), pp. 595—613.

[307] Williamson, O E, "Hierarchies, Markets and Power in the Economy: An Economic Perspective", *Industrial and Corporate Change*, Oxford University Press, 1995, 4(1), pp. 21—24.

[308] William, Easterly. *The Elusive Quest for Growth: Economists' Adventures and Misadventures in the Tropics* The MIT Press, 2005.

[309] Willing, R. D., "Corporate Governance and The Product Market Structure", Princeton University, Working Paper, 1985.

[310] Windolf. P., *Corporate Networks in Europe and the United States* Oxford University Press, 2002.

[311] Whitley, R. "How and Why Are International Firms Different: The Consequences of Cross-Border Managerial Coordination for Firm Characteristics and Behavior", 15th EGOS Colloquium, University of Warwick, 4 Jul-6 Jul, 1999.

[312] Wooldrige, J. W., *Econometric Analysis of Cross Section and Panel Data* MIT Press, Cambridge, 2001.

[313] World Bank, "Governance, Investment Climate, and Harmonious Society-Competitiveness En-

hancements for 120 Cities in China", Survey Report, 2006.
[314] Wright, M. , Filatotchev, I. , Hoskisson, R. and Peng, M. W. , "Strategy Research in Emerging Economies: Challenging the Conventional Wisdom", *Journal of Management Studies*, 2005(42), pp. 1—33.
[315] Wurgler, J. , "Financial Markets and the Allocation of Capital", *Journal of Financial Economics*, 2000(58), pp. 187—214.

后　　记

　　这是我学术生涯中的第一本专著,也是对我博士毕业以来学术研究路程的一个小结。"文章千古事,得失寸心知",在完成这本书的过程中有收获也有遗憾。初次尝试将长久以来积累的知识转换为自己对一个问题的见解和讨论,倍感其中的艰辛,因而体会到科研创新的难能可贵。没有前人的研究作为基础,我不可能完成这本书。我只能沿着他们的脚步,尽可能走得远一些。写到这里,没有曾经想象中那种如释重负的感觉。就像一个长途跋涉的人,一路上寻找梦中的风景,到了终点却发现许多想象中的美丽不曾经过。有太多的遗憾留在了最后一个句号里。也许这并不是坏事,自知留有遗憾,就有继续前进的可能。也许我需要的只是时间。

　　博士毕业已经有五年了,对政府治理与公司治理问题的关注和兴趣始于在南开大学攻读博士学位期间,但由于相关知识的准备不足以及对现实制度背景的了解不够深入,我一直未能对相关问题进行深入系统的研究。博士毕业后,我有幸赴香港中文大学商学院在范博宏教授的指导下从事博士后研究,主要开展转轨经济背景下的中国地方政府治理与上市公司治理的相关问题研究。在范教授的指导下,我对这个领域的问题有了进一步的思考,并有机会跟国际知名学者对这一问题进行了学习与研讨。博士后毕业后,我来到对外经济贸易大学国际商学院从事教学与科研工作,继续从事这一领域的研究。本书是当前我对该领域研究的一个总结,当然,这并不意味着我对政府治理与公司治理问题的研究终结,还有许多相关问题需要进一步深入探讨。本书可能微不足道,可能浅薄稚嫩,甚至可能错漏百出,但敝帚也应自珍,它记录着我漫漫征途中迈出的第一步,也将见证我未来的跋涉前行。

　　我曾希望在对政府治理与公司治理的研究领域开拓过程中,能实现心中的三个想法:一是研究问题要有趣、有用。所谓有趣,就是要自己感兴趣;所谓有用,就是要考虑社会现实问题。二是研究方法要专业、严谨。达到这一点很辛苦,但这也是一个研究者的必然选择。为了寻找合适的政府质量指标,我翻阅了

后　记

大量的研究文献,然而,在西方各种关于政府质量的研究手段中,能符合自己需要的并不多,它们或者和中国的实际有些距离,或者限于我自己所掌握的资源难以实现。最后我采用世界银行公布的调查数据,在方法上很难说已经完全达到了专业和严谨,只能说一直在努力中,希望自己在未来的研究中能做得更好。三是内容撰写要尽量平实、易懂。然而,撰写过程中我发现,这样的表达方式对我而言充满了困难,因为在可读性和专业性之间寻找平衡是非常艰难的一件事,加之行文仓促,水平也有限,因此本书在这方面还没有做到尽善尽美。

感谢在南开大学商学院/公司治理研究中心攻读博士学位期间,李维安教授、马连福教授、薛有志教授、程新生教授、周建教授、林润辉教授、杨斌教授、李建标教授、武立东教授、任兵教授、周宝源教授等老师的传道、授业、解惑。感谢山东大学曹廷求教授对我的帮助。曹老师不仅在生活上关心我,而且在学术上不断地鼓励我,毫无吝啬地与我分享他的研究成果和观点,感谢南开大学师兄牛剑波博士、吴德胜博士、郝臣博士给予我哥们儿般的支持和关心。

感谢香港中文大学范博宏教授提供经费支持,让我赴港学习和开展研究工作。范教授是全球公司治理领域的知名学者,在国际顶级金融和会计学期刊上成果丰硕,他积极推动中国和东亚地区会计与公司治理问题的研究。更难得可贵的是,范教授不仅自己积极从事对中国会计和公司治理问题的研究,还频繁地通过讲学、召开研讨会、资助内地学生去香港合作研究、在国际会议上介绍中国会计研究等形式关注和推动中国会计研究。我在香港学习期间,范教授不仅在生活上关心我,而且在学术研究上不断地鼓励和帮助我,范老师学识渊博、治学严谨、为人谦和,在每周的团队研讨会中,范老师总以他的深邃睿智、入木三分的评论和独到的分析手法,指出我研究中存在的问题和不足。通过在香港的学习,我有机会学习和了解最新的学术进展,拥有了国际化的学术视野,提升了研究能力。

感谢众多其他海外学者,他们是澳大利亚新南威尔士大学 Ronald Masulis 教授,美国克莱姆森大学谢非教授,美国密歇根州立大学姜雪峰教授、王艳艳教授,美国华盛顿大学 Xiumin Martin 教授,香港中文大学黄德尊教授、张田余副教授、杨勇副教授、吴东辉副教授,新加坡管理大学程强教授,新加坡国立大学李真教授,新加坡南阳理工大学高华声教授,他们在香港中文大学的报告、授课以及在对外经济贸易大学的讲座给我带来了国际前沿的研究方法和学术动态,使我对

政府质量、公司治理与企业资本配置效率

公司财务、公司金融等前沿领域有了较为全面的认识。

在香港中文大学学习期间,我认识了国内一些青年才俊,有机会向他们交流与学习,他们是上海财经大学黄俊副教授、何贤杰副教授,中央财经大学王玉涛副教授、陈运森副教授,同济大学曹胜副教授,华东理工大学花贵如副教授等。

在本书得以出版的时候,我要特别感谢我的合作者,英国卡迪夫大学商学院肖泽忠教授,香港中文大学商学院王丛副教授,香港大学金融系邹宏副教授,北京外国语大学李思飞博士等,在跟他们的合作研究过程中,我在本书的选题、研究方法设计等方面得到了提高。

本书的部分前期成果发表于《管理世界》《世界经济》等学术期刊,要感谢相关杂志社、编辑以及审稿人给予我的支持和帮助。北京大学出版社对本书的出版给予了大力支持,叶楠女士、兰慧女士为本书出版花费了颇多心思。正是她们严谨的工作态度使得本书能够顺利出版,我也一直愧疚于因拖延交稿导致编辑工作积压所带来的不便,一并在此致谢。

感谢国家自然科学基金委员会、教育部人文社科司、北京市教育委员会的大力资助,让我拥有充足的经费来从事科研工作,同时也要感谢对外经济贸易大学优秀青年培育项目对我的鼓励与帮助。

感谢对外经济贸易大学副校长张新民教授将我招聘到国际商学院工作,让我有幸成为这个大家庭的一员。对外经济贸易大学良好的学术氛围和研究环境让我在这里获得了成长。在进入贸大工作以来,张老师对我在科研和教学上的指导让我有了更进一步的提升。他对企业财务报表分析理论与实践高超的梳理和驾驭能力,在国内理论界与实务界首屈一指,构建了张氏财务分析框架。在浩如云烟的公司财务分析的文献里,张老师总是能将其演绎得如此精彩,串联得如此巧妙,让我的研究"接地气",也让我在论文写作上少走了许多弯路。

我是幸运的,遇到了对外经济贸易大学国际商学院诸多可亲可敬的老师。在当初联系应聘工作之初,便得到了叶陈刚教授和吴革教授的关心和帮助;在加入这个团队的过程中,汤谷良教授、范黎波教授、王永贵教授、雷光勇教授、钱爱民教授、林汉川教授、余恕莲教授、王秀丽教授、孔宁宁教授、郑建明教授、王素荣教授、吴剑锋教授也在多方面给予了我关照和支持。

"石本无华,砥砺乃生火光",自己学识的增长、人生经历的丰富,都需要感谢身边这一群优秀的同伴。我在美丽的惠园遇到了诸多情投意合的朋友,他们

后 记

有着渊博的学识、善良的心肠、漫长的花季、不俗的酒量。他们是祝继高博士、刘慧龙博士、韩慧博博士、戴天婧博士、刘雪娇博士、崔鑫博士、胡聪慧博士……我虽然不能在这里一一写下他们的名字,但在心底感谢这些一直陪伴我的年轻同事们。

最后,对家人是真挚的亲情和一丝的愧疚。妻子、双方父母对家和孩子的照顾,使我进能奋发工作,退能享受家园之乐。无论是学习还是工作期间,我总是缺少时间陪伴家人,他们给予了理解和支持;而爱女陈佩瑶的出生与成长,更是为我增添了无限的欢乐和工作的动力。

学术的发展是一个长时间的过程,任何人都是踩着前人的肩膀在不断向上攀登,在论文写作过程中,我参考和引用了许多文献资料,对这些文献的作者表示感谢。

有人说雕刻是一门遗憾的艺术,一旦刻刀出手便难以更改;有人说电影是一门遗憾的艺术,一旦拍成缺憾便难以弥补。社会科学研究又何尝不是如此?有了研究思路,却找不到合理的研究变量;找到了研究变量,却又难以找到有效的数据;有了数据,可是实验结果却又难以支持预期的理论假设……学术研究过程,也是痛并快乐着的一个过程,有所收获,亦有很多遗憾。

然而,正如一位怀春的少年,尽管其文字不够老道,辞藻也不够华丽,但为了心中的爱情,他还是勇敢地将写给意中人的情书发了出去。放在各位面前的这本研究专著,虽然也有诸多错漏之处,很多地方难以令人满意,但我也鼓起勇气,拿出来向大家汇报,恳请各位大雅宏达,多多指正!

陈德球

2014 年 9 月于北京